Thiel

Die Haftung der Anlageberater und Versicherungsvermittler

Die Haftung der Anlageberater und Versicherungsvermittler

Risikoerkennung
Risikomanagement

von

Prof. Dr. Rolf W. Thiel
Rechtsanwalt in Hamburg

Verlag C.H. Beck München 2005

Verlag C. H. Beck im Internet:
beck.de

ISBN 3 406 53098 2

Wilhelmstraße 9, 80801 München
Druck und Bindung: Druckerei C. H. Beck Nördlingen
(Adresse wie Verlag)

Satz: jürgen ullrich typosatz, 86720 Nördlingen

Gedruckt auf säurefreiem, alterungsbeständigem Papier
(hergestellt aus chlorfrei gebleichtem Zellstoff)

Vorwort

Irrtümer entspringen nicht allein daher, weil man gewisse Dinge nicht weiß, sondern weil man sich zu urteilen unternimmt, obgleich man doch nicht alles weiß, was dazu erfordert wird.

Immanuel Kant

Diese Worte Kants sind auch außerhalb des konkreten Bezuges auf die Tätigkeit der Finanzdienstleister übertragbar, kommt es doch für diese vor allem darauf an, ihre Kunden zu erkennen und – im Wortsinne – zu erkunden. Die Exploration des Kunden unter Erfassung seiner Verhältnisse, Ziele, Bedürfnisse, Erfahrungen, Risikobereitschaft und Risikofähigkeit steht im Mittelpunkt der Pflichten des Vermittlers und Beraters. Es geht mithin darum, alles zu wissen, was zu einer sachgerechten Vermittlung und Beratung erfordert wird. Wenn diese Verpflichtung erfüllt wird, und die Tätigkeit sich tatsächlich am Kunden und nicht an einem vorgegebenen Produkt ausrichtet, ist der Finanzdienstleister bereits weitgehend gegen Haftungsrisiken geschützt.

Es ist zwar durchaus ein signifikanter Fortschritt in der Qualität der Vermittlung und Beratung im Bereich der Finanzdienstleistungen festzustellen, der auf Maßnahmen der Ausbildung und auch auf die Verwendung von Gesprächs- und Beratungsdokumentationen zurückgeht. Unabhängig hiervon ereignen sich allerdings weiterhin jährlich eine Vielzahl von Schadensfällen, über die teilweise auch in den Medien exponiert berichtet wird. Jeder einzelne dieser Haftungsfälle schadet der Reputation der Finanzdienstleistungsbranche und auch der notwendigen Anerkennung und Aufwertung des Berufes des Finanzdienstleisters, obschon diesem auch wegen der Probleme der staatlichen Sicherungssysteme und der wachsenden Bedeutung der privaten Altersvorsorge eine volkswirtschaftlich notwendige und anspruchsvolle Aufgabe zugewiesen ist.

Dieses Buch ist mit dem Anspruch verbunden, einen weiteren nachhaltigen Beitrag zur Qualifizierung der Beratung zu leisten und ist aus dem Bedürfnis entstanden, Vertrieben, Beratern und Vermittlern ein verständliches, anschauliches und doch fundiertes Regelwerk anzubieten, anhand dessen sie die Grundlagen und Voraussetzungen der Haftung nachvollziehen und Strategien der Schadenverhütung und Haftungsabwehr anwenden können. Den Finanzdienstleistern soll hiermit ein Rüstzeug bereitgestellt werden, auf dessen Grundlage die Schaden- und Haftungsfälle in Zukunft weitgehend eingedämmt werden können.

Der Markt bietet vielfache Darstellungen zur Veranschaulichung der Haftungsrisiken, aber keine auf Lösungskonzepte ausgerichtete Werke.

Diese Lücke soll mit diesem Buch geschlossen werden. Es will den Finanzdienstleister in seiner beruflichen Tagesarbeit nachhaltig unterstützen, ihm Risikoerkennung und Risikoabwehr ermöglichen, Handlungsanleitungen und Lösungen bereitstellen.

Der Finanzdienstleister soll damit in der Lage sein, nicht nur für seine Kunden eine effiziente Risikovorsorge herzustellen, sondern über ein geeignetes Risikomanagement auch den notwendigen Selbstschutz zu organisieren, um auszuschließen, dass der Kunde von heute der Prozessgegner von morgen wird.

Des Weiteren richtet sich dieses Werk an einschlägig tätige Rechtsanwälte auf Anbieter-, Vermittler- und Verbraucherseite, denen es einen raschen Einstieg in die Thematik der Vermittler- und Beraterhaftung vermittelt.

Das Buch ist auf Überschaubarkeit, Verständlichkeit und Praxisnähe angelegt, will gelesen, ausgewertet und angewendet werden, soll die Köpfe, nicht die Regale füllen. Es wird eine Erhöhung der Beratungsqualität und Beratungssicherheit angestrebt, die zugleich zu einer souveränen Beherrschung der stets gegenwärtigen Risiken und Gefahren führen.

Da die Haftungslage weitgehend außerhalb von Rechtsnormen durch das Richterrecht bestimmt wird, kommt in diesem Rechtssegment der Rechtsprechung auch eine weit höhere Bedeutung zu als das Schrifttum. In Konsequenz dieser Sachlage werden in diesem Werk auch die wesentlichen Urteile weit mehr berücksichtigt als einzelne Meinungen in der Literatur.

Auch zur Verdeutlichung der Aktualität sind eine Vielzahl wichtiger Entscheidungen gerade aus den Jahren 2003 und 2004 ausdrücklich einbezogen und wiedergegeben worden. Aus Gründen der Veranschaulichung ist eine Auswahl besonders aussagekräftiger und prägnanter Urteile in den Text eingebunden und in den Grundzügen zitiert worden.

Das Werk berücksichtigt insbesondere das neue Vermittlerrecht, welches durch verschiedene EU-Richtlinien bestimmt wird. Ausführlich behandelt worden ist die bevorstehende Umsetzung der EU-Versicherungsvermittlungs-Richtlinie, zumal davon auszugehen ist, dass es sich dabei um das Leitbild auch künftiger Regulierungen zum Vertrieb weiterer Produktlinien wie offener und geschlossener Fonds handeln wird. Da diese Umsetzung auch zu völlig neuen Pflichten aller Versicherungsvermittler führt, die im Versicherungsvertragsgesetz aufgenommen werden, wurde eine in Zukunft notwendige Dokumentation der Erfassung der Wünsche und Bedürfnisse und der Beratung als Muster im Anhang abgedruckt. Diese auf die Tätigkeit eines Mehrfachagenten gegenüber dem Privatkunden ausgerichtete Muster-Dokumentation wurde im Verband „VOTUM“ mit dem erklärten Ziel erarbeitet, diese Pflichten sowohl gesetzes- als auch vertriebsgerecht zu erfüllen.

Der Autor hat sich auf Grund seiner jahrelangen forensischen Praxis und unter Beobachtung vieler Mängel und Defizite in den Haftungsprozessen entschlossen, die wesentlichen Fehler in Haftungspersonen darzustellen.

Auf Grund vielfacher Anregungen hat er auch Stellung bezogen zu dem in Zukunft notwendigen eigenen Berufsethos des Beraters. Die Entwicklung eines solchen Berufsethos ist zwangsläufige Folge der Aufwertung des Berufes und des besonderen Anforderungs- und Verantwortungsprofils. Außerhalb inflationärer Ethik-Diskussionen konnte hier von ambitionierten Ansätzen zu einer Globalethik von vornherein verzichtet werden. Die Ethik innerhalb der Vermittlungs- und Beratungstätigkeit findet auf der kleinstmöglichen Kommunikationsebene, den Zweiergespräch statt und hat sich in diesem kleinsten Zirkel auf der unmittelbarsten Transaktionsebene zu bewähren.

Ich habe vielen Personen und Unternehmen Dank zu sagen:

Dieses Buch wäre nicht entstanden ohne die Tätigkeit für den Verband „VOTUM" und die jahrelangen und vielfältigen konkreten Anregungen und Hinweise aus dem Kreise der Mitgliedsunternehmen und auch nicht ohne die Unterstützung, die diese dem Verfasser bereits bei Erstellung des Leitfadens im Jahre 2003 gewährt haben. Die Mitgliedsunternehmen sind innerhalb des Verbandes stets durch bestimmte Personen hervorgetreten. Diese alle zu nennen, würde ihren Verdiensten gerecht, aber die Dimension dieser Danksagung überschreiten. Der Verfasser geht hoffnungsvoll davon aus, dass die einzelnen Personen wissen, welche von ihnen hier angesprochen werden sollen.

Innerhalb des Verbandes „VOTUM" wurde auch in zwei Arbeitskreisen die Musterdokumentation zur Versicherungsvermittlung nebst Beispielen für die Begründung von erteiltem Versicherungsrat erarbeitet

Ein besonderer Dank gilt auch meinem Sozius, Herrn Rechtsanwalt Martin Klein, der in vielen langen Diskussionen und Diskursen wesentliche Anregungen erteilt hat und auch bei der Zusammenstellung und systematischen Aufbereitung der Urteile unterstützend tätig war.

Ein herausragender Dank gilt auch dem Lektor, Herrn Dr. Schröder, der den Autor zu diesem Werk ermutigt und dessen Umsetzung hilfreich begleitet hat.

Das Buch ist neben der fortlaufenden Arbeit eines Rechtsanwaltes und Geschäftsführers des Verbandes „VOTUM" entstanden. Die Tätigkeit hat viele Abende, Nächte und Wochenenden in Anspruch genommen und den Autor häufig an die Grenzen der Belastbarkeit geführt. Für Liebe, Verständnis, Entgegenkommen und private Aufgehobenheit danke ich vor allem meinem Sohn Alexander sowie Nadjya.

Inhaltsverzeichnis

Abkürzungsverzeichnis

BGB	Bürgerliches Gesetzbuch
BGH	Bundesgerichtshof
BGHZ	Entscheidungen des BGH in Zivilsachen
BKR	Bank- und Kapitalmarktrecht (Zeitschrift)
BVerfG	Bundesverfassungsgericht
GewO	Gewerbeordnung
HGB	Handelsgesetzbuch
KWG	Kreditwesengesetz
LG	Landgericht
n. v.	nicht veröffentlicht
NJW	Neue Juristische Wochenschrift
OLG/KG	Oberlandesgericht/Kammergericht
Rdnr.	Randnummer
StGB	Strafgesetzbuch
VersR	Versicherungsrecht (Zeitschrift)
VVG	Versicherungsvertragsgesetz
WM	Wertpapier-Mitteilungen (Zeitschrift)
WpHG	Wertpapierhandelsgesetz
ZIP	Zeitschrift für Wirtschaftsrecht
ZPO	Zivilprozessordnung

Literaturverzeichnis

Arendts, Die Haftung für fehlerhafter Anlageberatung, 1. Aufl. 1998.

Assmann, Negativberichterstattung als Gegenstand der Nachforschung- und Hinweispflichten von Anlageberatern und Anlagevermittlern, ZIP 2002, 637 ff.

Assmann/Schneider, Wertpapierhandelsgesetz, 3. Aufl., 2003.

Assmann/Schütze, Handbuch des Kapitalanlagerechts 2. Aufl., 1997, Ergänzungsband, 2. Aufl., 1997.

Baumbach/Hefermehl, Wettbewerbsrecht, 22. Aufl., 2001.

Baumbach/Lauterbach, Zivilprozessordnung, 62. Aufl., 2004.

Beenken, Der Versicherungsvertreter als Unternehmer, 1998.

Boos/Fischer/Schulte-Mattler, KWG, 2. Aufl.

Brandt, Aufklärungs- und Beratungspflichten der Kreditinstitute bei der Kapitalanlage, 1. Aufl., 2002.

Edelmann, Gibt es eine Hinweispflicht des Anlagevermittlers/-beraters auf negative Presseberichterstattung?, BKR 11/2003, 438 ff.

Ellenberger, Die neuere Rechtsprechung des Bundesgerichtshofes zu Aufklärungs- und Beratungspflichten bei der Anlageberatung, WM Sonderbeilage Nr. 1 zu Heft 15/2001, 1 ff.

Erman/Bearbeiter, BGB, 11. Aufl., 2004.

Griess/Zinnert, Der Versicherungsmakler, 2. Aufl., 1992.

Groß, Kapitalmarktrecht, 2000.

von Heymann, Bankenhaftung bei Immobilienanlagen, 13. Aufl., 1999.

Kümpel, Bank- und Kapitalmarktrecht, 3. Aufl., 2004.

Lang, Informationspflichten bei Wertapierdienstleistungen, 2003.

Matusche, Pflichten und Haftung des Versicherungsmaklers, 4. Aufl. 1995.

Mensching, Verbraucherschutz durch Berufsregelungen für Versicherungsvermittler, VersR-Schriften 15, 2002.

Nobbe, RWS-Skript 261, Bankrecht – Aktuelle höchst- und obergerichtliche Rechtsprechung, 1999.

Palandt/Bearbeiter, BGB Kommentar, 63. Aufl., 2004.

Tobias Prang, Der Schutz der Versicherungsnehmer bei der Auslegung von Versicherungsbedingungen durch das Reichsgericht, Band 279, 2003.

Prölss/Martin, Versicherungsvertragsgesetz, 27. Aufl., 2004.

Renner, FondScope Jahrbuch, Geschlossene Fonds, 2001/2002.

Römer-Langheid, Versicherungsvertragsgesetz, 2. Aufl., 2004.

Schäfer, RWS-Skript 240, Haftung für fehlerhafte Anlageberatung und Vermögensverwaltung, 2. Aufl., 1994.

Schwintowski, Anleger und objcktgerechte Beratung in der Lebensversicherung, VuR 1997, 83 f.

Terbille, Münchener Anwaltshandbuch Versicherungsrecht, 2004.

Thiel, FondScope Jahrbuch, Geschlossene Fonds, 2001/2002, 2002/2003.

Thielemann/Ulrich, Brennpunkt Bankenethik - Der Finanzplatz der Schweiz in wirtschaftsethischer Perspektive, St. Galler Beiträge zur Wirtschaftsethik, Bd. 33, 2003.

Ulrich, Der entzauberte Markt – eine wirtschaftsethische Orientierung, Herda 2002.

van Bühren, Handbuch Versicherungsrecht, 2. Aufl. 2003.

Wagner, Neue Entwicklungen zur Anlagevermittler- Anlageberaterhaftung, www.raun-wagner.de.
Werber, Manfred, „Best advice" – Die Sachwalterhaftung des Versicherungsmaklers. VersR 1992, 917.
Zöller/Bearbeiter, Zivilprozessordnung, 23. Aufl., 2002.

§ 1 Haftungsgrundlagen

I. Haftung aus Vertrag

1. Zustandekommen des Vertrages

Zwischen Berater und Kunden (nachfolgend werden, soweit es auf Unterschiede nicht ankommt, Vermittler und Berater unter letzterem Begriff zusammengefasst) kann ein Vertrag zu Stande kommen, welcher dem Berater vielfache Pflichten gegenüber dem Kunden auferlegt, bei deren Verstoß eine **Haftung** für einen eingetretenen Schaden in Betracht kommt. Haftungsprozesse beruhen ganz überwiegend auf einem zwischen dem Berater und dem Kunden zu Stande gekommenen Auskunfts- oder Beratungsvertrag, wobei terminologisch für Vermittler ein **Auskunfts-** und für Berater ein **Beratungsvertrag** angenommen wird.

Der Vertrag wird dadurch herbeigeführt, dass der Kunde deutlich macht, er wolle die besonderen Kenntnisse und/oder Verbindungen des Beraters in Anspruch nehmen und dieser daraufhin die gewünschte Tätigkeit beginnt.[1] Der Vertrag wird damit regelmäßig bereits durch den **Eintritt in das Beratungsgespräch** begründet.

Für den Vertragsschluss ist es ohne Bedeutung, ob sich die Tätigkeit auf eine oder mehrere Versicherungs- und/oder Finanzprodukte oder auf ein näher bestimmtes Produkt bezieht oder eine allgemeine Beratung zum Portfolio oder zur zukünftigen Finanz- und Anlagestrategie zum Gegenstand hat.

Für den Vertragsschluss kommt es auch nicht auf eine **Entgeltlichkeit** der Leistungen des Beraters im Verhältnis zum Kunden an, zumal ihm die Vergütung (Courtage oder Provision) gewohnheitsmäßig vom Vertragspartner des Kunden (Produktgeber) zufließt. Zwar kann auch ein Honorar im Verhältnis zwischen Berater und Kunden vereinbart werden, doch hat die Honorarberatung in Deutschland bislang keine wesentliche Bedeutung erlangt.

2. Form

Der Auskunfts- oder Beratungsvertrag untersteht **keinem Formzwang.** Er muss weder schriftlich ausgefertigt noch gar notariell beurkundet werden. In der Regel kommt nicht einmal ein ausdrücklicher mündlicher Vertrag zu Stande. Dieser wird vielmehr konkludent, durch **stillschweigendes**

---

[1] BGH, NJW 2002, 2641; BGH, Urteil vom 11.9.2003 – III ZR 381/02 – www.bundesgerichtshof.de.

Verhalten geschlossen, wobei die Erbringung von Dienstleistungen (Information, Aufklärung, Rat) und deren Entgegennahme den Vertragsschluss herbeiführen. Diese beiderseitigen Verhaltensweisen lassen nach ihrem objektiven Erklärungs- und Handlungswert den Schluss zu, dass die Parteien einen bindenden Vertrag begründen wollen und die Auskünfte und Beratungen auf dessen Grundlage erteilt werden.[2]

3. Rechtsnatur

Bei dem Auskunfts- oder Beratungsvertrag handelt es sich um einen **Dienstvertrag,** der eine **Geschäftsbesorgung** zum Gegenstand hat (§ 675 BGB), die im fremden Interesse ausgeübt wird. Ein Werkvertrag liegt in der Regel deshalb nicht vor, weil der Berater zwar Leistungen in Richtung auf einen (Anlage- oder Sicherungs-) Erfolg erbringt, aber die Herbeiführung des Erfolges selbst nicht schuldet.[3]

Der Vertrag begründet **einseitig Pflichten für den Berater.** Den Kunden treffen mit Ausnahme der Honorarberatung, bei der er eine Vergütung schuldet, keine Pflichten, allerdings vielfältige Obliegenheiten. Bei Obliegenheiten handelt es sich nicht um einklagbare Pflichten oder Ansprüche, sondern um Verhaltensnormen, bei deren Verletzung der Geschädigte seinen sonst möglichen Ersatzanspruch gegen den Vertragspartner einbüßt.[4] Mit der Erfüllung der Obliegenheit wahrt der Kunde seine Interessen und seine eigene Rechtsposition.[5]

Beispiel: Wenn der Kunde seinen Berater nicht oder nicht wahrheitsgemäß über seine finanziellen Verhältnisse unterrichtet, kann er ihm im Schadensfall nicht die mangelnde Übereinstimmung des Produktes mit seinen finanziellen Möglichkeiten entgegenhalten.

Beruht die Dienstleistung lediglich auf einer **Gefälligkeit** außerhalb der beruflichen Tätigkeit, kommt ein Vertrag mit rechtlichen Bindungen und Haftungsfolgen nicht zu Stande.

Urteil des OLG Celle vom 4.10.2001 – Az: 11 U 297/00

Eine Kontaktaufnahme zwischen Kollegen, die im Bereich des Vertriebs von Versicherungen und Finanzanlagen tätig sind, in Bezug auf eine Kapitalanlage stellt sich regelmäßig nicht als eine Vertragsanbahnungs- und Vermittlungsbeziehung dar, sondern

---

[2] BGH, Urteil vom 13.6.2002 – III ZR 166/01 – www.bundesgerichtshof.de.

[3] *Erman/Ehmann,* § 675, Rdnr. 7.

[4] *Römer/Langheid,* § 6 Rdnr. 2.

[5] *Terbille,* S. 136; Wagner – Neue Entwicklungen zur Anlagevermittler-/Anlageberaterhaftung, S. 2.

als Teil eines unverbindlichen Gefälligkeitsverhältnisses, das kein eine Haftung auslösendes Anlegervertrauen begründet.

Will sich daher ein Kollege bei der Entscheidung für eine Kapitalanlage auf die Information eines anderen Kollegen i. S. eines haftungsbegründenden Anlegervertrauens verlassen, muss er dem so angegangenen Kollegen dies verbal oder durch eindeutige Signale seines Verhaltens verdeutlichen.

Bei einem gezielten Kaufauftrag durch einen Kunden für ein bestimmtes Wertpapier oder einem vorher von dem Kunden ausgewählten geschlossenen oder offenen Fonds kommt ebenfalls ein Beratungsvertrag nicht zu Stande, da der Kunde durch dieses Verhalten deutlich macht, an einer Beratung nicht interessiert zu sein.[6]

Merke: Jede **in Ausübung des Berufes** erteilte Auskunft oder Empfehlung, die der Erklärungsempfänger zur Grundlage einer Anlageentscheidung machen will oder erkennbar machen könnte, begründet ein Vertragsverhältnis mit **Haftungspotentialen.**

4. Abgrenzung Vermittler und Berater; Auskunfts- und Beratungsvertrag

Die Abgrenzung zwischen Vermittler und Berater, die für Streitfälle **weiterhin bedeutsam** ist, bereitet in der Praxis nicht unerhebliche Schwierigkeiten.

Für diese Unterscheidung ist zunächst ohne Bedeutung, welchen Status der Finanzdienstleister objektiv einnimmt, in welcher tatsächlichen Rechtsbeziehung er zu dem Produktanbieter steht und in welcher Rolle er sich selbst sieht. Entscheidend ist vielmehr, wie der Anleger den Finanzdienstleister einordnet und wie dieser gegenüber dem Kunden auftritt. Maßgeblich ist insoweit der **Empfängerhorizont,** also das tatsächliche Verständnis des Kunden von der Position und Funktion des handelnden Finanzdienstleisters.[7]

Ein Vermittler unterscheidet sich im Wesentlichen wie folgt von einem Berater:

- Der **Vermittler** beschränkt seine Tätigkeit auf den Vertrieb einer Vermögensanlage und beteiligt sich nicht an einem Auswahl- und Bewertungsprozess. Er präsentiert eine oder mehrere Kapitalanlagen, erteilt die notwendigen Auskünfte, wirkt auf einen Vertragsschluss

---

[6] BGH, Urteil vom 30. 3. 2004 – XI ZR 488/02 – www.bundesgerichtshof.de.

[7] OLG Hamm, Urteil vom 20. 7. 2004 – 4 U 37/04 – n. v.; LG Frankfurt, Urteil vom 23. 6. 2000 – 21 O 319/99 – n. v.

zwischen dem Kunden und dem Produktanbieter hin und nimmt die Abwicklung des Vertrages vor.

- Der Interessent wendet sich dem **Vermittler** in dem Bewusstsein zu, dass bei dessen Tätigkeit der werbende und anpreisende Charakter im Vordergrund steht.[8]
- Der **Vermittler** tritt dem Kunden gegenüber erkennbar als Vertreter für einen Produktlieferanten auf. Dem Kunden wird deutlich, dass der Finanzdienstleister einen bestimmten Anbieter vertritt und dessen Produkte placieren will, ohne anderweitige, konkurrierende Produkte in Betracht zu nehmen und vorzustellen.
- Bei dem **Vermittler** dominiert erkennbar das Interesse der Herbeiführung eines Vertrages zu einem bereits festgelegten Produkt, welches von ihm empfohlen und auch werbend angepriesen wird. Zwar ist auch eine Beratung nicht völlig auszuschließen, doch erstreckt sich diese nicht auf weitere Produkte, sondern allein auf das zur Vermittlung angebotene Produkt.

- Der **Berater** tritt hingegen nicht als Vertreter eines bestimmten Produktgebers auf, sondern ermöglicht den Kunden als potentiellen Anleger die **Auswahl** unter Produkten verschiedener Anbieter. Er steht auf Seiten des Kunden und beteiligt sich mit seiner Fachkunde an dessen Auswahl- und **Entscheidungsprozess** und führt mit diesem die Abwägung der Vor- und Nachteile unterschiedlicher Produkte durch.
- Er ist nicht auf die Produktlinie eines Produktgebers beschränkt, präsentiert die Angebote nicht aus dem Interesse des Produktgebers heraus, sondern **beschafft dem Kunden** das mit diesem gemeinsam als geeignet ausgewählte Produkt.
- Der **Berater** stützt seine Auskünfte und Empfehlungen auf eine ausgewogene und unabhängige Untersuchung einer Mehrzahl der im Markt vorhandenen Angebote. Typisch für den Berater ist die **Bewertung** einzelner Produkte, wobei die **Beurteilung** am Anlegerinteresse ausgerichtet wird.[9]

Nach diesen Kriterien bestimmt sich die Abgrenzung, und zwar stets nach dem Verständnis, welches der Anleger nach dem – auch werblichen – Auftritt, den Erklärungen und der Arbeitsweise des Finanzdienstleisters gewinnen muss.[10]

Beachte: Vermittler und Berater müssen sich ihren eigenen werblichen Auftritt entgegenhalten lassen. Treten sie als Vermö-

---

[8] OLG Hamburg, Urteil vom 11.5.2000 – 13 U 20/99 – n.v.; OLG Frankfurt, Urteil vom 27.5.2004 – 3 U 135/02 – n.v.

[9] BGH, WM 1993, 1238.

[10] OLG Stuttgart, OLG-Report 2001, 274.

gens- oder Finanzberater auf oder bezeichnen sich als Finanzplaner und verwenden entsprechende Visitenkarten, Geschäftsbogen oder Firmenschilder, wird der Kunde sie auch als Berater wahrnehmen und sie müssen sich als haftungsrechtlich an diesem **Status** festhalten lassen.

Hinweis: Bei der Versicherungsvermittlung wird der Ausschließlichkeitsvermittler in der Regel den Status des Vermittlers, der Versicherungsmakler stets den des Beraters einnehmen. Für den Mehrfachagenten ist eine differenzierende Betrachtung geboten (vgl. S. 52ff.); bei ihm kommt es entscheidend darauf an, ob er noch in der Vorbereitungsphase – wie ein Makler – oder bereits in der Konzeptphase als Vertreter einer exakt bestimmten Versicherung tätig wird.

Urteil des LG Mannheim vom 23.6.2004 – Az: 9 O 257/03
„Entgegen der Ansicht ... ist die Tätigkeit der Beklagten ... nicht als bloße Anlagevermittlung zu qualifizieren. Die Beklagte ... erweckt hierdurch (den verwendeten Namen) sowie durch die Erhebung einer „Privaten Renten- und Vermögensanalyse“, gezielt den Eindruck, eine individuell an den Anlagezielen des Kunden ausgerichtete, ergebnisoffene und unabhängige Anlageberatung anzubieten. Der Beklagte ... hat selbst vorgetragen, den Eheleuten verschiedene Möglichkeiten des Investmentsparens in Aktien-, Renten- und Immobilienfonds vorgestellt und deren Chancen und Risiken erläutert zu haben. Überdies wurde den Eheleuten eine fondsgebundene Lebensversicherung ... empfohlen und ein Bankkredit vermittelt. Damit hat die Beklagte ... tatsächlich eine umfassende Beratungstätigkeit entfaltet... Keinesfalls hat die Beklagte ... ihre Tätigkeit auf die Vermittlung einer speziellen Kapitalanlage beschränkt, wie dies für eine bloße Anlagevermittlung typisch wäre.“

Mit dem Vermittler kommt ein Auskunftsvertrag zu Stande, der ihn zu **richtiger** und **vollständiger** Information über diejenigen tatsächlichen Umstände, die für den Anlageentschluss des Interessenten von besonderer Bedeutung sind, verpflichtet.[11]

Bei der Tätigkeit eines Beraters kommt zwischen diesem und dem Kunden ein **Beratungsvertrag** zu Stande, auf Grund dessen der Berater über die Mitteilung von Tatsachen hinaus zu einer fachkundigen Bewertung und Beurteilung der in Aussicht genommenen Vermögensanlagen

[11] BGH, ZIP 2000, 355; BGH, Urteil vom 11.9.2003 – III ZR 381/02 – www.bundesgerichtshof.de.

verpflichtet ist, dabei bringt ihm der Kunde zumeist ein weitreichendes **persönliches Vertrauen** entgegen.[12]

Es existiert für die Platzierung geschlossener Fonds kein allgemeiner „Erfahrungssatz, wonach der Vertrieb von ‚Fondskonzepten' stets als ‚Beratung' erfolgt."[13]

5. Parteien des Vertrages

Es besteht häufig eine Unsicherheit hinsichtlich der Frage, wer als **Vertragspartei** des Kunden festzustellen ist, wenn der Berater in eine **Vertriebsorganisation** eingegliedert ist. So werden in diesen Fällen häufig allein der handelnde Berater oder aber das Vertriebsunternehmen oder aber beide klageweise in Anspruch genommen.

Hinweis: Wird eine falsche Partei verklagt, fehlt es an der sogenannten **Passivlegitimation.** Die Klage ist allein deshalb – und dies nicht selten – unschlüssig und unbegründet.

Diese Unsicherheiten sind weiterhin zu beobachten, obschon sich der Vertragsgegner des Kunden in aller Regel eindeutig bestimmen lässt. Partei des Vertrages wird die Person, in deren Namen Erklärungen abgegeben und Handlungen vorgenommen werden, wobei es auf das Verständnis des Kunden über die Person, in dessen Namen gehandelt wird, ankommt. Diese Person ist der allein richtige Adressat einer Klage, es sei denn, es kommen ausnahmsweise die Grundsätze der Eigenhaftung des Vertreters in Betracht.

Bei Tätigwerden innerhalb einer Vertriebsorganisation bedeutet dies im Einzelnen:

- Der Vertriebspartner/Untervertreter handelt im **eigenen Namen** und legt seine Stellung als Vertreter **nicht offen.**
  In diesem Falle kommt unbeschadet der Vertreterstellung im Verhältnis zum Vertriebsunternehmen im Innenverhältnis zum Kunden ausschließlich und mit allen Haftungsfolgen ein **Vertrag zwischen dem Berater und dem Kunden** zu Stande.
- Der Vermittler weist darauf hin, dass er für ein bestimmtes Vertriebsunternehmen tätig wird und in dessen Namen handelt.
  In diesem Falle wird erkennbar, dass er lediglich als Verhandlungs- oder Erfüllungsgehilfe des Vertriebsunternehmen operiert. Der Vertrag kommt **allein mit dem Vertriebsunternehmen** und nicht auch mit dem Untervertreter **zu Stande.**

---

[12] BGH, WM 1993, 1455, *von Heymann,* Bankenhaftung bei Immobilienanlagen, S. 47.

[13] BGH, Urteil vom 12.2.2004 – III ZR 359/02 – www.bundesgerichtshof.de.

- Der Vermittler erklärt sich zwar nicht zu seinem Status, aus den Umständen (Visitenkarte, Antragsvordrucke etc.) wird aber objektiv erkennbar, dass er nicht im eigenen Namen, sondern **für ein übergeordnetes Vertriebsunternehmen** handelt.
  Auch in diesem Falle wird ausschließlich ein **Vertrag zwischen dem Vertriebsunternehmen und dem Kunden** herbeigeführt.

6. Zurechnung

Bedienen sich ein Vertriebsunternehmen oder auch einzelne Berater bei der Tätigkeit gegenüber dem Kunden Untervertreter, so müssen sie sich deren Pflichtverletzungen wie eigene zurechnen lassen (§ 278 BGB). Der Vertragsgegner soll nicht dadurch schlechter gestellt werden, dass die andere Partei sich die Vorteile der Arbeitsteilung zu Nutze macht.

Urteil des OLG Celle vom 14.9.2000 – Az: 11 U 206/98
„Dabei folgt aus der Art und Weise des Angebots, wie es sich dem einzelnen Kunden darstellt, dass der jeweilige Mitarbeiter im Regelfall als Vertreter der Beklagten einen Beratungsvertrag zwischen dem Kunden und der Beklagten abschließt. Der Kunde hat nämlich kein Interesse, mit dem jeweiligen Mitarbeiter der Beklagten persönlich in vertragliche Beziehungen hinsichtlich der Beratung zu treten. Er weiß über dessen Ausbildung und Sachkunde regelmäßig nichts. Das Interesse, sich von einem Mitarbeiter gerade der Beklagten über Finanzanlagen beraten zu lassen, rührt vielmehr aus der Größe und dem Marktauftreten der Beklagten her."

Die Vertriebsunternehmen müssen sich alle Erklärungen und Handlungen zurechnen lassen, die in einem **inneren sachlichen Zusammenhang** mit der zugewiesenen Tätigkeit stehen.

Dieser innere sachliche Zusammenhang ist selbst dann gegeben, wenn der Erfüllungsgehilfe

- **Weisungen** des Handelsherren **nicht befolgt,** so etwa wenn ein Untervertreter gegen die Direktive eines Vertriebsunternehmens eine unternehmerische Beteiligung vermittelt;
- der Erfüllungsgehilfe illegal, d.h. **strafbar handelt,** so etwa wenn er den Anlagebetrag des Kunden auf das eigene Konto leitet und für private Zwecke missbraucht.

Der innere sachliche Zusammenhang zu der zugewiesenen Vertriebstätigkeit wird durch das weisungswidrige und auch durch das strafbare Verhalten nicht aufgelöst.

Anders verhält es sich, wenn der Erfüllungsgehilfe **lediglich die Gelegenheit** der Anlagebesprechung für persönliche Geschäfte mit dem Kunden oder sogar zu einer Straftat ausnutzt, so etwa wenn er bei einem Antragsgespräch aus der Wohnung des Kunden Schmuck entwendet.

LG Hamburg vom 21.6.2004 – Az: 322 O 368/03

„Zwar muss die Beklagte nach dem Grundsatz der positiven Vertragsverletzung auch haften, wenn Herr T. in Ausübung seiner ihm von der Beklagten anvertrauten Stellung Kunden Schaden zufügt (vgl. BGH, NJW 1979, 2259). Eine Einstandspflicht des Geschäftsherrn für eigenmächtiges Verhalten seines Gehilfen ist aber dann zu verneinen, wenn dessen Verfehlung sich von dem ihm übertragenen Aufgabenkreis soweit entfernt, dass aus der Sicht eines Außenstehenden ein innerer Zusammenhang zwischen dem Handeln der Hilfsperson und dem allgemeinen Rahmen der ihm übertragenen Aufgaben nicht mehr zu erkennen ist. Das ist dann der Fall, wenn der Gehilfe rein zufällig mit den Rechtsgütern eines Geschädigten in einer Weise in Berührung gekommen ist, die ihm lediglich die Möglichkeit bot, wie ein deliktisch handelnder Dritter eine von dem ihm übertragenen Aufgaben völlig losgelöste unerlaubte Handlung zu begehen …

Zum Aufgabenbereich des Herrn T. gehörte die Vermittlung von Investmentanlagen für die Beklagte. Geldanlagen allgemein gehörten weder zum Aufgabenbereich der Beklagten noch des Herrn T. Ein Angebot zum Kauf bestimmter Investmentanteile hat Herr T. der Klägerin hinsichtlich der hier übergebenen DM 134.000,– nicht unterbreitet. Vorschläge zur Anlage dieser Beträge und die Entgegennahme von Geldern gehörten aber nicht mehr zum Umkreis der dem Herrn T. von der Beklagten übertragenen Aufgaben. Das Handeln des Herrn T. stand somit nicht mehr in dem für die Anwendbarkeit des § 278 BGB erforderlichen unmittelbaren sachlichen (inneren) Zusammenhang mit den Aufgaben, die ihm zugewiesen waren.“

7. Eigenhaftung des Vertreters

Grundsätzlich haftet allein der Vertretene und nicht der Erfüllungs- oder Handlungsgehilfe. Eine Haftung des Vertreters kommt nur ausnahmsweise in Betracht, wenn er das Geschäft gleichsam **wie ein eigenes betreibt.**[14]

Diese Voraussetzungen werden dann angenommen, wenn dem Vertreter besonderes persönliches Vertrauen entgegengebracht wird, welches

---

[14] BGH, WM 90, 966; LG Coburg, Urteil vom 17.3.2004 – 13 O 127/03 – n.v.

über das normale Verhandlungsvertrauen hinausgeht, und es dem Kunden entscheidend auf die Sachkunde und Zuverlässigkeit des Verhandlungspartners in Person ankommt (§ 311, Abs. 3 BGB).

Urteil des LG Coburg vom 17.3.2004 – Az: 13 O 127/03

„Um die Zweifel der Kläger zu verstreuen und ihr Vertrauen zu gewinnen, unterstrich der Beklagte den Wahrheitsgehalt seiner Angaben zu dem von ihm vorgestellten Anlagekonzept damit, dass man sich insoweit auf ihn verlassen könne. Er könne es nicht riskieren, seinen im … erworbenen guten Ruf aufs Spiel zu setzen. Für die Sicherheit der von ihm vorgestellten Geldanlagen … verbürge er sich mit seinem Namen …

Diese Äußerung des Beklagten konnten daher die Kläger nur so verstehen, dass der Beklagte im Rahmen der Sachverwalterhaftung auch seine persönliche Haftung für die von ihm erteilte Anlageberatung übernehmen wollte, wenn sich die Kläger auf die hervorragende Integrität seiner Person und seines Rufes sowie auf sein fachliches Können als Bankkaufmann verlassen sollten …“

Hier kam ausnahmsweise eine persönliche Haftung des Vertreters in Betracht, da er im **besonderen Maße persönliches Vertrauen** in Anspruch nahm und dadurch dem Verhandlungspartner eine zusätzliche, gerade von ihm **persönlich ausgehende Gewähr** für die Erfüllung des in Aussicht genommenen Rechtsgeschäfts bot. Die bloße Behauptung, über die für seine Tätigkeit erforderliche Sachkunde zu verfügen, begründet ein solches besonderes persönliches Vertrauen grundsätzlich nicht, weil er sich damit noch im Rahmen normalen Verhandlungsvertrauen bewegt. Der Vertreter muss dem Anleger vielmehr den Eindruck vermitteln, er werde persönlich auf Grund dieser Sachkunde die ordnungsgemäße Abwicklung des Geschäfts selbst dann gewährleisten, wenn der Anleger dem Geschäftsherren nicht oder nur wenig vertraut, wobei das dem Vertreter entgegengebrachte Vertrauen deutlich über das normale Verhandlungsvertrauen hinausgehen muss.[15]

Diese Eigenhaftung kommt auch dann ausnahmsweise und unter besonderen Umständen in Betracht, wenn der Vertreter selbst stark an dem Vertragsschluss interessiert ist und aus dem Geschäft einen eigenen Nutzen erstrebt, der über das bloße, fur die Vermittlung typische Provisionsinteresse hinausgeht. Dies ist z.B. dann gegeben, wenn der Vermittler selbst an der Kapitalanlage beteiligt und deren weiterer Erfolg von der Einwerbung frischen Kapitals abhängig ist.

---

[15] Vgl. *Assmann/Schütze/v. Heymann,* § 5, Rdnr. 116 m. w. N.; OLG Hamm, Urteil vom 8. 11. 2001 – 27 U 42/01 – n. v.

II. Haftung aus Delikt/aus unerlaubter Handlung

1. § 823 I BGB

Eine Haftung gemäß § 823 I BGB kommt für Berater regelmäßig nicht in Betracht, da nach dieser Norm **keine Vermögensschäden** ersetzt werden, die in aller Regel Grundlage der Beraterhaftung sind.

2. § 823 II BGB

Eine Haftung gegen den Berater aus unerlaubter Handlung kann aber dadurch ausgelöst werden, dass dieser gegen ein **Schutzgesetz i.S. von § 823 II BGB** verstößt. Es muss sich dabei um eine Gesetzesnorm handeln, die auch die Interessen des Einzelnen – hier des Anlegers – gezielt schützen soll.[16]

- Im Recht der Anlageberater und Versicherungsvermittler kommt als mögliche verletzte Schutznorm insbesondere § 264a StGB (Kapitalanlagebetrug) in Betracht, da diese Vorschrift vornehmlich dem Schutz der Kapitalanleger dient.

  Als Schutzgesetz im Sinne von § 823 II BGB wird auch § 31 WpHG angesehen.[17] Es ist allerdings zu beachten, dass gegen dieses Gesetz nur ein Finanzdienstleistungsunternehmen als ausschließlicher Adressat dieser Vorschrift verstoßen kann. Für Finanzdienstleister ohne Zulassung nach §§ 32/64 KWG bestehen jedenfalls keine unmittelbaren Pflichten nach dem WpHG. Auch eine analoge Anwendung erfolgt nicht.[18]
- Das Gesetz gegen den unlauteren Wettbewerb (UWG) bietet dem Anleger keine Anspruchsgrundlage. § 3 UWG (Verbot irreführender Werbung) wird gegenüber dem Anleger als Verbraucher nicht als **Schutzgesetz** bewertet.[19] Auch ein Verstoß gegen „die Wettbewerbsrichtlinien der Versicherungswirtschaft" begründet für den Verbraucher keinen Anspruch, da diese keine Gesetzesqualität haben.
- Keine Schutzgesetze sind in diesem Zusammenhang vor allem auch das HGB, das KWG und die Makler- und Bauträgerverordnung, weil diesen Gesetzen und Verordnungen eigen ist, dass sie nicht auf den Schutz der Rechte der Anleger gegen Vermittler und Berater ausgelegt sind.

---

[16] *Erman/Schiemann,* § 823, Rdnr. 157.

[17] *Palandt/Sprau,* § 823, Rdnr. 67.

[18] Vgl. *Assmann/Schneider,* WpHG, Einl., Rdnr. 10.

[19] BGH, NJW 1974, 1503 – Dies ist umstritten, vgl. *Baumbach/Hefermehl,* § 3, Rdnr. 440.

3. § 826 BGB

Ein Berater haftet auch dann, wenn er dem Anleger **sittenwidrig** und **vorsätzlich** einen Schaden zufügt. Insoweit besteht der Ersatzanspruch auch bei einer **bloßen Vermögensbeschädigung.**

Für den **Vorsatz** ist nicht notwendig, dass die Schadensfolgen bewusst und gewollt herbeigeführt werden; es reicht aus, dass der Berater diese vorausgesehen und für den Fall ihres Eintritts jedenfalls billigend in Kauf genommen hat (Eventualvorsatz/dolus eventualis).[20]

Eine **Sittenwidrigkeit** wird allgemein dann angenommen, wenn das Verhalten gegen die in der Rechtsgemeinschaft anerkannten moralischen Anschauungen oder die der Rechtsordnung eigenen rechtsethischen Werte und Prinzipien verstößt.[21]

In der Praxis ist eine solche vorsätzliche und sittenwidrige Schädigung beispielsweise angenommen worden bei

- bewusst unrichtigen Auskünften[22]
- gezieltem Verschweigen von Risiken[23]
- leichtfertigen, gewissenlosen, ins Blaue hinein abgegebenen unrichtigen Auskünften[24]

Urteil des OLG Stuttgart vom 27.11.2002 – Az: 9 U 59/02

„Ein Anlageberater, der seinen Kunden negative Presseberichte verschweigt, und zwar in dem Bewusstsein, dass diese die Anlageentscheidung beeinflussen können, handelt sittenwidrig und ist dem geschädigten Anleger gegenüber zum Schadenersatz verpflichtet."

Der Geschäftsführer der Beratungsgesellschaft hatte dem Anleger gegenüber Presseberichte verschwiegen, in dem Bewusstsein, und mit der Befürchtung, der Kläger werde bei Kenntnis von der Anlage Abstand nehmen.

„Der Beklagte ... sorgte jedoch dafür, dass dem Kläger die Presseberichte verschwiegen wurden, und zwar in dem Bewusstsein und mit der Befürchtung, der Kläger werde bei Kenntnis der berichteten Tatsachen von der Anlage Abstand nehmen ... Stattdessen wiegte er den Kläger noch zusätzlich in Sicherheit, indem er erklärte, nur guten Freunden empfehle er eine solche Anlage.

---

[20] BGH, NJW 2000, 2896.
[21] Palandt/*Heinrichs,* § 138, Rdnr. 2.
[22] BGH, NJW 1979, 1599.
[23] BGH, NJW 2002, 2777.
[24] OLG Brandenburg, WM 2001, 1920.

Ein solches Verhalten ist im höchsten Maße anstößig und damit als sittenwidrig i. S. d. § 826 BGB zu bewerten."

4. § 42e VVG (neu)

Nach dem Diskussionsentwurf vom 3.8.2004 (s. Anhang XIII.) für das „Erste Gesetz zur Einführung des Versicherungsvermittlerrechts" soll in das Versicherungsvertragsgesetz (VVG) unter § 42e eine neue Vorschrift wie folgt eingeführt werden:

„§ 42e (VVG) Schadenersatzpflicht
Der Versicherungsvermittler ist zum Ersatz des Schadens verpflichtet, der dem Versicherungsnehmer durch die Verletzung einer Pflicht nach § 42b oder § 42c entsteht. Dies gilt nicht, wenn der Versicherungsvermittler die Pflichtverletzung nicht zu vertreten hat."

Hinweis: Die §§ 42b und 42c VVG werden dem Versicherungsvermittler künftig Frage-, Beratungs- und Dokumentationspflichten auferlegen. Bei Verletzung dieser Pflichten wird durch eine neue Norm gemäß § 42e VVG eine spezialgesetzliche Schadenersatzpflicht eingeführt, auf Grund deren der Vermittler unabhängig von einem Vertrag oder einer etwaigen unerlaubten Handlung haftet. Dies wird auf S. 51 näher dargestellt.

§ 2 Haftungsvoraussetzungen

I. Pflichtenverstoß

1. Übersicht

Der Vermittler schuldet eine Aufklärung über alle **anlagerelevanten** Tatsachen und die Mitteilung aller für die Anlageentscheidung zweckdienlichen Informationen. Der Berater – nicht der Vermittler – schuldet darüber hinaus eine sachgerechte Bewertung und Beurteilung der in Aussicht genommenen Vermögensanlagen.

Vermittlung und Beratung müssen **richtig, vollständig** und **verständlich** erfolgen, der Situation des Anlegers **(anlegergerecht),** dem Objekt der Anlage **(anlagegerecht)** und dem der Vermögensstruktur, dem Portfolio des Kunden **(portfoliogerecht)** gerecht werden.

Die Rechtsprechung hat aus der Grundpflicht der anlage- und anlegergerechten Beratung[25] im Laufe der Jahre eine Fülle von Einzelpflichten herausgebildet, die das Anforderungsprofil des Anlageberaters konkretisieren und präzisieren. Eine einheitliche und überzeugende Begriffsbildung ist bei der Systematisierung der Pflichten allerdings bislang nicht gelungen.

Zu Praxiszwecken soll nachstehend eine **Katalogisierung der Einzelpflichten** vorgenommen werden. Es ist angemessen und entspricht praktischen Bedürfnissen, die Einordnung der Pflichten an den verschiedenen zeitlichen Phasen des Beratungsvorganges auszurichten. Als wesentliche und voneinander abgrenzbare Stadien des Beratungsprozesses lassen sich unterscheiden:

- Phase der Vorbereitung der Beratung/Erstellung der Grundlagen
- Phase der Anlageauswahl und Anlageentscheidung
- Investitionsphase (nach Abschluss des Anlagevertrages)

a) Vorbereitung. In der Phase der Vorbereitung dominiert die **Recherche- oder Erkundigungspflicht** des Beraters. Er hat sich über seinen Kunden sowie über die in die Anlageauswahl einbezogenen Produkte, die Produktgeber und die zu Grunde liegenden Prospekte zu erkundigen und sich die notwendigen Informationen zu beschaffen.

Diese Recherchepflicht ist auf die **eigene Information des Anlageberaters** ausgerichtet, auf die Sammlung und Ordnung der Tatsachen, die

---

[25] BGH, Urteil vom 6. 7. 1993 – XI ZR 12/93 – www.bundesgerichtshof.de.

der Berater für die Besprechungen mit dem Kunden benötigt, um eine anleger-, anlage- und portfoliogerechte Beratung durchführen zu können.

Er ist in diesem Zusammenhang gehalten, alle Informationen zusammenzustellen, die sowohl für die Erfassung und Bewertung des Kundeninteresses als auch für die Beurteilung der Vermögensanlage von Bedeutung sind. Die Erfüllung dieser Recherchepflicht hat keine unmittelbare haftungsrechtliche Auswirkung, führt vielmehr zunächst zur Selbstinformation des Beraters. Nur bei Erfüllung dieser Recherchepflicht kann der Berater jedoch Aussagen gegenüber dem Kunden vornehmen. Er ist ansonsten gezwungen, bei der Präsentation der Verkaufsunterlagen des von ihm vermittelten Produkts klarzustellen, dass er keine eigenen Kenntnisse hat. Er muss offen legen, ob und inwieweit ihm einschlägige Kenntnisse zu dem Anlageobjekt und/oder dem Anbieter fehlen.

Urteil des BGH vom 11.9.2003 – Az: III ZR 381/02

„Gibt ein Anlagevermittler aber wie hier Auskunft zur Sicherheit der Kapitalanlage, indem er auf die Angaben des Kapitalsuchenden verweist, macht er sich dessen Aussagen zu eigen. Für den Anleger liegt damit nicht ..., auf der Hand, dass der Anlagevermittler bloß ungeprüfte Angaben weiterreicht. Der Anleger muss den einschränkungslosen Verweis auf die Angaben im Beteiligungsantrag vielmehr dahin verstehen, dass sich der – sachkundige – Anlagevermittler damit identifiziert. Will der Anlagevermittler diesen Eindruck vermeiden, muss er sich distanzieren."

b) Phase der Anlageauswahl und Anlageentscheidung. aa) Aufklärungspflicht. In der Phase der Auswahl und Beurteilung der Vermögensanlage tritt die Aufklärungspflicht in den Vordergrund. Diese Aufklärungspflicht wirkt unmittelbar im Verhältnis zum Kunden, ist auf die Weitergabe der Informationen und die Unterrichtung des Kunden ausgerichtet. Mit der Erfüllung dieser Verpflichtung **transportiert** der Berater seine durch die Recherche gewonnenen Erkenntnisse. Er transferiert diese Ergebnisse auf den Kunden und gleicht damit das Informationsgefälle zwischen ihm und dem Interessenten im Idealfall aus.

Der Berater muss den Kunden unaufgefordert über alle Tatsachen und Bewertungen aufklären, die seine Anlageentscheidung auch nur beeinflussen und bestimmen können.

Die Rechtsprechung verlangt eine **vollständige, richtige, verständliche** und **zeitnahe** Beratung. Es sind deshalb alle Tatsachen und auch Werturteile in die Aufklärung einzubeziehen, die für die Anlageentscheidung von Bedeutung sind.[26]

---

[26] BGH, Urteil vom 22.6.1993 – XI ZR 215/92 – www.bundesgerichtshof.de.

Diese Aufklärungspflicht ist gleichbedeutend mit den Auskunfts-, Hinweis- oder Belehrungspflichten, die keine selbständige Bedeutung haben, da alle Auskünfte, Hinweise oder Belehrungen stets der Aufklärung des Kunden dienen, der auf der Grundlage dieser Informationen eine letztlich selbständig, eigenverantwortliche, bedarfs- und interessengerechte individuelle Entscheidung treffen soll.

Die Aufklärungspflicht des Beraters dient jedoch nicht dazu, dem Anleger das wirtschaftliche Anlagerisiko abzunehmen. Der Anleger soll auf Grund der Haftung des Beraters für die zu erbringende Aufklärung nicht besser gestellt werden, als er bei eigener originärer Informiertheit stünde.[27]

Der vielfach vermutete Automatismus „entweder funktioniert meine Kapitalanlage oder aber der Berater haftet“, existiert tatsächlich nicht. Der Autor kann aus der eigenen anwaltlichen Tätigkeit bestätigen, dass die vielfachen Erfolgsmeldungen über Anlegerprozesse in den Medien nicht dem gerichtlichen Alltag entsprechen. Es ist bei den Instanzen-Gerichten vielmehr zu erkennen, dass dem häufig unternommenen Versuch einer nachträglichen Abwälzung von bewusst eingegangenen Risiken durch den Anleger auf den Berater kein Erfolg gewährt wird.[28]

bb) Warnpflicht. Neben dieser Aufklärungspflicht kommt der **Warnpflicht** eine selbständige Bedeutung zu. Zwar ließe sich auch diese der Aufklärungspflicht unterordnen, da die Warnung nicht mehr als eine hervorgehobene, besonders eindringliche Aufklärung bedeutet. Eine gesonderte Berücksichtigung der Warnpflicht bleibt aber sinnvoll, da sie an Gegebenheiten anknüpft, die zu einem **erhöhten Risiko** führen und deshalb den Berater verpflichten, vor besonderen, **gesteigerten Gefahren** zu warnen.

cc) Beratungspflicht. Der Anlageberater – nicht der bloße Anlagevermittler – hat überdies eine Beratungspflicht. Die Informationen, die er selbst beschafft und an den Kunden weitergibt, dienen dem Zweck, eine Entscheidung des Kunden über eine Kapitalanlage herbeizuführen. Die Beratung erstreckt sich im Einzelnen auf:

- Auswahl eines subjektiven und objektiv geeigneten Produktes
- Bestimmung der Höhe der Anlage
- Bestimmung des Zeitpunkts der Anlage
- (gegebenenfalls) Verteilung der Mittel auf mehrere Vermögensanlagen

---

[27] Vgl. *Schäfer,* Haftung für fehlerhafte Anlageberatung und Vermögensverwaltung, RWS-Skript 240, S. 18.

[28] Vgl. auch *Wagner* – Neue Entwicklung zur Anlagevermittler-/Anlageberaterhaftung.

c) **Investitionsphase.** Grundsätzlich bestehen für Vermittler und Berater keine nachvertraglichen Pflichten. Mit der Beendigung des Auskunfts- oder Beratungsvertrages enden die beiderseitigen Rechte und Pflichten.[29]

Wegen der Einzelheiten und Ausnahmen wird auf S.47 (nachvertragliche Pflichten) verwiesen.

2. Exkurs – Das neue Recht des Versicherungsvermittlers

Das neue Vermittlerrecht nach Umsetzung der EU-Versicherungsvermittler-Richtlinie.

Die am 15.1.2003 verkündete EU-Versicherungsvermittler-Richtlinie (ABl. BG Nr.L009 v. 18.1.2003, S.3–10, **s. Anhang IX.**) ist bis zum 15.1.2005 in deutsches Recht zu übertragen, wobei es allerdings dem deutschen Gesetzgeber nicht gelingen wird, diese Vorgabe zeitgerecht zu erfüllen. Nach dem gegenwärtigen Sachstand ist zu erwarten, dass die Richtlinie in zwei unterschiedlichen Gesetzen in deutsches Recht transferiert werden, wobei ein erstes Gesetz frühestens im zweiten Quartal 2005 erwartet werden kann. Es ist dabei zu berücksichtigen, dass bei der Umsetzung lediglich zeitliche Verzögerungen eintreten werden, die Inhalte allerdings hiervon nicht berührt werden.

Die Umsetzung führt zu Änderungen bei allen selbständigen Versicherungsvermittlern, und zwar gleich welchen Status und gleich, ob sie die Tätigkeit haupt- oder nebenberuflich ausüben.

Hinweis: Angestellte von Versicherungsunternehmen im Außendienst sind von der Richtlinie und dem neuen Vermittlerrecht nicht betroffen, sie sind hiervon vielmehr ausdrücklich ausgenommen.

Diese Regelung erscheint im Hinblick auf das Ziel des Anlegerschutzes und die Transparenz der Vermittlungs- und Beratungsvorgänge wenig konsequent, zumal der Kunde/Versicherungsnehmer gegenüber einem Angestellten im Außendienst genauso schutzwürdig ist wie gegenüber einem Versicherungsvertreter. Zur Begründung ist auch ein Hinweis auf die Haftung des Versicherers für seinen Angestellten nicht tragfähig. Diese Haftung erfüllt der Versicherer auch gegenüber einem Einfirmenvertreter und teilweise auch gegenüber einem Mehrfachvertreter; im Übrigen besteht zum Schutze des Kunden eine Vermögensschadenhaftpflichtversicherung mit voluminösen Deckungssummen, so dass jedenfalls aus Haftungsgründen die Differenzierung zwischen selbständiger und angestellter Tätigkeit nicht gerechtfertigt wer-

[29] OLG Naumburg, Urteil vom 15.6.2000 – 2 U 134/99 – n.v.

den kann. Der Versicherungsinteressent sollte sich auch bei einem Angestellten im Außendienst auf eine Qualifikation wie bei einem externen Vermittler verlassen können.

Die Änderungen des neuen Vermittlerrechtes betreffen sowohl den **Berufszugang** als auch die **Berufsausübung.** Zum Verständnis der Systematik der Regelungen ist für die Unterscheidung wichtig und hilfreich, ob die Einzelregelungen den Berufszugang oder die Berufsausübung zum Gegenstand haben. Die Regelungen hinsichtlich des Berufszuganges haben öffentlich-rechtlichen Charakter und werden im Wesentlichen innerhalb der Gewerbeordnung in einem **neuen § 34d GewO** normiert werden, während die Regelungen hinsichtlich der Berufsausübung privatrechtliche Qualität haben und im Wesentlichen Eingang in das Versicherungsvertragsgesetz nehmen werden.

a) Regeln zum Berufszugang. Der Zugang zu dem Beruf des Versicherungsvermittlers ist in Zukunft an folgende wesentliche Voraussetzungen gebunden, ohne deren Nachweis der Zugang zum Beruf und der Eintritt in den Beruf künftig nicht mehr möglich sein wird. Der Berufszugang ist an die Erfüllung folgender wesentlicher Voraussetzungen geknüpft:

- guter Leumund (persönliche Zuverlässigkeit und geordnete Vermögensverhältnisse)
- Sachkundenachweis
- Berufshaftpflichtversicherung

Die Voraussetzungen für den Berufszugang **im Einzelnen**:

aa) Guter Leumund. Der gute Leumund verlangt persönliche Zuverlässigkeit und geordnete Vermögensverhältnisse.

Die Erlaubnis wird mithin ausgeschlossen bei einschlägigen Vorstrafen (Verbrechen und Vermögensdelikten wie Diebstahl, Betrug, Unterschlagung, Untreue, Urkundenfälschung pp.), soweit noch nicht eine Rehabilitation nach innerstaatlichem Recht erfolgt ist, und bei nicht hinreichend geordneten Vermögensverhältnissen, die etwa indiziert wären durch die Abgabe der eidesstattlichen Versicherung, Haftanordnung zur Erzwingung der Abgabe der eidesstattlichen Versicherung oder durch Eröffnung des Insolvenzverfahrens.

bb) Sachkundenachweis. Der Versicherungsvermittler soll seine hinreichende Sachkunde/Fachkompetenz durch eine Prüfung nachweisen (Sachkundenachweis). Es ist vorgesehen, dass diese Prüfung von der Industrie- und Handelskammer abgenommen wird sowie von weiteren Ausbildungsträgern, die durch die Bundesanstalt für Finanzdienstleistungsaufsicht (BAFin) entsprechend zertifiziert sind. Ihnen wird ein Anspruch auf Zertifizierung zustehen, wenn sie hinreichendes Know how, Erfahrungen, bundesweite Prüfungsmöglichkeiten mit ausreichenden Prüfungskapazitäten und eine überbetriebliche Organisation nachweisen können.

Zur Prüfung soll ein Vermittler erst zugelassen werden, wenn er den Nachweis erbringt, an einer geeigneten Ausbildung im Umfange von **mindestens 222 Stunden** teilgenommen zu haben.

Der Umfang der Stunden verlangt keinen Präsenzunterricht in diesem Maße, sondern berücksichtigt die Zeiten der Vorbereitung und Nachbearbeitung. Eine Ausbildung über e-learning soll zugelassen werden. Der Sachkundenachweis muss für folgende **Teilbereiche** erbracht werden:

- **Kundenberatung**
  Bedarfsermittlung, Lösungskonzepte, Produktinformationen
- **Sachliche Grundlagen im Versicherungswesen**
  Kenntnisse in den Sparten: Leben, Rente, Unfall, Kranken, Pflege, Haftpflicht, Kraftfahrt, Hausrat, Gebäude, Rechtschutz
- **Sozialversicherungsrechtliche Rahmenbedingungen**/Grundzüge staatlich geförderter Altersvorsorge
- **Rechtliche Grundlagen** der Tätigkeit einschließlich des neuen Versicherungsvermittlerrechts.

Streitig ist noch, welche Ausbildungen und Prüfungen den Sachkundenachweis ersetzen. Als sicher kann dies angenommen werden für den Versicherungskaufmann, Versicherungsfachwirt, Diplombetriebswirt mit Fachrichtung Versicherungen, Fachwirt für Finanzberatung und Versicherungsfachmann (BWV), für diesen allerdings zeitlich limitiert bis zum Jahre 2007. Für Bank- und Investmentfondskaufleute soll gelten, dass diese Ausbildung die Sachkundeprüfung ersetzt, wenn sie um eine mindestens dreijährige Tätigkeit als Versicherungsvermittler ergänzt wird.

Von dem Sachkundenachweis wird es auch aus Gründen des Bestandsschutzes unterschiedliche **Befreiungen und Erleichterungen** geben, wobei nachstehend die Grundsystematik aufgezeigt werden soll, um ein allgemeines Verständnis für die einzelnen Befreiungs- und Erleichterungsvorschriften herzustellen:

- Wer **vor** dem 1.9.2000 durchgängig bis zum Inkrafttreten des neuen Vermittlerrechts als selbständiger oder unselbständiger Versicherungsvermittler tätig war, muss keine Sachkundeprüfung ablegen. Die ausreichende Sachkunde wird unterstellt/fingiert.

  Die durchgängige, ununterbrochene Tätigkeit wird daran bemessen werden, dass der Versicherungsvermittler diese Tätigkeit seiner zuständigen Gewerbeaufsichtsbehörde angezeigt hatte.
- Wer erstmals **nach** dem 1.9.2000, jedoch **vor** dem Inkrafttreten des neuen § 34d GewO als selbständiger oder unselbständiger Versiche-

rungsvermittler tätig war, kann die Sachkundeprüfung binnen zweier Jahre nachholen.

- Wer allerdings erstmals nach dem Wirksamwerden der neuen Vorschrift als Versicherungsvermittler tätig wird, muss nach heutigem Stand die Sachkundeprüfung ablegen, bevor er vermittelnd tätig wird. In diesem Zusammenhang ist noch umstritten, ob eine berufsbegleitende Ausbildung zugelassen werden und für alle Vermittler die Möglichkeit bestehen soll, unter dem Patronat und der Haftung eines bereits zugelassenen Vermittlers tätig zu werden. Nach letztem Diskussionsstand kann davon ausgegangen werden, dass die Ausführungsbestimmungen eine tätigkeitsbegleitende Ausbildung ermöglichen werden.

cc) Berufshaftpflichtversicherung. Für die Berufshaftpflichtversicherung ist zunächst zu beachten, dass die Einfirmenvertreter bei uneingeschränkter Haftung durch das Versicherungsunternehmen zwar eine Befreiung beantragen können, aber ein Bestandsschutz für bereits langjährig tätige Vermittler nicht vorgesehen ist.

Die Berufshaftpflicht wird für Versicherungsvermittler zur **Pflichtversicherung** (wie sonst beispielsweise bei Rechtsanwälten, Steuerberatern, Notare, Wirtschaftsprüfern, Ärzten und Architekten; mithin Berufe, denen besonderes Vertrauen entgegengebracht wird und die Dienste höherer Art i. S. v. § 627 BGB erbringen).

Während einerseits die Berufshaftpflicht für Versicherungsvermittler zur Pflichtversicherung wird, besteht seitens der Versicherer kein **Kontrahierungszwang.** Dies hat zur Folge, dass der Versicherungsvermittler, der einen Berufshaftpflichtvertrag nicht erlangt, der Zugang zu dem Beruf verwehrt ist. Bei einem Versicherungsfall, bei dem die Berufshaftpflichtversicherung wegfiele, hätte dies eine Untersagung der weiteren Berufsausübung zur Folge.

Für die Versicherungsvermittler wird deshalb von herausgehobener Bedeutung der Erhalt der Berufshaftpflichtdeckung sein, da es sich dabei um eine unabdingbare Voraussetzung für den Zugang zum Beruf und die Ausübung des Berufs handelt. Er wird deshalb zu beachten haben, seine Verpflichtungen aus diesem Vertrag zu erfüllen, und zwar zunächst und insbesondere die Zahlung der vereinbarten Prämien. Ein Verzug mit Prämien würde auf Dauer zu einer Kündigung des Versicherers gemäß § 39 VVG folgen. Der Vermittler wird auch kaum einen anderen Versicherer davon überzeugen können, dass er bei diesem die vereinbarten Prämien entgegen seinem Vorverhalten vollständig und fristgerecht entrichten wird.

In praxi wird von herausgehobener Bedeutung die **Schadenquote** bei dem einzelnen Vermittler sein, der deshalb auch Schadenfälle weiterhin soweit wie möglich vermeiden sollte. Zwar wird ein Berufshaftpflichtversicherer bei vermehrten Schadensfällen die **Kündigung nur als ultima ratio** verwenden. Sollten allerdings mildere Maßnahmen, wie insbesondere Sanierungen des Vertrages fehlschlagen, bliebe letztlich eine Kündigung unausweichlich. Würde auch ein anderer Versicherer keinen Versicherungsschutz anbieten, würde dies das zwanghafte Ende der Vermittlungstätigkeit bedeuten.

Soweit der Vermittler als Versicherungsvertreter für eine Versicherung oder ein Vertriebsunternehmen tätig wäre, müssten diese wegen Wegfalls der berufsrechtlichen Voraussetzungen eine **fristlose Kündigung** aussprechen, die im Übrigen auch zur Folge hätte, dass ein Ausgleichsanspruch nach § 89b HGB im Innenverhältnis zwischen dem Versicherungsvertreter und dem Handelsherren nicht entstünde.

Die Mindestdeckungssummen werden mit € 1 Mio. für jeden Versicherungsfall und € 1,5 Mio. für alle Versicherungsfälle eines Jahres festgelegt. In die Deckung sind sämtliche Untervertreter einzuschließen.

Die Haftung wegen wissentlicher Pflichtverletzung kann von dem Vermögensschadenhaftpflichtversicherer ausgeschlossen werden. Von dieser Möglichkeit werden alle Versicherer Gebrauch machen, zumal anderenfalls auch der vorsätzliche Pflichtenverstoß versicherungsrechtlich gedeckt wäre – eine dem Versicherungsrecht fremde Regelung.

Es wird noch streitig diskutiert, ob der Selbstbehalt im Interesse des Verbraucherschutzes maximiert wird und ob und für welche Dauer eine Nachhaftung eingeschlossen sein muss und ob auch eine unterjährige Zahlung der Versicherungsprämie zugelassen wird. Diese Regelung hätte zur Folge, dass der Bestand des Berufshaftpflichtvertrages für ein volles Versicherungsjahr nicht gewährleistet wäre, da bei einer Verzugslage der Versicherer nach § 39, Abs. 3 VVG das Versicherungsverhältnis unterjährig kündigen könnte.

Hinsichtlich des Berufszugangs ist zu beachten, dass damit eine weitgehend und seit langem geforderte Veränderung der Rechtslage eintritt. Nach noch gültiger Rechtslage besteht für Versicherungsvermittler eine uneingeschränkte **Gewerbefreiheit.** Sie haben bei Aufnahme ihrer Vermittlungstätigkeit lediglich gemäß § 14 GewO eine Anzeige bei der zuständigen Behörde zu tätigen. Diese Behörde prüft nicht präventiv die Zuverlässigkeit, sondern kann bislang lediglich die Tätigkeit im Nachhinein nach § 35 GewO wegen **Unzuverlässigkeit** untersagen. In Zukunft verwandelt sich der Beruf des Versicherungsvermittlers von einer anzeigepflichtigen zu einer **erlaubnispflichtigen Tätigkeit.** Die Zulassung ist von mehreren Voraussetzungen abhängig, die im Wesentlichen oben dargestellt wurden und die der Vermittler nachzuweisen hat.

b) Regelungen zur Berufsausübung. Für die Berufsausübung werden nach dem neuem Vermittlerrecht Informations-, Beratungs- und Dokumentationspflichten des Versicherungsvermittlers statuiert, die in das Versicherungsvertragsgesetz eingeführt werden.

Es handelt sich dabei um einen mit Finanzdienstleistungsinstituten vergleichbares System von (Wohl-) Verhaltenspflichten, wie sie für diese in den §§ 31ff. WpHG festgelegt sind. Es werden damit neue, zusätzliche Pflichten dem Versicherungsvermittler auferlegt, deren Verletzung zu Schadenersatzansprüchen führen kann.

Die Pflichten im Einzelnen:
- Informationspflicht
- Erfassungspflicht
- Beratungspflicht
- Dokumentationspflicht

aa) Informationspflicht. Der Gesetzgeber wird in Übereinstimmung mit der EU-Richtlinie normieren, dass dem Versicherungskunden oder Versicherungsinteressenten bereits beim ersten Kontakt eine Vielzahl näher bestimmter **Informationen** in Textform erteilt werden.

In der Anlage (Anhang Nr. X.) ist ein **Formularblatt zur Erfüllung dieser Informationspflichten** entwickelt worden, welches sämtliche Pflichtangaben berücksichtigt und aus dem auch die Informationspflichten im Detail ersichtlich sind.

bb) Erfassungspflicht (Fragepflicht). Der Vermittler muss in Zukunft die **Wünsche und Bedürfnisse** des Versicherungsnehmers ermitteln und feststellen (vgl. § 42c VVG nach dem Diskussionspapier vom 3.8.2004).

Nach dem Diskussionsentwurf des Bundeswirtschaftsministeriums für Wirtschaft und Arbeit und dem Bericht der VVG-Reformkommission[30] soll die Intensität der Befragung und damit die Erfassung der Wünsche und Bedürfnisse zum einen abhängen von der Komplexität der angebotenen Versicherung, der Schwierigkeit, diese zu durchschauen und zu beurteilen, zum anderen ein angemessenes Verhältnis der Höhe der Prämien zu dem Beratungsaufwand berücksichtigen. Letztere Voraussetzung erscheint keinesfalls sachgerecht, da nicht zutrifft, dass Versicherungen mit geringen Prämien von vornherein von untergeordneter Bedeutung sind. Beispielhaft sei auf die Privathaftpflichtversicherung verwiesen, die für die Sicherung des Vermögens und der Lebensführung wichtigste Versicherung, für die allerdings nur geringe Prämien aufzuwenden sind. Es wäre verfehlt, für eine Privathaftpflichtversicherung einen geringen Beratungsaufwand allein wegen der niedrigen Prämien zu verlangen.

---

[30] www.bundesjustizministerium.de/media/archive/667.pdf.

Die Erfassung der Wünsche und Bedürfnisse birgt erhebliches Haftungs- und Schadenspotential. Sollte der Vermittler eine für den konkreten Kunden notwendige oder mindestens indizierte Versicherung übersehen und in diesem Bereich dann ein **ungedeckter Versicherungsfall** eintreten, führte dies zur **Maximalhaftung.** Der Vermittler würde wie ein Versicherer für den Schaden des Kunden eintreten. Vorstellbar sind solche Versäumnisse gerade im Bereich der Grundabsicherung, so dass ein besonderes Augenmerk der Vermittler auf etwaige Lücken im Bereich Privathaftpflicht, Hausrat, Berufsunfähigkeit, Risiko-Leben und Wohngebäudeversicherung (bei Tierhaltung: auch Tierhalterhaftpflicht) zu richten ist.

Die Terminologie „Wünsche und Bedürfnisse" vermag nicht zu überzeugen, zumal es auf bloße individuelle Wünsche außerhalb objektivierbarer Gegebenheiten nicht maßgeblich ankommen wird. Die Übersetzung aus der authentischen englischen Fassung der EU-Richtlinie würde auch sprachlich eher zu der Kombination „Ziele und Bedürfnisse" führen. Da allerdings auch die VVG-Reformkommission die Erfassung der Wünsche und Bedürfnisse empfiehlt, wird man sich auf diese Sprachregelung einrichten müssen. Es wird auch Aufgabe der Rechtsprechung in diesem Bereich sein, definitorische Präzisierungen und Abgrenzungen herbeizuführen. Bereits aus dem allgemeinen Sprachgebrauch kann abgeleitet werden, dass es bei Wünschen mehr auf die individuellen Vorstellungen und das individuelle Begehren des Kunden ankommt, während Bedürfnisse auf tatsächliche Gegebenheiten und eine objektive Bedarfslage ausgerichtet sind.

Neben dieser Erfassungspflicht ist nach dem Gesetzesentwurf eine **Beratungspflicht** vorgesehen. Erfassung und Beratung stehen im Verhältnis von **Diagnose und Therapie, Analyse und Deckung.**

Der Vermittler hat zunächst die Aufgabe, unter Prüfung des Bestandes und Erfassung von Versicherungslücken den Status zu ermitteln und Änderungen und Ergänzungen im Versicherungsbestand zu identifizieren.

Im abschließenden Beratungsstadium wird dann von ihm verlangt, dass er Lücken und Ergänzungen durch sachgerechte Versicherungsverträge abdeckt, wobei sowohl neue Verträge als auch die Modifikation bereits bestehender Verträge in Betracht kommen. Die Beratungspflicht, die letztlich zu einem **Deckungskonzept** führt, hat ein geringeres Haftungspotential als die Frage- und Erfassungspflicht, da in jedem Fall Deckung herbeigeführt wird und lediglich Unterschiede in der Qualität und im Versicherungsumfang auftreten können.

Es ist allerdings zu berücksichtigen, dass der Vermittler im Einzelfall übersehen könnte, dass für den Kunden relevante Risikoausschlüsse wirksam werden, die er bei einem anderen Versicherer in die Deckung hätte einstellen können. In diesem Falle würde der Vermittler, dem ein schuldhafter Pflichtenverstoß nachgewiesen werden kann, wieder im

Umfang der Versicherungsleistung haften und sich mithin auch insoweit das Maximalrisiko verwirklichen.

cc) Dokumentationspflicht. Der Versicherungsvermittler hat die Gründe für jeden zu einer bestimmten Versicherung erteilten Rat anzugeben. Er hat diese Begründung sowie die Erfüllung der Erfassungs- und Beratungspflichten zu dokumentieren. Von dieser Dokumentationspflicht sind lediglich vorläufige Deckungszusagen im Rahmen von Pflichtversicherungen ausgenommen (vgl. § 42d, Abs. 3, S. 3 VVG). Diese Dokumentationspflicht wird die Versicherungsvermittler, und zwar sowohl die Versicherungsvertreter als auch die Versicherungsmakler, vor **völlig neue** und **komplexe** Herausforderungen stellen. Die Erfüllung dieser Verpflichtung wird zunächst als Schwierigkeit verstanden werden. Im Laufe der Zeit wird sich allerdings herausstellen, dass eine gut geführte Beratungsdokumentation vor Haftungsgefahren wirksam schützt und diese überdies einen systematisierten, sachgerechten Gesprächablauf sicherstellt.

Es ist allerdings nicht zu übersehen, dass diese Dokumentation das **Einfallstor für Haftungsfälle** öffnet, da anhand dieser Aufzeichnungen auch Jahre später noch nachvollzogen werden kann, ob der Versicherungsvermittler gesetzeskonform und sachgerecht tätig geworden ist und insbesondere einen plausiblen und fundierten Versicherungsrat erteilt hat.

Wegen der Handhabung in der Praxis wird auf die Ausführungen unter S. 51f. sowie insbesondere auf die als Anhang Nr. IV beigefügte Muster-Dokumentation (Versicherungsvermittlung/Mehrfachagent-Privatkunde) verwiesen.

dd) Verzicht auf Beratung und/oder Dokumentation. Der Kunde kann auf die Beratung oder Dokumentation verzichten.

Hinweis: In der Praxis wird sich ein breites Bedürfnis gerade nach einem **teilweisen** Verzicht auf Beratung entwickeln, da vielfach der Versicherungsvermittler – und zwar durchaus in Übereinstimmung mit den Wünschen und Bedürfnissen des Versicherungsinteressenten – ausschließlich in einem bestimmten Produktsegment beraten will.

Dieser Verzicht ist allerdings an bestimmte Voraussetzungen gebunden:

- Zunächst ist eine **gesonderte schriftliche Erklärung** des Versicherungsnehmers notwendig, mit der er auf die Beratung oder die Dokumentation verzichtet. Dieser Verzicht darf nicht bereits in der Dokumentation vorgesehen sein, worauf auch das Wort „gesonderte“

ausdrücklich hinweist. Es besteht insoweit eine Rechtslage wie nach dem Wertpapierhandelsgesetz.

Hinweis: Das damalige Bundesaufsichtsamt für den Wertpapierhandel hat in der Richtlinie zur Konkretisierung der §§ 31, 32 WpHG[31] festgelegt, dass die Möglichkeit des Kunden, keine Angaben zu machen, nicht als Bestandteil eines Fragebogens vorgesehen werden darf.

Diese Voraussetzung, die an einen wirksamen Verzicht auf die Beratung und/oder Dokumentation geknüpft wird, ist völlig sachgerecht und auch unumstritten. Nach dem letzten Diskussionspapier soll allerdings als weitere Voraussetzung hinzukommen, dass der Vermittler den Versicherungsnehmer ausdrücklich darauf hinweist, dass sich ein Verzicht nachteilig auf dessen Möglichkeiten auswirken kann, gegen den Versicherungsvermittler einen Schadenersatzanspruch nach § 42e VVG geltend zu machen.

Diese Anforderung erscheint nach diesseitiger Auffassung als verfehlt und sollte in das endgültige Gesetz keinen Eingang finden. Diese Wirksamkeitsvoraussetzung führt zu einer **Überregulierung** mit überspannten Anforderungen an den Versicherungsvermittler und ist außerdem an einem unmündigen Versicherungsnehmer orientiert, der nicht von sich aus und ohne weiteres zu erkennen vermag, dass sich ein Verzicht auf Beratung oder Dokumentation nachteilig auf etwaige Schadenersatzansprüche auswirken könnte.

Es sollte auch berücksichtigt werden, dass dieser Verzicht der Regelung in der Richtlinie zur Konkretisierung der §§ 31, 32 WpHG nachgebildet ist. Im Wertpapierhandel kann der Kunde auf eine Exploration verzichten – sowie auch im Versicherungsbereich der Kunde auf eine Erfassung seiner Wünsche und Bedürfnisse, seiner Anlageziele und seiner Risikobereitschaft verzichten kann. Er soll die Möglichkeit haben, auch aus Gründen der Wahrung seiner Intimität sich einer Exploration durch den Vermittler zu entziehen. Macht er hiervon Gebrauch, dann ist ihm auch bewusst, dass er damit seine Rechtsposition gegenüber dem Vermittler erschwert und eine höhere Eigenverantwortung übernimmt. Ein gesonderter zusätzlicher Hinweis ist nicht notwendig; dieser würde auch das Verhältnis zwischen dem Versicherungsnehmer und dem Versicherungsvermittler ohne Not belasten.

Zusammenfassend lässt sich feststellen, dass im Jahre 2005 eine im Wesentlichen gelungene Regulierung im Bereich der Versicherungsvermittlung zum Berufszugang und zur Berufsausübung eingeführt werden

---

[31] Vgl. Richtlinie gem. § 35, Abs. 6 des Gesetzes über den Wertpapierhandel – Bundesanzeiger Nr. 165 vom 4. 9. 2001, S. 19 217.

wird. Insbesondere die Verbände sollten weiterhin darauf einwirken, dass gerade bei den Verhaltenspflichten notwendige Präzisierungen vorgenommen werden. Solange unbestimmte und vage Sach- und Rechtsbegriffe in den Gesetzesmaterialien verbleiben, bestünde bis zu einer höchstrichterlichen Rechtsprechung eine letztlich unerträgliche Rechtsunsicherheit. Es sollte auch eine sachgerechte berufsbegleitende Ausbildung für unabhängige Vermittler vorgesehen werden. Die Mühen um eine inhaltliche und handwerkliche Verbesserung und Perfektionierung erscheinen auch deshalb lohnenswert, weil sich das Recht der Versicherungsvermittlung mit Sicherheit als Prototyp für die spätere Regulierung der Vermittlung von offenen und geschlossenen Fonds erweisen wird. Es werden weitgehend **analoge Regelungen** zu erwarten sein, zumal auch zu intensiven sachlichen Differenzierungen wenig Anlass besteht. Gerade im Hinblick auf diese Vorbild- und Muster-Qualität sollte bis zuletzt eine Optimierung der Umsetzung versucht werden.

3. Die Pflichten des Beraters im Einzelnen

a) Recherchepflicht. aa) Kunde als Gegenstand der Recherche. Nur über die Erfüllung der Recherche- oder Erkundigungspflicht kann eine anlegergerechte Beratung sichergestellt werden, für die der aus dem amerikanischen Recht abgeleitete und seit längerem in das europäische und nationale Recht überführte Grundsatz

„Know your customer (Kenne Deinen Kunden)“

von herausragender Bedeutung ist.[32] Der Berater muss **den Kunden im Wortsinne erkunden,** muss ihn befragen, ausforschen und explorieren.

Eine eingehende Information über den Kunden ist von unverzichtbarer Bedeutung. Je besser der Berater seinen Kunden kennt, desto wahrscheinlicher wird eine fehlerfreie Beratung gelingen und ein Schadensfall nicht eintreten. Ein guter Berater wird bei seiner Tätigkeit das Bemühen um das Kennenlernen des Mandanten in den Vordergrund stellen und sein Augenmerk darauf richten, die persönlichen, familiären und finanziellen Verhältnisse des Kunden genau und umfassend zu ermitteln.

Er wird diese Daten und Fakten präzise erfragen. Eine formelhaftes Abfragen reicht nicht aus, weil damit lediglich eine Ansammlung von Daten, nicht aber ein wirkliches Vertrautwerden mit den Kundenverhältnissen erreicht würde. Die maßgeblichen Informationen müssen sorgfältig identifiziert und – soweit notwendig – auch verifiziert werden. Die Befragung

[32] *Arendts,* Die Haftung für fehlerhafte Anlageberatung, S. 2, m. w. N.

verlangt Aufmerksamkeit, Präzision und Sensibilität sowie die Wahrnehmung von Unsicherheiten und Verständnislücken auf Seiten des Kunden.

Der Berater ist insoweit vor eine schwierige und auch zwiespältige Situation gestellt: Er muss sich zum einen mit dem Kunden und dessen Umfeld vertraut machen, eine Nähe zu diesem anstreben und sich in dessen Lage versetzen. Er muss allerdings gleichermaßen in der Lage sein, eine kritische Distanz zu wahren. Der Kunde erwartet von dem Finanzdienstleister Rat und Führung. Eine gute Beratung schließt immer auch die **Möglichkeit des Abratens** und auch den Hinweis auf mögliche Fehlvorstellungen ein. Es ist mithin ein behutsamer Prozess des Ausbalancierens von Annäherung und Distanz geboten – Vertrautwerden ohne Vertrautheit, Kennenlernen ohne Identifikation.

Bei der Befragung und Exploration des Kunden beweisen sich die maßgeblichen Begabungen und Befähigungen des Beraters. Ein nur mittelmäßiger Berater wird seine Person, die von ihm angenommene Sachkunde in den Vordergrund stellen, wird mit ergebnisorientierter, standardisierter Rhetorik versuchen, den Kunden zu einer von ihm gewollten Entscheidung zu bewegen.

Der gute, seriöse, integere und letztlich erfolgreiche Berater entwickelt hingegen die **Kunst des Zuhörens.** Er wird seinem Kunden eine konzentrierte Aufmerksamkeit entgegenbringen, wird ihn ausreichend zu Wort kommen lassen, wird ihn ermutigen, Wünsche, Ziele und Bedürfnisse zum Ausdruck zu bringen und wird alle seine verbalen und nonverbalen Signale wahrnehmen.

Ein Berater, der sich tatsächlich auf seinen Kunden **einstellt,** wird eine Einfühlbarkeit entwickeln, die ihm den Kunden als Individuum erleben lässt, eine **Empathie,** die ihn auch wirtschaftlich zu einem besonderen Erfolg führt.

Im Einzelnen erstrecken sich die Recherchepflichten auf folgende Daten und Fakten:

(1) Persönliche- und familiäre Verhältnisse

- Alter
- Ausbildung/Abschlüsse
- Beruf, Berufsaussichten
- Familienstand/Güterstand
- Anzahl und Alter unterhaltsberechtigter Kinder

Hinweis: Die Feststellung des Güterstandes ist wichtig, da bei einer Gütergemeinschaft im Unterschied zu dem gesetzlichen Güterstand der Zugewinngemeinschaft das Vermögen den Eheleuten gemeinschaftlich zusteht und im Regelfall auch nicht einer der Eheleute allein über dieses wirksam verfügen kann (§§ 1416, 1419 BGB).

(2) Finanzielle Verhältnisse (Einkünfte, Vermögen, Verbindlichkeiten)

- Jahreseinkommen
  Ermittlung der Mittelherkunft, z.B. aus Erwerbstätigkeit, Kapitaleinkünften, Vermietung und Verpachtung, da die Zuflüsse hinsichtlich **Nachhaltigkeit, Sicherheit** und **Stabilität** je nach Mittelherkunft unterschiedlich zu bewerten sind und überdies Rückschlüsse auf den Kenntnis- und Erfahrungsstand zulassen (so etwa bei Einkünften aus Kapitalvermögen).
- Vermögen (Höhe und Zusammensetzung)
- Belastungen/Verbindlichkeiten
  Hier sind insbesondere die Aufwendungen für Miete, Versicherungen, Unterhalt, Kfz, Kredite, Reisen und Hobbys zu berücksichtigen.

Die Auswertung dieser Angaben führt zur Feststellung der freien, liquiden Einkünfte und damit des Potentials für Kapitalanlagen, wobei zuvor eine etwa notwendige Liquiditätsreserve mit dem Kunden abgestimmt werden sollte.

(3) Grundabsicherung. Die Erkundigung muss sich auch auf den Bestand der Elementarversicherungen erstrecken. Es wäre fehlerhaft, einen Kunden, der das vorhandene Vermögen noch nicht oder nur unzureichend gegen grundlegende Risiken abgesichert hat, zu einer Vermögensanlage zu veranlassen, die erst auf ein in der Zukunft zu erwerbendes Vermögen angelegt ist.

Der Berater muss deshalb den Abschluss und Umfang einer **Haftpflicht-** und Hausratversicherung, bei einer Immobilie auch einer Gebäudeversicherung feststellen. Weiter sind in diesem Zusammenhang Erhebungen über Risikolebensversicherungen, den Krankenversicherungsschutz, spezifische Haftpflichtrisiken (etwa Tierhalter- oder Berufshaftpflicht) und eine Unfallversicherung notwendig.

Es ist insbesondere auch zu ermitteln, ob und in welcher Höhe eine Versicherung gegen eine etwaige **Berufsunfähigkeit** besteht oder notwendig ist, wobei dieser Versicherungszweig in Zukunft auch wegen der Defizite der staatlichen Sicherungssysteme zunehmende Bedeutung gewinnen wird. Bei bestimmten Konstellationen muss auch eine **dread disease-Versicherung** in Betracht gezogen werden.

(4) Kenntnisse/Erfahrungen. Die Intensität der Beratung hängt maßgeblich von den vorhandenen Kenntnissen und Erfahrungen des Kunden ab. Es gilt der Grundsatz, dass die Beratung um so intensiver und eindringlicher durchgeführt werden muss, je unerfahrener und unkundiger der Kunde ist.[33]

Das Maß der Kenntnisse und Erfahrungen ist auch für die die Ebene der Kommunikation von Bedeutung. So können bei einem erfahrenen Kunden gängige Fachbegriffe verwendet werden, während diese und auch Fremdwörter (wie etwa Volatilität, Derivate, Venture Capital oder Asset Allocation) ansonsten zu vermeiden oder mindestens verständlich zu erläutern sind.[34]

Hinweis: Während die Erfahrungen letztlich objektiv überprüfbar sind, handelt es sich bei den Kenntnissen um innere, nicht exakt erschließbare Vorgänge. Im Vordergrund muss deshalb die Ermittlung der **Erfahrungen** des Kunden stehen. Es ist anerkanntermaßen auch zulässig, von den vorhandenen Erfahrungen auf den Kenntnisstand des Kunden zu schließen („Aus Erfahrung klug werden").[35]

Der Berater muss präzise ermitteln, welche Kapitalanlagen der Kunde in der Vergangenheit getätigt hat. Er sollte dabei die Art der Kapitalanlage, deren Beginn und Höhe ermitteln und feststellen, ob und in welchem Umfang diese Kapitalanlage noch besteht. Der Berater sollte überdies vom Kunden auch eine Beurteilung über den Verlauf der jeweiligen Kapitalanlagen einholen, zumal diese Einschätzung den Kenntnis- und Erfahrungsstand des Kunden belegt, und zwar gerade auch über seine Reaktion auf Schwankungen und negative Verläufe.

(5) Risikobereitschaft/Risikoneigung. Der Berater muss ermitteln, welches Risiko der Kunde einzugehen bereit ist, welche **Risikobereitschaft** bei diesem gegeben ist.

Die Klärung der Risikobereitschaft entscheidet, welche Produkte und Produktlinien für den Anleger generell in Betracht kommen. Will der Kunde im Einzelfall keinerlei Risiko hinnehmen, können nur Produkte empfohlen werden, die einen Kapitalerhalt sichern.

Die Erfassung der Risikobereitschaft erfolgt gemeinhin über eine Risikoklassifizierung unter Einteilung in unterschiedliche, abgestufte Risi-

---

[33] BGH, Urteil vom 16.11.1993 – XI ZR 214/92 – www.bundesgerichtshof.de.

[34] *Brandt,* Aufklärungs- und Beratungspflichten der Kreditinstitute bei der Kapitalanlage, S. 93.

[35] *Assmann/Schneider/Koller,* § 31, Rdnr. 83.

koklassen. Diese Methode ist sicherlich sinnvoll; es ist aber zu berücksichtigen, dass damit nur ein grobes Raster gebildet und eine sensible Erfassung der individuellen Risikobereitschaft durch diese Methode nicht ermöglicht wird. Es ist deshalb zu empfehlen, über die Einstufung in eine Risikoklasse hinaus die Risikobereitschaft individuell zu ermitteln und die einschlägigen Äußerungen des Kunden zu dokumentieren (z.B. „Bei tatsächlich gegebener Wahrscheinlichkeit hoher Renditen bin ich bereit, bei unerwartet schlechtem Verlauf auch einen Verlust hinzunehmen"; „Ich bin mir bewusst, dass im Extremfall sogar ein Totalverlust eintreten kann").

Urteil des OLG Hamm vom 22.3.1999 – Az: 31 U 169/98

„Dem Kläger sollte durch die Tätigkeit des Zeugen (Vermittler) nicht das wirtschaftliche Risiko der Investition in die Immobilie abgenommen werden. Geschuldet war lediglich die Information, die eine Abwägung der Risiken ermöglichte...

Insbesondere die von ihm unterzeichneten Risikohinweise zeigen die mit einer Investition in Immobilien verbundenen Unwägbarkeiten und Gefahren hinlänglich auf...

Mit seiner Unterschrift unter die Risikohinweise, die leicht verständlich und übersichtlich formuliert sind, hat der Kläger zum Ausdruck gebracht, dass er den Inhalt zur Kenntnis genommen hat. Unter diesen Umständen kann er nicht mit der schlichten Behauptung gehört werden, der Zeuge (Vermittler) habe ihm erklärt, die Wohnung werde sich aus Mieteinnahmen und steuerlichen Vorteilen selbst tragen."

(6) Risikofähigkeit. Bei einer verantwortungsvollen Anlageberatung tritt neben die Ermittlung der subjektiven Risikobereitschaft die der

objektiven Risikofähigkeit.[36]

Es erscheint nicht ausreichend, lediglich die individuelle Risikobereitschaft des Kunden zu ermitteln und auf dieser Grundlage die Vermögensauswahl vorzunehmen. Es muss darüber hinaus überprüft werden, wie weit die persönliche Risikoneigung unter Berücksichtigung der persönlichen und finanziellen Verhältnisse des Kunden tatsächlich vertretbar erscheint.[37]

Es kommt konkret auf die Feststellung an, wie widerstandsfähig, wie robust der Mandant in wirtschaftlicher Hinsicht ist. Seine finanzielle

---

[36] LG Frankfurt/Main, Urteil vom 23.6.2000 – 2-21 O 319/99 – n. v.

[37] *Lang,* Informationspflichten bei Wertpapierdienstleistungen, § 9, Rdnr. 38 f.

Belastbarkeit ist festzustellen und bei der Beurteilung zu berücksichtigen. Er ist auf der Grundlage seiner Verhältnisse einem hypothetischen „Stress-Test“ zu unterziehen.

Beispiel: Ein 58-jähriger ehemaliger Bundeswehroffizier mit mittlerem Einkommen und hohen Unterhaltsverpflichtungen für seine geschiedene Ehefrau und mehrere in der Ausbildung befindliche Kinder will seine gesamten verfügbaren Mittel in eine Kapitalanlage investieren. Er ordnet sich selbst in die höchste Risikoklasse ein und bestimmt den Anlagezeitraum mit mehr als zehn Jahren.

Es besteht hier eine evidente und eklatante Abweichung zwischen der individuellen Risikobereitschaft und der tatsächlichen Risikofähigkeit. Der Kunde überschätzt seine wirtschaftliche Widerstandsfähigkeit und unterschätzt die zur Erfüllung seiner gesetzlichen Verpflichtung notwendigen Mittel.

Die Einbeziehung der Risikofähigkeit kann zur Folge haben, den Kunden trotz individuell hoher Risikobereitschaft vor Investitionen zu warnen, wenn die Verwirklichung der damit verbundenen Risiken – auch wenn der Kunden diese auf sich nehmen will – zu unerträglichen Folgen für seine Lebensgrundlage führen kann. Der Kunde ist in diesen Fällen dazu anzuhalten, die Sorgfaltspflicht in eigenen Angelegenheiten zu beachten.

Im Beispielsfall ist der Kunde darauf hinzuweisen, dass er bei einem nicht planmäßigen Verlauf der Kapitalanlage seine Unterhaltsverpflichtungen gegenüber der geschiedenen Ehefrau und den Kindern nicht länger erfüllen kann und auch selbst in eine Situation der Bedürftigkeit geraten wird.

(7) Anlageziele/Anlagezeitraum. Der Berater muss sowohl die Anlageziele als auch den Anlagehorizont seines Kunden erfassen:

Bei den **Anlagezielen** benötigt er gesicherte Angaben des Kunden, ob dieser vorrangig, allein oder in Verbindung mit anderen Zielen mit der Kapitalanlage eine Vermögensbildung, Alterssicherung, die Schließung von Versorgungslücken, den Kapitalerhalt, laufende Erträge, langfristigen Wertzuwachs, kurzfristige Gewinne, eine Steuerersparnis, eine Risikodiversifizierung o. a. anstrebt. Die Anlageziele sollten mit dem Kunden erörtert und dokumentiert werden. Sie sind bei der Empfehlung der Vermögensanlagen zu berücksichtigen. Die Empfehlung muss mit den Anlagezielen des Kunden korrespondieren. Fehlerhaft wäre es, bei dem Kunden auf die Festlegung eines einzigen Anlagezieles hinzuwirken, da nach der Lebenserfahrung überwiegend mehrere Anlageziele – wenn auch unterschiedlicher Priorität – verfolgt werden.

Es ist auch unabdingbar, den **Anlagezeitraum (Anlagehorizont)** des Kunden festzustellen. In Abstimmung mit dem Kunden ist zu klären, bis zu welcher Dauer die Kapitalanlage gehalten werden soll und gehalten werden kann. Besondere Bedeutung hat die Festlegung des Anlagehorizonts für Produkte, die von vornherein auf einen längeren Bindungszeitraum ausgelegt sind und innerhalb dieser Laufzeit nicht oder nur mit Verlusten liquidiert werden können. So kommt etwa bei Immobilien- oder Schiffsfonds eine Beteiligung regelmäßig nur mit einem Anlagezeitraum von mehr als zehn Jahren in Betracht, da diese Fonds überwiegend auf einen entsprechenden Zeitraum **operativer Tätigkeit** angelegt sind und eine frühere Rückführung des Kapitals nicht vorgesehen ist. Diese Anlagen sind wenig fungibel und nur einem Anleger anzuraten, der über den gesamten vorgesehenen Zeitraum auf die investierten Mittel verzichten kann.

Es wird häufig übersehen, dass die **Antworten des Anlegers** hinsichtlich der Anlageziele und Anlagestrategie einerseits und des Anlagezeitraums andererseits **auf Stimmigkeit** zu überprüfen sind.[38] Es wird nicht selten ein Anlageziel gewählt, welches dem Anlagehorizont zuwiderläuft. Gibt ein Kunde beispielsweise als Anlageziel das Sparen für die Studienausbildung seiner Kinder an, so wird es von deren Alter abhängen, ob ein langfristig angegebener Anlagezeitraum tatsächlich den wirklichen Interessen des Anlegers entspricht.

Vielfach klaffen auch die Angaben zur Anlagedauer und zur Risikobereitschaft auseinander. Ausgeprägt risikobehaftete Produkte verlangen regelmäßig einen längeren Anlagehorizont, da entweder das Produkt ohnehin auf einen weiträumigen Zeitraum ausgelegt ist oder die Anlage die Gelegenheit einer langfristigen Entwicklung und Rehabilitation nach zeitweisen negativen Ausschlägen haben muss.

Solche möglichen Unstimmigkeiten sind festzustellen und auszuräumen.

Urteil des LG Frankfurt vom 23.6.2000 – Az: 2-21 O 319/99

„Ein Anlagevermittler muss bei der Vermittlung von Aktieninvestmentfonds das Anlageziel und die Risikobereitschaft der Anleger berücksichtigen. Die Empfehlung eines ausschließlich in Asien, mit Schwerpunkt Hong-Kong anlegenden Aktieninvestmentfonds an einen Anleger, dessen Anlageziele der Erhalt seines Vermögens und die Aufbesserung seiner Rente ist, muss als nicht interessengerecht gewertet werden, zumal der Anleger zuvor in einen weit gestreuten Mischfonds investiert hatte."

---

[38] *Lang,* Informationspflichten bei Wertpapierdienstleistungen, § 9, Rdnr. 46.

bb) Produktgeber/Produkt. Der Berater muss sich nicht nur über den Kunden, sondern auch über das Produkt und dessen Anbieter nachhaltig erkundigen. Die Information über den Mandanten sichern die anlegergerechte, die Informationen über das Produkt und den Anbieter die anlagegerechte Beratung. So gilt neben dem Grundsatz „Know your customer" bezogen auf Produkt, Produktumfeld und Produktanbieter die Maxime:

„Know your merchandise" (Kenne deinen Markt).[39]

Der Berater sollte zunächst Rechtsform, Haftungskapital und Bonität des Anbieters ermitteln. Ein Handelsregisterauszug weist die Rechtsform und das Haftungskapital aus und belegt auch das Entstehungsdatum des Unternehmens, den Geschäftszweck sowie die vertretungsberechtigten Personen. Beim Handelsregister muss zugleich der letzte Jahresabschluss hinterlegt sein. Soweit diese Publizitätspflicht erfüllt ist, kann der Berater die Lage des Unternehmens anhand dieses Abschlusses überprüfen. Anderenfalls sollte mindestens der letzte Jahresabschluss von dem Emittenten zusammen mit dem Geschäftsbericht abgefordert werden.

Die **Bonitätsprüfung** kann in Zweifelsfällen mit einer Anfrage bei einer Handelsauskunftei unterlegt werden.

Beachte: Bei Versicherungen, Banken, Kapitalanlagegesellschaften und Wertpapierhandelsunternehmen sind diese Überprüfungen von nachrangiger Bedeutung, da diese einer Finanz- und Marktaufsicht durch die Bundesanstalt für Finanzdienstleistungsaufsicht (BAFin) unterstehen. Der Berater darf im Regelfall eine hinreichende Solvabilität unterstellen, mithin die dauerhafte Erfüllbarkeit der abgeschlossenen Verträge.

Der Berater hat auch die Erfahrung, das Know how und die Erfolge des Anbieters in der Vergangenheit zu ermitteln. Geeignete Informationsquelle ist in diesem Zusammenhang die Leistungsbilanz des Produktanbieters. Gerade im Bereich geschlossener Fonds können seriöse Emittenten eine Leistungsbilanz vorlegen. Das Fehlen oder die Verweigerung der Vorlage einer Leistungsbilanz sollte für den Berater ein Warnsignal sein: Entweder fehlt es an der notwendigen Professionalität oder aber an vorzeigbaren Ergebnissen.

cc) Prospekt. Insbesondere bei dem Vertrieb geschlossener Fonds ist die Kenntnis des Verkaufsprospektes für den Berater unentbehrlich. Nicht nur, weil er auf der Grundlage dieses Prospektes das Beratungsge-

---

[39] *Arendts,* Die Haftung für fehlerhafte Anlageberatung, S. 30 m. w. N.

spräch führt und den Kunden durch diesen Prospekt leitet, sondern auch, weil der Prospekt ihm die Kenntnis über die Wesensart, Eigenheiten und Risiken des Produktes vermittelt. Er sollte kein Produkt vertreiben, bei dem nicht der Prospekt mit einem Prospektprüfungsbericht eines unabhängigen Wirtschaftsprüfers unterlegt ist.

Unabhängig von allen etwaigen Testaten und Gutachten schuldet der Berater eine eigene **Plausibilitätsprüfung.**[40] Diese Plausibilitätsprüfung wird auch nach Wirksamwerden des Anlegerschutzverbesserungsgesetzes nicht entbehrlich. Zwar werden ab 1. Juli 2005 die Prospekte zu geschlossenen Fonds einer Prüfung durch die BaFin unterzogen, und die Produkte dürfen erst nach Gestattung öffentlich vertrieben werden. Diese Kontrolle der Aufsichtsanstalt beschränkt sich allerdings auf eine Vollständigkeitsprüfung und erstreckt sich nicht auf die Richtigkeit der Prospektaussagen. So prüft die BaFin beispielsweise, ob der Prospekt Risikohinweise enthält. Ob diese allerdings richtig, vollständig und verständlich abgefasst sind, bleibt weiterhin der Prüfung des Beraters unterstellt.

Urteil des BGH vom 13. 1. 2000 – Az: III ZR 62/99

„Der Beklagte hätte sich daher selbst sachkundig machen müssen, bevor er zum Anlagemodell der P. GmbH Auskunft gab. Insbesondere hätte er die wirtschaftliche Plausibilität dieser Kapitalbeteiligung prüfen müssen; bei pflichtgemäßer Prüfung ... wäre ihm die, oben schon angesprochene, Fragwürdigkeit einer angeblich im wesentlichen mit festverzinslichen Staatsanleihen erwarteten Rendite von 15% aufgefallen.

Dem Beklagten fiel eine schuldhafte Verletzung des mit dem Kläger geschlossenen Auskunftsvertrages zur Last, weil er im Vermittlungsgespräch nicht offen legte, dass er das Anlagekonzept der P. GmbH, dessen Fragwürdigkeit sich ihm schon im Blick auf die Höhe der angegebenen Rendite hätte aufdrängen müssen, weder auf Plausibilität hin geprüft noch sonstige objektive Informationen zur Wirtschaftlichkeit dieser Kapitalanlage hatte."

Der Prospekt ist insbesondere darauf hin zu untersuchen, ob

- Art und Eigenheiten des Anlageobjektes verständlich und präzise beschrieben werden,
- die Risiken vorab in einem besonderen Abschnitt überblickhaft und zusammenfassend dargestellt werden,

---

[40] BGH, ZIP 2000, 355; OLG Frankfurt/Main, Urteil vom 15.7.2004 – 3 U 135/02 – n. v.; KG Berlin, Urteil vom 26.9.2003 – 17 U 15/03 – n. v.; OLG Hamburg, Urteil vom 28.4.2000 – 11 U 65/99 – n. v.

- das Maximalrisiko im Falle des Misserfolges der Kapitalanlage offengelegt wird,
- die „weichen Kosten" (für das Investitionsvorhaben nicht verfügbare Mittel) in einem vertretbaren Verhältnis zum Gesamtaufwand stehen,
- die erwarteten Einnahmen vertraglich gesichert sind oder mindestens auf wirklichkeitsnahen Annahmen beruhen,
- die Risiken in einem gesonderten Abschnitt richtig, vollständig und verständlich und unter Verzicht auf Verharmlosung und Beschönigungen dargestellt werden.

Herausgehobene Bedeutung haben die Risikohinweise. Im Prospekt muss sich im vorderen Teil zunächst eine überblickhafte, möglichst mit anderen Angaben nicht verbundene Risikodarstellung finden. Im weiteren Teil des Prospektes müssen die Risiken im Einzelnen und geordnet dargestellt werden. Der Berater sollte bei der **Plausibilitätsprüfung** auch beachten, ob die Risiken vollständig offenbart werden und der Prospektherausgeber auf jede **Bagatellisierung** und **Relativierung** verzichtet. Verdächtig sind Formulierungen wie:

- „Das Risiko besteht lediglich in der Theorie"
- „Das Risiko wird dadurch neutralisiert, dass ..."

Hinweis: Die bislang im Entwurf vorliegende „Verkaufsprospekt-Verordnung für Vermögensanlagen nach § 8f." (geschlossene Fonds) will verhindern, dass entgegen bislang üblicher Praxis die Darstellung von Risiken und Chancen zusammen erfolgt. Die Risiken sind zukünftig zwingend „in einem gesonderten Abschnitt darzustellen".

Der Berater muss sich davon überzeugen, dass der Prospekt nicht reißerisch aufgemacht ist, nicht **Anpreisung** und **Werbung** den Informationsgehalt zurückdrängen. In negativer Hinsicht sind auffällig Übertreibungen, Verallgemeinerungen, Ausflüchte und Widersprüche sowie blickfanghafte Fotos ohne Sachbezug zum Anlageobjekt.

Es sollte auch überprüft werden, ob die weichen Kosten, insbesondere für Konzeptionierung, Placierung und Marketing etc. nicht zu hoch veranlagt sind und die Rendite der Vermögensanlage von vornherein in Frage stellen.

Ist das Angebot mit Garantien unterlegt (beispielsweise Schließungs- oder Mietgarantien), so ist deren Werthaltigkeit zu prüfen und vor allem darauf zu achten, ob der Garant mit einem ausreichenden Haftungskapital ausgestattet ist. Dies wäre etwa bei einer mit einem Eigenkapital von € 25.000,– ausgestatteten GmbH nicht gegeben. Die Garantie ginge über eine wertlose Zusage nicht hinaus.

dd) Besonderheit bei Lebensversicherungen. Bei Lebensversicherungen schließt die Solvabilität die garantierte Leistung (Garantie- oder Rechnungszins) und die bereits zeitanteilig gutgeschriebene – nicht aber die künftig erst noch zu erwirtschaftende – Überschussbeteiligung ein. Die Fähigkeit, erst in der Zukunft fällige Leistungsversprechen einhalten zu können, beurteilt ein Rating. Ist dieses nicht oder nicht in der benötigten Detaillierung verfügbar, können einige aussagekräftige Kennziffern des Unternehmens im Vergleich zu den Durchschnittswerten der Branche durchaus Orientierung geben. Im Einzelnen sind dies:

- Eigenkapitalquote
- Netto-Verzinsung der Kapitalanlagen und Anteile der stillen Reserven und/oder der stillen Lasten in den Vermögensanlagen
- Verhältnis der überrechnungsmäßigen zu den rechnungsmäßigen Abschlusskosten (Preiswürdigkeit des Neugeschäftes)
- Verwaltungskostensatz
- Wachstumsdynamik (Neugeschäft vs. Bestand).

Hinweis: Herausragende Bedeutung wird die **Eigenkapitalquote** haben, da sie zum einen die nachhaltige finanzielle Leistungsfähigkeit des Unternehmens belegt. Zum anderen ist auch zu berücksichtigen, dass mit Wegfall der Regulierung und Genehmigung der Tarife auch die amtlich verordnete „Gewinngarantie“ entfiel und die Versicherer nunmehr selbst für die Profitabilität ihrer geschäftlichen Tätigkeit verantwortlich sind.

b) Aufklärungspflicht. Während die Erkundigungspflicht der Information des Beraters dient, mithin nach innen wirkt, bezweckt die Aufklärungspflicht die Information des Kunden und wirkt damit nach außen.

Grundsätzlich gilt, dass der Berater seinen Kunden richtig, vollständig, verständlich und zeitnah über alle für die Anlageentscheidung bedeutsamen und relevanten Umstände aufzuklären hat.[41]

Der **Umfang der Aufklärungspflicht** richtet sich nach
- den Kenntnissen und Erfahrungen des Kunden sowie
- der Komplexität des Produktes.

Je erfahrener und kenntnisreicher der Anleger und je einfacher das Produkt, desto geringer die notwendige Intensität der Aufklärung, die bei einem im hohen Maße erfahrenen und kundigen Anleger in Ausnahmefällen auch in Gänze unterbleiben kann.[42]

---

[41] BGH, WM 1997, 811.

[42] *Assmann/Schneider/Koller,* WpHG, § 31, Rdnr. 88.

Der Berater muss sich am Empfängerhorizont, am Verständnis und Verständnisvermögen des Anlegers ausrichten und die Beratung inhaltlich und sprachlich dem intellektuellen Zuschnitt des Kunden und dessen Vorkenntnissen anpassen. Umfang und Intensität der Erläuterung und Aufklärung sind danach auszurichten, wie erklärungsbedürftig das Produkt ist. Ein hervorgehobener Aufklärungsbedarf besteht im Regelfall bei geschlossenen Fonds, zumal es sich dabei – anders als bei Versicherungen oder Investmentfonds – nicht um standardisierte Massenprodukte handelt, sondern um **singuläre Produkte** mit besonderer Wesensart und Typik sowie **spezifischen Wagnissen.**

Eine sachgerechte Aufklärung des Kunden verlangt weiter, dass der Berater selbst das Produkt mit allen Besonderheiten, Risiken, Vor- und Nachteilen verstanden hat. Wenn er selbst das Produkt nicht in den wesentlichen Ausprägungen und Facetten versteht, wird er auch außer Stande sein, dieses dem Kunden anschaulich und nachvollziehbar zu erläutern. Es sollte niemals ein Produkt empfohlen werden, bei dem selbst für den Berater Fragen offen geblieben sind.

Die Aufklärung muss sich auf alle Umstände erstrecken, die für die Anlageentscheidung von Bedeutung sind und die sich insoweit analog § 31, Abs. 2, Nr. 2 WpHG als **zweckdienliche Information** erweisen. Die Aufklärung muss nicht nur die Vorzüge eines Produktes herausstellen, sondern auch die Nachteile und Gefahren einbeziehen. Dies gilt insbesondere, wenn die Anlageentscheidung spezielle Risiken mit sich bringt, die außerhalb des Erfahrungsbereichs des Kunden liegen.[43]

Die Aufklärung hat sich vornehmlich zu erstrecken auf:

- Person des Produktanbieters unter Berücksichtigung von Bonität, Know how, Erfahrung, Reputation und Marktnähe
- Produkt (Funktionsweise, Wesensart, rechtliche und steuerliche Konstruktionen, Garantien)
- Nachschusspflichten
- Chancen und Risiken der Anlage
- Eintrittswahrscheinlichkeit der Prognosen
- Wiederveräußerung/Handelbarkeit (Möglichkeit, Zeitpunkt, Erlöse)

Eine besondere Aufklärung wird notwendig, wenn bei einer unternehmerischen Beteiligung der Anleger auch am Verlust teilnimmt und **Nachschusspflichten** eintreten können.

Im Hinblick auf die Prognosen ist von besonderer Bedeutung, dass der Verlauf und die Ergebnisse der Vergangenheit allenfalls eine Wahrscheinlichkeit, aber keine Sicherheit für die Zukunft begründen. Es verbieten sich deshalb aus den Vergangenheitsergebnissen abgeleitete Zusa-

[43] *Kümpel,* Bank- und Kapitalmarktrecht, 3. Aufl., Rdnr. 16.540.

gen oder gar Garantien, da eine hinreichende Verlässlichkeit über die künftige Entwicklung nicht gegeben ist.

Im Mittelpunkt der gesamten Aufklärung des Kunden steht dessen Information über die mit der Anlage verbundenen **Risiken.** Der Kunde muss für seine eigenverantwortliche Anlageentscheidung wissen, auf welche Risiken er sich mit dieser einlässt und welche Folgen bei Realisierung bestimmter Gefahren eintreten. Der Kunde ist nicht nur über die allgemeinen Risiken (Konjunktur- und Währungsschwankungen, Änderung der steuerlichen und rechtlichen Rahmenbedingungen etc.), sondern gerade über die **spezifischen Risiken,** die sich aus den individuellen Merkmalen des Anlageobjektes ergeben, zu unterrichten.

Es ist dabei auf die schlechtmöglichste Entwicklung **(worst case)** hinzuweisen, mithin auf das maximale Risiko, welches bei bestimmten Produkten auch in einem Totalverlust bestehen kann.

Am **Beispiel** eines Immobilienfonds sowie eines Schiffsfonds soll veranschaulicht werden, über welche spezifischen Risiken der Berater u.a. aufzuklären hat:

Immobilienfonds

- Standort (Mikro- und Makro-Standort)
- Infrastruktur, Mieterstruktur
- Fertigstellungs-/Placierungsrisiko
- Kaufpreis-/Mietpreisentwicklung
- Anschlussfinanzierung/Zinsniveau
- Leerstand/Mietausfall
- Umsatzkosten nach Wegfall eines „Spezial-Nutzers“
- Instandhaltungs- und Revitalisierungskosten
- Fungibilität/Handelbarkeit
- Schlüsselpersonen

Schiffsfonds

- Einnahmeausfälle während Festcharterphase
- Einnahmeausfälle durch unterplanmäßige Nachfolge-Charterraten
- überplanmäßige Schiffs- und Betriebskosten
- Fehlende, ungenügende Versicherungen (gegen Kasko- und Havarieschäden und gegen Totalverlust; Haftpflichtversicherung sowie Versicherung zur Kompensation technisch bedingter Ausfallzeiten
- Fertigstellung/Placierungsrisiko
- Fungibilität/Handelbarkeit
- Schlüsselperson

Hinweis: Die bloße Übergabe eines Prospekts ohne Erläuterung durch den Berater wird von der Rechtsprechung bei einem komplexen Produkt und einem nicht völlig übersichtlichen und verständlichen Prospekt – zumal bei einem unkundigen Interessenten – häufig als nicht ausreichend erachtet.

Urteil des OLG Frankfurt vom 15.7.2004 – Az: 3 U 135/02
„Die Übergabe des Emissionsprospektes reicht auch im Falle der Anlagevermittlung nicht aus, der Informationspflicht des Anlagevermittlers genüge zu tun. Denn es handelt sich um ein sehr umfangreiches Prospekt ...
Der Abschnitt „G" enthält zwar eine ausführliche Abhandlung über die Risiken der Beteiligung, angesichts des umfangreichen Gesamtprospekts, der in der Beweisaufnahme augenfällig wurde, konnte der Beklagte indessen nicht erwarten, die Klägerin durch bloße Übergabe ausreichend informiert zu haben. Bei einem derart umfangreichen und für einen Laien – wie hier – unübersichtlichen Prospekt bedarf es auch im Falle der Anlagevermittlung einer zusätzlichen mündlichen Information ...
Gerade bei umfänglichen, unübersichtlichen Prospekten ist jedenfalls gegenüber unerfahrenen Interessenten eine ausdrückliche mündliche Erläuterung gerade der Risiken erforderlich. Es reicht insoweit auch im Regelfall nicht aus, wenn die Risikobelehrung dem Interessenten lediglich vorgelesen wird. Geschuldet wird vielmehr eine auf den Empfängerhorizont des Interessenten zugeschnittene verständliche Erläuterung."

Urteil des OLG Nürnberg vom 19.3.2002 – Az: 3 U 1188/01
„Das bloße Vorlesen eines Anlageprospektes ist zur hinreichenden Risikobelehrung des Anlegers nicht ausreichend, insbesondere dann nicht, wenn die Formulierung im Prospekt nicht transparent und bereits einem juristisch Gebildeten nicht unmittelbar verständlich sind.
Der Anlageberater schuldet in diesem Zusammenhang eine eigene verständliche Erläuterung."

Innenprovision

In seinem Urteil vom 12.2.2004 (Az.: III ZR 359/02, NJW 2004, 1732) hat der BGH erstmals zu der Frage, ob und gegebenenfalls in welcher Höhe Innenprovisionen in einem Prospekt ausgewiesen werden müssen, Stellung genommen. Im Entscheidungsfall hatte die Beklagte Kommanditanteile an zwei Immobilienfonds vermittelt. In beiden Fälle erhielt sie nach Feststellungen des Gerichts Provisionszahlungen von jeweils 25% des einzuwerbenden Kommanditkapitals. Im ersten Fall war im Prospekt eine

Provision in Höhe von 20% angegeben. Zur weiteren Provision in Höhe von 5% fehlten Angaben. Im zweiten Fall waren Provisionszahlungen von 11% offen gelegt. Weitere 14% wurden als „weitere Vergütung (Werbungskostenzuschuss)“ im Prospekt bezeichnet. In der Folgezeit gerieten die Fonds in wirtschaftliche Schieflage. Der Kläger nahm daraufhin die Vermittlerin auf Rückabwicklung in Anspruch und leitete seine Ansprüche aus Prospekthaftung unter Hinweis auf fehlerhafte Angaben im Verkaufsprospekt und aus Verletzung vorvertraglicher Aufklärungspflichten ab.

Der BGH führt in seiner Urteilsbegründung aus, dass es bei prospektierten Fondsanlagen, so auch bei geschlossenen Immobilienfonds, nicht in jedem Fall, aber **ab einer gewissen Größenordnung** eine Ausweispflicht von Innenprovisionen gebe. Selbstverständlich sei eine Haftung aus anderen Gesichtspunkten, so z.B. aus einem Anlageberatungs- oder Anlagevermittlungsvertrag möglich. Das Gericht hob hervor, dass sich speziell bei einem Immobilienfonds aus der Existenz und der Höhe von Innenprovisionen Rückschlüsse auf eine geringere Werthaltigkeit des Objekts und damit auf die Rentabilität der Anlage ergeben können. Mit anderen Worten: die Zahlung von Innenprovisionen kann dazu führen, dass die Immobilie zu einem Kaufpreis angeboten wird, der den objektiven Wert erheblich übersteigt. Zwar sei das – so der BGH weiter – bis zur Grenze der Sittenwidrigkeit nicht unzulässig, da der Käufer (Anleger) keinen Anspruch auf Erwerb zum Verkehrswert habe. Im Falle eines Anlagemodells sei der Aufklärungsbedarf über „bedeutsame Umstände“ aber höher. Dies folgert der BGH aus der Tatsache, dass der Anlageprospekt oftmals die einzige, für den Anleger zumindest aber die wichtigste Informationsquelle und damit in der Regel auch die einzige Grundlage seiner Anlageentscheidung sei. Eine eigene Prüfung der Werthaltigkeit des Objekts sei ihn in den meisten Fällen gar nicht möglich. Dies begründe aber eine besondere **Schutzbedürftigkeit,** da die von den Initiatoren vorformulierten Fondsprospekte das Objekt naturgemäß als besonders werthaltig und in einem ausgewogenen Werteverhältnis zum Kaufpreis darstellen würden. Daher ist nach Auffassung des BGH bei einer Immobilienanlage, die im Prospekt als rentables Renditeobjekt dargestellt wird, auf eine **überdurchschnittliche Innenprovision** hinzuweisen. Nach Auffassung des Gerichts ist von einer überdurchschnittlichen Innenprovision auszugehen, wenn Vertriebskosten, die der Kapitalanlage wertmäßig nicht zugute kommen, mit **einem Wert über 15%** angesetzt werden. Im vom BGH entschiedenen Fall hatte der Vermittler hinsichtlich der ersten Fondsanlage über weitere 5% und im zweiten Fall über zusätzliche – nicht prospektierte Innenprovisionen – in Höhe von 14% nicht aufgeklärt. Darin sah das Gericht eine unvollständige Prospektangabe, die zu einer fehlerhaften Vorstellung über tatsächlich geflossene Innenprovisionen führte. Letztlich konnte aus diesem Grunde auch die Werthaltigkeit der Immobilie nicht objektiv beurteilt werden.

Die Entscheidung des BGH vom 12.2.2004 ist zu einer Immobilienfondsanlage ergangen. Die Übertragbarkeit auf andere Fondsprodukte erscheint nicht zwingend, da das Gericht die Offenbarungspflicht speziell an die Besonderheiten einer Immobilie angeknüpft hat. Fondsinitiatoren und Vertriebe sollten diese Rechtsprechung aber bei Ihrer Tätigkeit berücksichtigen.

c) **Warnpflicht.** Es können bei einem Beratungsvorgang Konstellationen eintreten, bei denen der Berater über die Offenlegung und Erläuterung der Risiken hinaus **aktiv** auf den Kunden zur Vermeidung von Fehlentscheidungen einwirken muss. In diesen Fällen steigert sich die Aufklärungs- zu einer **Warnpflicht.**

Die wesentlichen Anwendungsfälle sollen den Inhalt dieser Pflicht näher veranschaulichen:

aa) **Fremdfinanzierung.** Will der Kunde die Kapitalanlage ganz oder teilweise fremdfinanzieren, hat der Berater eine besondere Warnung auszusprechen, wenn ein nicht ausschließbares Risiko der Werteinbuße besteht und der Kunde in diesem Fall den finanziellen Aufwand für Zins und Tilgung nicht aus den frei verfügbaren Mitteln bestreiten kann.

Im Fall der Fremdfinanzierung ist eine besondere Risikofähigkeit und wirtschaftliche Stabilität des Kunden notwendig, da bereits gelegentliche Schwankungen und Unterdeckungen anderenfalls zu finanziellen Schwierigkeiten führen können.

Besondere Finanzierungsmodelle erfordern eine überdeutliche Risikoaufklärung. Dies gilt beispielsweise für das häufig empfohlene Modell der Vollfinanzierung eines Immobilienerwerbs bei gleichzeitiger Anlage des verfügbaren Eigenkapitals in Aktienfonds.

LG Mannheim, Urteil vom 23.6.2004 – Az: 9 O 257/03

„Die Risikoaufklärung war bezogen auf das konkret geplante Finanzierungsmodell – Vollfinanzierung bei gleichzeitiger Anlage des verfügbaren Eigenkapital in Aktienfonds – unzureichend und irreführend. Angesichts der Risiken, die diese Finanzierungsvariante birgt, hätte der Beklagte den Eheleuten konkret vor Augen führen müssen, welche Konsequenzen es hat, wenn die Aktienfonds – wie nie auszuschließen – deutliche Kursrückgänge verzeichnen und das eingesetzte Kapital nicht nach fünf Jahren zur Darlehensrückführung zur Verfügung steht. Er hätte darauf hinweisen müssen, dass die Eheleute in diesem Fall möglicherweise erheblich länger die Zinsbelastung und die Lebensversicherungsraten von 1.169,–DM und 1.000,–DM monatlich zu tragen haben würden. Dass die Eheleute bei einem Einkommen von rund 30.000,–€ mit einer monatlichen Zahlung von insgesamt 2.169,–DM an die Grenze ihrer finanziellen Belastbarkeit gegangen waren und dies nicht unbegrenzt durchhalten konnten – die Eheleute waren damals schon 55 bzw. 50 Jahre alt, gingen also bereits auf das Rentenalter zu – musste dem Beklagten klar sein. Diese Angaben sind Gegenstand der privaten Renten- und Vermögensanalyse, deren individuelle Auswertung die Beklagte Ziff. 2 (Beratungsgesellschaft) verspricht.

bb) Fehler und Widersprüche im Prospekt. Der Berater hat den Kunden auf etwaige Fehler und Widersprüche im Verkaufsprospekt hinzuweisen und diese Unstimmigkeiten offen zu legen. Bei widersprüchlichen Prospektangaben ist er zur Nachforschung der tatsächlichen Sachlage und zur Aufklärung des Kunden verpflichtet.[44] Sind die Fehler oder Widersprüche für die Anlageentscheidung von Gewicht, sollte von dem zu Grunde liegenden Produkt Abstand genommen werden, da diese Defizite eine mangelnde Seriosität des Anbieters indizieren.

cc) Fehlende Risikofähigkeit. Viele Kunden neigen dazu, im Hinblick auf die bestehenden Renditeerwartungen im hohen Maße Risiken einzugehen, ohne allerdings in der Lage zu sein, im Falle der Verwirklichung der Risiken diesen auch wirtschaftlich Stand zu halten. Sie sind dabei bereit, sich selbst in eine Risikoklasse einzuordnen, die mit ihren persönlichen und wirtschaftlichen Verhältnissen nicht übereinstimmt.

Der Berater hat in diesen Fällen auf die Unvertretbarkeit der angestrebten Entscheidung eindringlich und überzeugend hinzuweisen und auf eine Änderung der Entscheidung hinzuwirken.

dd) Negative Presseberichterstattung. Keine Frage ist so umstritten und wird in der Rechtsprechung so uneinheitlich entschieden wie die teilweise angenommene Verpflichtung der Vermittler und Berater zu Hinweisen auf negative Presseberichte.[45]

Eine solche Verpflichtung kann nach richtigem Verständnis nur für einen Anlageberater, nicht aber für einen Anlagevermittler in Betracht kommen, zumal dieser das von ihm vermittelte Produkt bewerben und anpreisen darf und er nach § 86 HGB zur Wahrnehmung der Interessen seines Handelsherren verpflichtet ist und hiernach alles zu unterlassen hat, was diesen zum Schaden gereichen könnte. Zwar schuldet auch der Vermittler eine richtige und vollständige Auskunft, allerdings über das Produkt, nicht über externe Beschreibungen oder Bewertungen.[46]

Es ist weiter gesichert, dass auch der Anlageberater nicht verpflichtet ist, in der gesamten Fachpresse nach möglichen Publikationen zu einem

---

[44] KG Berlin, Urteil vom 26. 9. 2003 – 17 U 15/03 – n. v.

[45] Vgl. hierzu *Assmann* ZIP 2002, 637 ff.; *Edelmann* BKR 11/2003, 438 ff.; *Wagner* DStR 2003, 1757 f.

[46] Vgl. auch *Assmann,* Handbuch § 5 Rdnr. 22.

von ihm empfohlenen Produkt zu recherchieren. Eine solche Verpflichtung würde im Hinblick auf die Vielfalt der Druckerzeugnisse zu einer völligen Überspannung der Sorgfaltsanforderungen führen.[47]

Als gesichert kann auch gelten, dass die Hinweispflicht sich jedenfalls nicht auf Berichte erstreckt, die nicht auf Tatsachen, sondern auf subjektiven Wertungen oder Mutmaßungen beruhen. Dies gilt um so mehr für polemische, tendenziöse Berichterstattungen in der Qualität einer Schmähkritik.

Eine Hinweispflicht kann auch nicht für Aussagen gelten, die bereits Gegenstand der Darstellung im Prospekt sind. Dem Anleger sind diese Informationen bereits über den Prospekt zugänglich. Eine zusätzliche Information über einen Presseartikel würde zu einer unzulässigen Informationsüberflutung führen.[48]

Urteil des OLG Hamm vom 20.7.2004 – Az: 4 U 37/04

„Ein pauschaler Hinweis auf eine Zeitschrift als Pflichtlektüre kann deren Offenbarungspflicht nicht begründen. Beurteilt man die fraglichen Artikel zudem nach ihrem Inhalt, wird auch nicht ersichtlich, inwieweit dem Kläger die Kenntnis davon weitergeholfen hätte. Zusätzliche, über den Prospektinhalt hinausgehenden Informationen enthalten die Artikel nicht. Bloße Mutmaßungen und nicht näher begründete Ansichten über die Werthaltigkeit von Fondsanteilen brauchten dem Kläger aber nicht mitgeteilt werden, zumal wenn die Beklagten die Seriosität des entsprechenden Informationsdienstes mit beachtlichen Argumenten anzweifeln."

Das OLG München[49] hat im Jahre 2002 erstmals in einem Prozess einem Sachverständigen die Frage vorgelegt, ob der „Gerlach-Report" als Bestandteil der Fachpresse angesehen werden kann. Der Sachverständige hat in seinem Gutachten diese Frage verneint; das OLG München hat sich dieser Auffassung angeschlossen und im Einzelnen ausgeführt:

Urteil des OLG München vom 6.12.2002 – 21 U 3997/01

„Nach dem Gutachten des Sachverständigen ... sind zwar für den sog. Grauen Kapitalmarkt, um den es sich hier handelt, der Gerlach-Report und „kapital markt intern" unter den Blättern, mit deren Hilfe man sich informieren kann, führend. Der Sachverständige hat aber auch überzeugend ausgeführt, dass es insoweit keine Grundlagen oder Standards für eine Beratung gebe, dass

---

[47] OLG Hamburg, Urteil vom 11.5.2000 – 13 U 20/99 – n.v.; OLG Frankfurt, Urteil vom 30.8.2000 – 23 U 136/99 – n.v.

[48] OLG Hamm, Urteil vom 18.1.1999 – 6 U 1/98 – n.v.

[49] OLG München, Urteil vom 6.12.2002 – 21 U 3997/01 – n.v.

ein Anlageberater nicht den Gerlach-Report abonnieren müsse und dass es keinen Standard dahin gebe, ein Anlageberater müsse, wenn er Informationen suche, sowohl auf den Gerlach-Report als auch auf „kapital markt intern" zurückgreifen.

Der Sachverständige hat ferner überzeugend ausgeführt, dass keine anerkannte unumstrittene Informationsquelle vorliege, und dass eine Berücksichtigung des Gerlach-Report nicht heiße, bei Anlageentscheidungen werde stets vom Wahrheitsgehalt der Information des Gerlach-Report ausgegangen und der Gerlach-Report vertrete im Einzelfall keine Eigeninteressen bei der Informationsaufbereitung und Informationsweitergabe. Jener Bericht ... stellt eine eher auf Vermutungen als auf konkrete tatsächliche Ermittlungsergebnisse gestützte Meinungsäußerungen dar."

Nach richtiger Ansicht hat ein Anlageberater nur dann auf negative Presseberichte hinzuweisen, wenn diese Information zweckdienlich und neu ist und im Übrigen nicht auf einer vereinzelten Veröffentlichung beruht, sondern einen allgemeinen Trend in der Presse wiedergibt.[50] Es muss mithin für eine Hinweispflicht des Anlageberaters eine **Nachhaltigkeit und Medienbreite** der kritischen Berichterstattung hinzukommen.[51] Es sollte auch beachtet werden, dass Gerichte wegen des unterlassenen Hinweise auf vereinzelte negative Presseberichte die Berater in der Regel nur dann verurteilt haben, wenn sie auch aus anderen Gründen von einer fehlerhaften Beratung überzeugt waren. Der Rückgriff auf nicht berücksichtigte negative Presseberichte als Verurteilungsrund hat insoweit im Wesentlichen eine **Reservefunktion.**

d) Beratungspflicht. Während die Aufklärungspflicht zeitlich den Prozess der Prüfung und Auswahl der Produkte beherrscht, kommt die Beratungspflicht gerade im **Entscheidungsprozess** des Anlegers zur Geltung.

Der Berater unterstützt den Kunden bei der **Auswahl** eines auf sein Anlageprofil zugeschnittenen Produkts und beteiligt sich an der Bestimmung des Zeitpunkts und der Höhe des Engagements. Die Beratung geht qualitativ über die Erteilung von Auskünften und über die Aufklärung des Kunden hinaus, da diese lediglich die Entscheidung vorbereiten und deren Grundlage bilden.

Die Beratung bezieht sich hingegen nicht nur auf die Vorbereitung, sondern wesensmäßig gerade auf die Herbeiführung der Entscheidung.

---

50 OLG Naumburg, OLG-Report 2001, 368; LG München I, Urteil vom 2.5.2003 – 22 U 6258/02 – n.v.

51 Vgl. *Assmann* ZIP 2002, 637 f.

Die Beratungspflicht verlangt vom Berater, die in Aussicht genommene Anlage gegenüber dem Kunden und nach Maßgabe der individuellen Eignung zu **bewerten und zu beurteilen.**[52]

Der Interessent muss nach neuerer Rechtsprechung zudem die Gelegenheit haben, die Prospektinformationen in Ruhe zur Kenntnis zu nehmen, sie zu prüfen, um unter Abwägung der Chancen und Risiken seine eigene Entscheidung zu treffen.[53]

Die Rechtsprechung verlangt im Ergebnis **eine Folgeberatung** in zeitlicher Distanz zu der Übergabe des Prospektes, da der Interessent in der Lage sein soll, den Prospekt in Ruhe und auch außerhalb der Beratungssituation zu verarbeiten und aus diesem Fragen zu entwickeln, die er im Folgegespräch dem Berater vorlegen kann.

Anmerkung: Das o.g. Urteil ist bislang eine Einzelfallentscheidung geblieben. Der Argumentation wird man sich aber schwerlich verschließen können, und es ist deshalb zu erwarten, dass sich daraus mittelfristig eine verfestigte Rechtsprechung entwickeln wird – jedenfalls für Produkte und Prospekte, die eine intensive Prüfung verlangen.

Hinweis: Aus langjähriger Beobachtung der Praxis und Auswertung einer Fülle von obergerichtlichen und höchstrichterlichen Urteilen ist festzustellen, dass die überwiegende Zahl der Haftungsfälle auf anleger- oder portfoliowidrigen Beratungen beruht und deutlich weniger auf anlagewidrigen Beratungen. Es ist daraus abzuleiten, dass überwiegend versäumt wird, die Verhältnisse, Besonderheiten, Ziele und Bedürfnisse des Kunden und dessen Vermögensstruktur hinreichend sorgfältig zu ermitteln und zu beachten.

Exemplarisch sollen einige **typische** Verstöße gegen eine anleger- und portfoliogerechte Beratung dargestellt werden:

aa) nicht anlegergerechte Beratung.

- Die Beratung wäre im Regelfall nicht anlegergerecht, wenn einem Kunden im **Rentenalter** eine Kapitalanlage mit einem **langfristigen Anlagezeitraum** empfohlen würde. Grundsätzlich ist davon auszugehen, dass ein Kunde die Erträge noch zu Lebzeiten realisieren will. Ein langer Anlagezeitraum wäre nur vertretbar, wenn der Kunde eine Anlage mit weiträumigen Anlagehorizont zu Gunsten seiner Erben tätigen will.

  Dieses besondere Anlageziel sollte von dem Berater zu Beweiszwecken dokumentiert werden.
- Ein Kunde, der sich als **konservativ** und wenig risikobereit einstuft, kann nicht ohne Beratungsfehler in einen offenen oder geschlossenen

[52] BGH, NJW 1995, 130.

[53] OLG Hamm, Urteil vom 26.3.2003 – 8 U 170/02 – n.v.

Fonds investieren, der eine **hohe Volatilität** erwarten lässt oder bei dem ein Totalverlust nicht ausgeschlossen werden kann.

- Der Berater muss den Grundsatz beachten, dass es vorrangig auf die Sicherung vorhandenen Vermögens und erst nachrangig auf den Aufbau zusätzlichen Vermögens ankommt. Er verwirklicht deshalb einen Beratungsfehler, wenn der Kunde in ein Anlageobjekt mit langem Anlagezeitraum investiert, wenn nicht zuvor die **Lücken in der Grundabsicherung** (etwa Privat-Haftpflicht, Berufsunfähigkeit) geschlossen werden. So kann beispielsweise eine fehlende Privathaftpflichtversicherung das vorhandene Vermögen aufzehren und die künftigen Vermögenswerte auf Dauer binden.
- Eine Beratung ist auch dann anlegerwidrig, wenn die Kapitalanlage ganz oder zu einem erheblichen Teil nur mit Hilfe von **Fremdmitteln** realisiert werden kann und erkennbar wird, dass der Kunde bei Fehlschlagen der Investition die fortbestehenden Darlehensverpflichtungen aus seinem laufenden Einkommen nicht erfüllen und in wirtschaftliche Not geraten kann.[54]

Checkliste:

Der Berater muss lernen, aus der Erhebung der Kundendaten die **Warnindikatoren** zu erkennen, die sich insbesondere aus folgenden Tatbeständen ableiten:

- ☐ Alter (sehr jung oder alt)
- ☐ Güterstand der Gütergemeinschaft
- ☐ ungenügende Grundabsicherung
- ☐ schwache Bonität und Liquidität; mangelndes Vermögen
- ☐ fehlende oder unzureichende Erfahrungen oder Kenntnisse
- ☐ mangelnde oder geringe Risikobereitschaft oder Risikofähigkeit
- ☐ kurzer Anlagezeitraum
- ☐ Festlegung des Anlageziels auf einen bestimmten Investitionszweck (beispielsweise Erwerb oder Ausbau einer Immobilie, Absicherung der Kinder für Ausbildung oder Heirat)
- ☐ Notwendigkeit der Liquidierung der Vermögensanlage wegen möglicher Änderung der wirtschaftlichen Verhältnisse (beispielsweise auf Grund des Verlustes des Arbeitsplatzes, der Ehescheidung, oder auch des Wegfalls der Berufsfähigkeit).

[54] BGH, Urteil vom 28. 1. 1997 – XI ZR 22/96 – www.bundesgerichtshof.de.

bb) portfoliogerechte Beratung. Auch wenn die Beratung dem Grunde nach anleger- und anlagegerecht durchgeführt wird, kann sie doch einen Beratungsfehler verwirklichen, nämlich dann, wenn sie der konkreten Vermögensstruktur des Kunden entgegensteht. Dieser Fehler hat in der Praxis vor allem dann Bedeutung, wenn das ohnehin mit risikobehafteten Produkten besetzte Portfolio um weitere risikoreiche Anlagen ergänzt wird oder wenn Mittel in größerer Dimension angelegt werden sollen und die Anlage **ohne Risikostreuung** unter Herbeiführung eines **Klumpenrisikos** in eine einzige Anlage erfolgt.

cc) Übergabe des Prospektes. Anders als für Investmentfonds (vgl. § 121 InvestG) besteht für geschlossene Fonds keine gesetzliche Pflicht zur Übergabe des Prospektes an den Interessenten. Auch das **Anlegerschutzverbesserungsgesetz,** welches mit Wirkung vom 1.7.2005 eine Prospektpflicht für geschlossene Fonds einführt, hat auf die Normierung einer Prospektübergabepflicht verzichtet.

Unabhängig von der fehlenden gesetzlichen Verpflichtung geht die **Rechtsprechung** davon aus, dass der Berater seine Auskunftspflicht **ohne Übergabe eines Verkaufsprospektes nicht erfüllt** und eine bloße mündliche Information nicht ausreicht. In Anbetracht der Fülle von Informationen, die bei einem geschlossenen Fonds von Bedeutung sind, lassen sich diese nicht außerhalb eines Prospektes und ohne eine geordnete Zusammenstellung in diesem sachgerecht vermitteln.[55]

Für die Praxis ist von besonderer Bedeutung, dass Vermittler und Berater die **Übergabe des Prospektes zu beweisen haben.**[56] Regelmäßig bestätigt der Anleger zugleich mit der Beitrittserklärung den Empfang des Prospektes. Dieses Empfangsbekenntnis entfaltet allerdings häufig keinerlei Wirkungen. Es ist dabei zu berücksichtigen, dass es sich bei den vorformulierten und zur vielfachen Verwendung bestimmten Beitrittserklärungen um **Allgemeine Geschäftsbedingungen** handelt, bei denen gemäß § 309, Nr. 12b BGB Bestimmungen unwirksam sind, durch die der Verwender den anderen Vertragsteil bestimmte **Tatsachen** – wie hier den Empfang des Prospektes – **bestätigen** lässt.

Die Übergabe des Prospektes kann über die Beitrittserklärung nur bewiesen werden, wenn das Empfangsbekenntnis

- gesondert unterschrieben wird,
- vom übrigen Text drucktechnisch abgesetzt und
- nicht mit anderen Erklärungen verbunden ist.

Hinweis: Gerade letztgenannte Voraussetzung wird häufig nicht erfüllt. Es besteht eine offensichtlich nur schwerlich abän-

[55] OLG Hamm, Urteil vom 26.3.2003 – 8 U 170/02 – n. v.
[56] BGH, NJW 1993, 1704; OLG Hamm, Urteil vom 26.3.2003 – 8 U 170/02 – n. v.

derbare Neigung, die Empfangsquittung mit anderen Erklärungen oder Hinweisen – wie etwa zur Widerrufsfrist – zu verbinden.

Urteil des OLG Hamm 26.3.2003 – Az: 8 U 170/02

„Ohne Erfolg beruft sie sich darauf, dass der Kläger den Erhalt des Prospektes in seiner Beitrittserklärung quittiert hat. Zwar ist richtig, dass der Beklagte ... bestätigt hat, den Angebotsprospekt erhalten, von dem Inhalt Kenntnis genommen und alles verstanden zu haben. Dieses Empfangsbekenntnis verstößt hier jedoch gegen § 11 Nr. 15b AGBG *(Hinweis des Verfassers: nunmehr § 309, Nr. 12 BGB)* und ist deshalb unwirksam. Es handelt sich um eine formularmäßige Erklärung, die dem AGB-Gesetz unterfällt. Nach § 11 Nr. 15b AGBG sind in Allgemeinen Geschäftsbedingungen Bestimmungen unwirksam, durch die der Verwender die Beweislast zum Nachteil des anderen Vertragspartners ändert, in dem er dem anderen Vertragsteil bestimmte Tatsachen bestätigen lässt...

Dazu wäre erforderlich, dass der Kläger das Empfangsbekenntnis nicht nur gesondert unterschrieben hätte, sondern dieses vom übrigen Text besonders abgesetzt gewesen wäre und keine anderen Erklärungen enthalten hätte."

Der Interessent muss zudem die Gelegenheit haben, die Informationen in Ruhe zur Kenntnis zu nehmen, sie zu prüfen und Vor- und Nachteile gründlich abzuwägen, wobei dies in einem einzigen Gespräch nur schwerlich möglich ist.

e) Nachvertragliche Pflichten. Die Frage, ob den Berater auch noch nach Beendigung der Beratung, die entweder in den Abschluss eines Vertrages zwischen dem Kunden und einem Produktanbieter oder eine endgültige Abstandnahme des Kunden von einer Vermögensanlage einmündet, ist nach dem **Gegenstand** und **Umfang** des Beratungsvertrages zu beantworten.

Beschränkt sich der Auftrag des Finanzberaters auf eine Vermittlung oder Beratung, so endet der Auskunfts- und Beratungsvertrag mit dem Abschluss der Vermittlungs- und Beratungstätigkeit. In diesen Fällen treffen den Berater grundsätzlich **keine nachvertraglichen** Pflichten. Er ist deshalb auch nicht gehalten, den Kunden im Nachhinein auf etwa veränderte Tatsachen sowie auf veränderte Einschätzungen oder Bewertungen hinzuweisen[57] – auch nicht auf in der Folgezeit erscheinende negative Presseberichte.

[57] *Schäfer/Müller,* Haftung für fehlerhafte Wertpapierdienstleistungen, Rdnr. 306.

Besteht allerdings als Rahmenvertrag ein Dauerbetreuungsmandat, so enden die Pflichten nicht mit der konkreten, objektbezogenen Vermittlungs- und Beratungstätigkeit. Das Vertragsverhältnis dauert an und der Berater ist bereits kraft seines Rahmenvertrages verpflichtet, auf veränderte Tatsachen und Beurteilungen hinzuweisen.

Ausnahmsweise müssen Vermittler und Berater auch nach Beendigung des Auskunfts- oder Beratungsvertrages den Pflichten gegenüber dem Kunden entfalten, nämlich dann, wenn sie feststellen, dass sie unvollständig oder unrichtig informiert oder beraten haben. In diesen Fällen müssen die Angaben auch **nachträglich berichtigt** werden. Es ist dabei unmaßgeblich, ob der Kunde seine Anlageentscheidung unter Berücksichtigung der berichtigten Informationen ändern will oder kann. Die Richtigstellung wird geschuldet, da der Berater damit lediglich die Erfüllung einer Verpflichtung, die ihm bereits vor der Anlageentscheidung oblag, nachholt.

Eine weiterhin bestehende Informationspflicht wird auch angenommen, wenn dem Berater entweder durch Zurverfügungstellung von Überweisungsträgern oder aber weiteren Provisionseingängen bekannt ist, dass ein einmal von ihm geworbener Kunde Folgezeichnungen vornimmt, ohne dass diesen weitere Informationsgespräche vorausgingen. Der Berater muss davon ausgehen, dass der (vormalige) Kunde seiner weiteren Entscheidung noch die Informationen und Auskünfte zu Grunde legt, die ihm der Berater zuvor erteilt hat. Sind massivere Änderungen eingetreten bedarf es aktiver aktualisierter Hinweise des Beraters.

Urteil des BGH vom 13.6.2002 – Az: III ZR 166/01

„Das Berufungsgericht hält es selbst für möglich, dass der Beklagte der Klägerin insoweit zumindest die Einzahlungsbelege zur Verfügung gestellt hat. Mochte er damit auch keine eigene Vermittlungsleistung erbracht haben, so konnte er aus der Anforderung dieser Unterlagen zumindest erkennen, dass die Klägerin auf der Grundlage des von ihm zuvor geschaffenen Vertrauenstatbestandes weitere Vermögenstransaktionen H. vorzunehmen beabsichtigte. Wollte er sich insoweit seiner durch die vorangegangenen Erklärungen begründeten Verantwortlichkeit entziehen, wäre es seine Sache gewesen, dies gegenüber der Klägerin eindeutig klarzustellen."

4. Pflichten bei der Vermittlung von Versicherungen

a) Pflichten und Haftung des Versicherungsagenten. Der Versicherungsagent handelt als Ausschließlichkeitsvertreter oder Mehrfachagent für die von ihm vertretenen Versicherungen und vertreibt im Auftrage dieser Versicherer deren Produkte. Er hat damit eine völlig andere Position und Funktion als der Versicherungsmakler, der im **Lager** des Versicherungsnehmers steht, als dessen **treuhänderischer Sachwalter** agiert,[58] den Versicherungsnehmer berät und dessen Interessen wahrnimmt, als sein „Bundesgenosse" tätig wird.

Der Versicherungsagent hingegen ist vertraglich allein mit den vertretenden Versicherern verbunden, betätigt sich als deren Absatzorgan und handelt bei der Herbeiführung von Versicherungsverträgen im Namen der Versicherer. Er gilt – nach der Rechtsprechung des BGH[59] – als **„Auge-und-Ohr"** der Versicherer, die sich zurechnen lassen müssen, was dem Versicherungsagenten vom Versicherungsnehmer erklärt wird und was er gegenüber dem Versicherungsnehmer erklärt.[60]

Bei dem Versicherungsagenten, der stets im Namen und in Vertretung der Versicherer handelt, kommt eine Haftung nur **ausnahmsweise** und **unter besonderen Umständen** nach den Prinzipien der Eigenhaftung in Betracht. In aller Regel kann bei einer Fehlberatung in Versicherungsangelegenheiten allein das vertretene Versicherungsunternehmen vom Versicherungsnehmer in Anspruch genommen werden.

Diese Sach- und Rechtslage wird sich allerdings durch die Überführung der EU-Versicherungsvermittlungs-Richtlinie vom 15. Januar 2003 in deutsches Recht, die bis zum 15. Januar 2005 zu vollziehen ist, maßgeblich ändern.

Das neue Vermittlerrecht, welches insoweit durch Ergänzungen des Versicherungsvertragsgesetzes realisiert wird, normiert für den Versicherungsagenten eine Reihe neuer und eigenständiger Pflichten und generiert damit auch **Haftungspotentiale** zu Lasten des Versicherungsagenten.

Dem Versicherungsagenten werden eine Fülle von Erfassungs-, Beratungs- und Dokumentationspflichten auferlegt. Nach dem Diskussionsentwurf vom 4. August 2004 des für die Umsetzung der Richtlinie zuständigen Bundesministeriums für Wirtschaft und Arbeit ist ein neuer § 42c in folgender Fassung vorgesehen:

„§ 42c Beratungs- und Dokumentationspflicht des Versicherungsvermittlers

(1) Der Versicherungsvermittler hat den Versicherungsnehmer unter Berücksichtigung eines angemessenen Verhältnisses zwischen Beratungsaufwand und der vom Versicherungsnehmer zu zahlenden Prämien und soweit nach der Schwierigkeit, die angebotene Versicherung zu beurteilen, oder der Person des Versicherungsnehmers und dessen Situation hierfür Anlass besteht, nach

[58] BGHZ 94, 356.

[59] BGHZ 102,194.

[60] *van Bühren,* Handbuch des Versicherungsrechts, § 1, Rdnr. 269.

seinen Wünschen und Bedürfnissen zu befragen und ihn zu beraten sowie die Gründe für jeden zu einer bestimmten Versicherung erteilten Rate anzugeben. Er hat dies unter Berücksichtigung der Komplexität des angebotenen Versicherungsvertrages nach Maßgabe des § 42d zu dokumentieren."

Anmerkung: Nach Sinn und Wortlaut erstreckt sich die Dokumentationspflicht nicht lediglich auf den erteilten konkreten Versicherungsrat, sondern auch auf die Erfassung der Wünsche und Bedürfnisse sowie auf den wesentlichen Inhalt der gesamten Beratung.

Dieser Gesetzesentwurf entspricht weitgehend dem von der VVG-Reformkommission unterbreiteten Vorschlag:

„§ 64 VVG Beratung des Versicherungsnehmers[61]
Der Versicherungsvermittler hat die Wünsche und Bedürfnisse des Versicherungsnehmers zu erfragen, soweit nach der Schwierigkeit, die angebotene Versicherung zu beurteilen, sowie nach der Person des Versicherungsnehmers und dessen Situation hierfür Anlass besteht, und die Gründe für jeden zu einer bestimmten Versicherung erteilten Rat anzugeben. Der Versicherungsvermittler hat die Wünsche und Bedürfnisse sowie die Gründe für den erteilten Rat unter Berücksichtigung des Schwierigkeitsgrades des angebotenen Versicherungsvertrags nach Maßgabe des § 65 zu dokumentieren."

Hinweis: Nach diesem Wortlaut werden die Pflichten unzureichend bestimmt, viel zu vage ausformuliert. Offensichtlich besteht die Erwartung, dass die Rechtsprechung die notwendigen Konkretisierungen vornehmen wird. Dieses Verständnis entspricht allerdings nicht dem Prinzip der Gewaltenteilung. Es wird im Übrigen auch viele Jahre andauern, bis einschlägige höchstrichterliche Urteile vorliegen werden. Bis dahin besteht für die Praxis ein belastender Zustand mangelnder Rechtssicherheit.

Unabhängig von dem im Detail noch offenen und bislang wenig geglücktem Wortlaut wird inhaltlich ohne Zweifel der Versicherungsvertreter nach neuem Recht verpflichtet werden, die Wünsche und Bedürfnisse des Versicherungsnehmers zu erfassen, diesen zu beraten sowie

---

[61] Abschlussbericht der Kommission zur Reform des Versicherungsvertragsrechts, S. 223.

den erteilten Versicherungsrat zu begründen und diese Begründung zu dokumentieren.

Diese Vorschrift, die eigenständige Pflichten des Versicherungsagenten bestimmt, wird von einer neuen **spezialgesetzlichen Haftungsnorm** begleitet, die im Entwurf in folgender Fassung vorgesehen ist:

„§ 42e Schadenersatzpflicht
Der Versicherungsvermittler ist zum Ersatz des Schadens verpflichtet, der dem Versicherungsnehmer durch die Verletzung einer Pflicht nach § 42b oder § 42c entsteht. Dies gilt nicht, wenn der Versicherungsvermittler die Pflichtverletzung nicht zu vertreten hat."

Es wird damit in Abweichung vom bislang geltenden Recht normiert, dass der Versicherungsvertreter in Zukunft auch eigene Pflichten – und nicht nur die des Versicherers – zu erfüllen hat und bei deren Verletzung selbst haftet.

In Erfüllung dieser Pflichten muss auch der Versicherungsvertreter künftig seinen Kunden explorieren und dessen Wünsche und Bedürfnisse erfassen (vgl. S. 25 ff.). Dies wurde von einigen Branchenkennern und Wissenschaftlern schon seit langem gefordert.[62]

Darüber hinaus ist er verpflichtet, den von ihm erteilten **Versicherungsrat** nach Maßgabe der Komplexität des Versicherungstyps und der Situation des Kunden **zu begründen** und diese Begründung **zu dokumentieren.** Diese Dokumentation soll die Transparenz des Beratungsprozesses gewährleisten.

Es ist zu berücksichtigen, dass diese Dokumentation zu einem Einfallstor für Ansprüche gegen den Versicherungsvertreter erwachsen kann, da anhand der Dokumentation nachzuvollziehen ist, ob und in welchem Maße der Vermittler die Bedürfnisse des Kunden sachgerecht ermittelt und zur Deckung gebracht hat. Diese Dokumentationspflicht wird zwar nicht zu zwingendem Recht, ist aber nur unter außerordentlich erschwerten Voraussetzungen abdingbar. Der Versicherungsnehmer kann auf die Beratung oder die Dokumentation nur durch **gesonderte schriftliche Erklärung verzichten,** sofern er vom Versicherungsvermittler ausdrücklich darauf hingewiesen worden ist, dass sich ein Verzicht nachteilig auf die Ansprüche gegen seinen Versicherungsvertreter auswirken kann.

Eine entsprechende musterhafte Verzichtserklärung ist im **Anhang XI.** abgedruckt.

---

[62] Vgl. *Schwintowski,* Anleger und objektgerechte Beratung in der Lebensversicherung, VuR 1997, 83 f.

Nach dem Wortlaut des Gesetzes sind neben für den Einzelfall individualisierte auch vorformulierte, standardisierte Begründungen zu dem Versicherungsrat zulässig.

Für die Praxis empfiehlt sich eine **Kombination beider Begründungsmuster:** Eine jeweils individualisierte Begründung würde den Vermittler überfordern und fehlerhafte Formulierungen auch zu sachlich richtigem Rat geradezu provozieren; ein bloßer Rückgriff auf Muster-Begründungen verfehlte die Erfassung der Besonderheiten des Einzelfalles.

Der Vermittler sollte deshalb auf einen gesicherten Rahmen zurückgreifen und diesen mit einer auf die konkrete Bedarfslage ausgerichteten individuellen Begründung auffüllen.

Der Verband „VOTUM" hat nach monatelanger intensiver Arbeit eine ausführliche Muster-Dokumentation erstellt, die einerseits im vollen Umfang den **gesetzlichen Vorgaben** und andererseits auch **vertrieblichen Bedürfnissen** Rechnung trägt, wobei als Beispiel das Tätigwerden eines Mehrfachagenten gegenüber einem Privatkunden zu Grunde gelegt wurde.

Diese Dokumentation ist im **Anhang IV.** nebst einigen Beispielen zur Begründung konkreter Versicherungsratschläge wiedergegeben.

In Zukunft muss der Versicherungsvermittler den Kunden vor jedem Gespräch Informationen über

- Namen und Anschrift
- Status (gebundener Versicherungsvertreter, Mehrfachvertreter oder Versicherungsvermittler)
- Register-Nummer und weitere Angaben zum Register
- Beteiligung an einem Versicherungsunternehmen oder eines Versicherers am eigenen Unternehmen (bei einem Schwellenwert von mehr als 10%)
- Beschwerde- und Streitschlichtungsverfahren bei dem Ombudsmann

erteilen.

Ein **Muster dieser Mitteilung** ist im **Anhang XIV** entwickelt worden.

Hinweis: Zum Status muss sich der Vermittler auf **einen Typus** festlegen. Er kann diesen zwar wieder ändern, ist aber jeweils auf eine **Betätigungsform** beschränkt.

b) Die Haftungslage des Mehrfachagenten. Der Mehrfachagent wird für eine Mehrzahl von Versicherungen unter Befreiung von Wettbewerbsverbot nach § 86 HGB tätig und vertritt diese in Verhandlungen mit Interessenten und Kunden.

Nach neuem Versicherungsvermittlerrecht hat er gegenüber dem Kunden anzugeben, für welche Versicherer er im Einzelnen tätig ist, wobei es sowohl auf die allgemeinen Vertragsbeziehungen (vgl. § 42b, Abs. 1, S. 2 VVG n.F.) als auch auf die für die konkrete Bedarfssituation des Kunden einschlägigen Verbindungen ankommt (vgl. § 42b, Abs. 1, S. 1 VVG n.F.).

Der Mehrfachagent muss seinen Status und seine Vertretungsverhältnisse in Zukunft gegenüber dem Kunden offen legen. Die Figur des **Pseudomaklers,** der nach außen fälschlich den Anschein eines Versicherungsmaklers erweckt (und im Außenverhältnis auch als solcher haftet[63]), im Innenverhältnis aber vertraglich an eine oder mehrere Versicherer als Agent gebunden ist, wird damit ausgeschaltet.

Die Besonderheiten der Haftungslage beim Mehrfachagenten, die in der Praxis und auch von den Gerichten häufig übersehen wird, werden durch diese Gesetzesänderungen nicht berührt.

Die Tätigkeit des Mehrfachvertreters wird dadurch **typisiert,** dass er innerhalb der Vertragsanbahnung zunächst nicht für einen bestimmten Versicherer auftritt und auch regelmäßig nicht auftreten kann, so lange er nicht die Wünsche und Bedürfnisse und den Versicherungsbestand des Kunden erfasst und Gespräche über ein bestimmtes Deckungskonzept aufgenommen hat.

In dieser **Vorbereitungsphase** handelt der Mehrfachagent nicht als Vertreter eines oder mehrerer Versicherer. Er ist in der Auswahl noch offen, die Beratung hat inhaltlich und gegenständlich noch keinen Bezug zu einem bestimmten Versicherer.

Die Mehrfachagenten handeln und haften bis zum Abschluss dieser Vorbereitungsphase und bis zur Konkretisierung auf einen Versicherer wie ein Versicherungsmakler.[64] Fehler in dieser Phase wie beispielsweise

- mangelnde Erfassung und Schließung von wesentlichen Versicherungslücken
- Beendigung einer Versicherung ohne zeitgleiche Herstellung anderweitigen notwendigen Versicherungsschutzes
- Versäumen vorläufiger Deckung

gehen zu Lasten des Mehrfachagenten und eröffnen Schadenersatzansprüche gegen diesen.

Diese Lösung ist auch sachgerecht, da diese Fehler einen bestimmten Versicherer nicht zugerechnet werden können und allein vom Agenten und außerhalb eines konkreten Vertretungsverhältnisses veranlasst worden sind.

Diese Haftungslage (Haftung des Mehrfachagenten wie die eines Versicherungsmaklers) endet nach Abschluss der Vorbereitungsphase mit der Festlegung auf **einen** Versicherer. Nach Beendigung des Erfassungs-

[63] OLG Oldenburg, VersR 1999, 757.

[64] *Prölss/Martin,* § 43 Rdnr. 13.

und Auswahlverfahrens und mit Eintritt in die konkrete Vertragsanbahnung wird auch für den Interessenten erkennbar, dass der Mehrfachagent nunmehr für einen konkreten Versicherer tätig wird und in dessen Namen handelt. Innerhalb dieser Phase kommt auch für den Mehrfachagenten eine Haftung nur noch unter engen Ausnahmetatbeständen in Betracht (vgl. S.49). Für die Haftung des Mehrfachagenten ist mithin entscheidend, **in welcher Phase** der Verhandlung mit dem Versicherungsnehmer der Pflichtenverstoß begangen wird.

Vereinzelt wurde entschieden,[65] dass die Veranlassung zur Kündigung eines Versicherungsvertrages Schadenersatzansprüche des Versicherungsnehmers begründen, da diese stets gegen das Rechtsberatungsgesetz verstößt, weil Hilfsgeschäfte zwar im Rahmen des Berufsbildes des Versicherungsvermittlers zulässig sind, die Beendigung eines Versicherungsvertrages aber nicht auf die Herstellung, sondern auf die Vernichtung eines Vertrages ausgerichtet ist und damit dem Beruf des Versicherungsvermittlers zuwiderläuft.

Urteil des OLG Nürnberg vom 2.2.2004 – Az: 8 U 110/03

„Das Rechtsberatungsgesetz dient nicht nur dem Schutz der Allgemeinheit und der Rechtspflege. Wesentlicher Zweck ist, den Rechtssuchenden von Nachteilen und Schäden zu schützen, die ihm dadurch entstehen könne, dass er in Unkenntnis der ihm dadurch drohenden Gefahren seine Rechtsangelegenheiten in die Hand von Personen legt, die unzuverlässig sind oder nicht die erforderliche Sachkunde besitzen (BGH NJW 1955, 42). Der geschäftsmäßig, da in Gewinnerzielungsabsicht handelnde Beklagte hat die Klägerin ohne die hierfür erforderlich Erlaubnis, die nur nach Nachweis entsprechender Sachkunde zu erteilen ist, zu besitzen, bei der Änderung des bestehenden Versicherungsvertrages mit der Allianz beraten und dadurch gegen § 1 Abs.1 S.2 Nr.2a RBerG verstoßen...

Welchen Inhalt das Beratungsgespräch zwischen den Parteien hatte, ... kann dahinstehen ... Für die Haftung des Beklagten ist vielmehr allein entscheidend, dass er die Klägerin hinsichtlich der Änderung des bestehenden Versicherungsvertrages beriet, ohne die hierfür erforderliche Erlaubnis zu besitzen."

Diese Urteilsbegründung ist fehlerhaft und weder mit geltendem und schon gar nicht mit künftigem Recht in Einklang zu bringen.

Dieses Ergebnis ist für den Mehrfachagenten bereits daraus abzuleiten, dass dieser in der Phase der Erfassung und Prüfung des Versicherungs-

[65] OLG Nürnberg, Urteil vom 2.2.2004 – 8 U 110/03 – n.v.

bedarfs notwendig wie ein Versicherungsmakler **handelt und haftet.** Übernimmt er auftragsgemäß die Prüfung des Versicherungsbestandes, dann übernimmt er auch die Aufgabe, eine Ordnung nach den Prioritäten des Versicherungsnehmers vorzunehmen und auf möglicherweise entbehrliche, nachrangige Versicherungsverträge hinzuweisen und in Abstimmung mit den Kunden auch gegebenenfalls eine Beendigung von Verträge herbeizuführen. Dies gilt umso mehr, wenn die gebundenen Mittel des Versicherungsnehmers für einen anderweitigen bedarfsgerechten Versicherungsschutz benötigt werden.

Der Mehrfachagent würde nachgerade gegen seine Pflichten verstoßen, wenn er nach sorgfältiger Bedarfs- und Bestandsanalyse nicht nur auf mögliche Erweiterungen, sondern nicht auch auf mögliche oder gar erforderliche Reduktionen des Versicherungsschutzes hinweist und insoweit eine gezielte Beratung entfaltet.

Die Entscheidung des OLG Nürnberg beruht auch auf einem Fehlverständnis der Rechtsberatung. Zwar handelt es sich bei der vom Vermittler veranlassten Kündigung um einen Rechtsakt, um eine einseitige, rechtsgestaltende Willenserklärung. Es ist aber zu beachten, dass dieser Versicherungsrat nicht von rechtlichen Erwägungen geprägt und bestimmt ist. Der Rat zu einer Kündigung eines Versicherungsvertrages wird nicht aus dem Grund erteilt, weil dem Versicherungsnehmer nicht die Kündbarkeit von Versicherungsverträgen bekannt und er nicht zur Abgabe der erforderlichen Willenserklärungen in der Lage ist. Der Rat des Versicherungsvermittlers wird insoweit vielmehr nicht durch eine rechtliche Tätigkeit typisiert, sondern durch die berufstypische Erfassung von Deckungsprioritäten, von Ungewichten im Versicherungsportfolio und die Ermittlung entbehrlicher Versicherungsverträge, wobei der Versicherungsvermittler sein spezifisches Know how zur Geltung bringt.

Soweit er einen Versicherungsnehmer zum Wegfall eines Versicherungsvertrages rät, bringt er diese Expertise unter Erfassung von Lebenssachverhalten zum Einsatz, erteilt er zulässigen Versicherungsrat und betreibt keine verbotene Rechtsberatung.

Nach künftigem Recht wird dem Versicherungsvermittler ausdrücklich die Verpflichtung auferlegt, den Versicherungsnehmer nach seinen Wünschen und Bedürfnissen zu befragen **und ihn zu beraten.**

Diese in der gesetzlichen Normierung neue Beratungspflicht schließt nach richtigem und seriös nicht bezweifelbarem Verständnis die Aufgabe ein, dem Versicherungsnehmer gegebenenfalls auch den Rat zu erteilen, im Einzelfall von nicht bedarfsgerechten Verträgen Abstand zu nehmen.

c) Die Haftungslage des Versicherungsmaklers. Auch nach der EU-Richtlinie zur Regulierung der Versicherungsvermittlung und deren Umsetzung im Jahre 2005 innerhalb der deutschen Gesetzgebung wird weiterhin als maßgebliche Erscheinungsform des Versicherungsvermittlers neben dem Versicherungsvertreter **der Versicherungsmakler** Geltung beanspruchen.

Der Versicherungsmakler ist seit jeher dem weitestgehenden Haftungspotential ausgesetzt, an seinem Vorbild ist in maßgeblichen Belangen die Rechtsprechung zur Haftung der Anlageberatung und Anlagevermittler entwickelt worden. Sämtliche Erschwernisse der Haftung, wie etwa die Vermutung beratungsgerechten Verhaltens, sind modellhaft am Beispiel des Versicherungsmaklers entwickelt worden.

Der Versicherungsmakler ist gesetzlich als Unterfall des Handelsmaklers nach § 93ff. HGB geregelt.[66] Es ist allerdings zu berücksichtigen, dass diese Vorschriften das gesetzliche Leitbild des unabhängigen, objektiven Maklers wiedergeben, die Praxis allerdings eine von diesem Leitbild weitgehende abweichende Ausprägung der Funktionen und Positionen des Versicherungsmaklers vorgenommen hat. Der Versicherungsmakler ist einer der Typen der Versicherungsvermittler, wobei die Vermittlungstätigkeit des Versicherungsmaklers ausgerichtet ist an der Geschäftsbesorgung zur Beschaffung, Ausgestaltung und Abwicklung von Versicherungsschutz und Versicherungsverträgen.[67]

Die Tätigkeit der Versicherungsvertreter und der Versicherungsmakler ist gleichermaßen ausgerichtet an der Zusammenführung der Parteien zum Abschluss eines Versicherungsvertrages. Überdies sind sie beide interessiert an der laufenden Kundenbetreuung und der Verwaltung bestehender Versicherungsverträge. Häufig obliegt auch beiden die Unterstützung bei der Schadensregulierung.

Unabhängig von diesen gleichlautenden Intentionen besteht allerdings ein erheblicher Unterschied in der Funktion, Position und auch in der rechtlichen Ausprägung des Versicherungsmaklers gegenüber dem Versicherungsvertreter:

Während der Versicherungsvertreter/Versicherungsagent der Vertreter Bundesgenosse der Versicherer ist, in deren Lager steht und deren Interessen wahrnimmt, ist der Versicherungsmakler der Verbündete und Interessenvertreter des **Versicherungsnehmers.** Er steht nicht im Lager des Versicherers, sondern des Versicherungsnehmers und übernimmt die Wahrnehmung der Interessen des Versicherungsnehmers gegenüber dem Versicherer.[68]

Während der Versicherungsvertreter mit der Vermittlung von Versicherungsverträgen im Auftrag der Versicherer betraut ist, ist der Versicherungsmakler nicht an eine oder mehrere Versicherer gebunden. Ein Vertragsverhältnis besteht vielmehr allein mit seinem Kunden/Mandan-

---

[66] Soweit *Römer-Langheid,* § 43, Rdnr. 8 behaupten, der Versicherungsmakler sei gesetzlich nicht definiert, erscheint diese Aussage mindestens fragwürdig.

[67] Vgl. *Matusche,* S. 10ff.

[68] *Griess/Zinnert,* Der Versicherungsmakler, S. 45f.

ten, für den er die Aufgabe übernimmt, unter unabhängiger Auswahl der Versicherungsunternehmen die für seinen Mandanten situationsgerechte Versicherung festzustellen und abzuschließen. Der Versicherungsmakler führt nicht das Versicherungsprodukt zum Kunden, sondern ist im Auftrage des Versicherungsnehmers „Beschaffungsorgan" und beschafft seinem Kunden den für diesen bestmöglichen Versicherungsschutz.[69]

In der wegweisenden Entscheidung des Bundesgerichtshofs vom 22.5. 1985 wurde der Versicherungsmakler als **treuhänderähnlicher Sachwalter** für den Bereich der Versicherungsverhältnisse des von ihm betreuten Versicherungsnehmers qualifiziert.[70]

Hinweis: Die treuhänderähnliche Stellung, die der BGH inzwischen in ständiger Rechtsprechung dem Versicherungsmakler zumisst, darf nicht missverstanden werden als ein rechtliches Treuhandverhältnis zwischen dem Interessenten und dem Versicherungsmakler. Die Treuhänderähnlichkeit wird insbesondere erkennbar an der besonderen Intensität der Interessenwahrnehmungspflicht des Maklers gegenüber seinen Kunden.[71]

Nach dem Diskussionsentwurf des Bundeswirtschaftsministeriums für Wirtschaft und Arbeit vom August 2004 ist folgende Definition des Versicherungsmaklers in § 42a VVG („Begriffsbestimmungen") vorgesehen:

„§ 42a VVG Begriffsbestimmung

...

(3) Versicherungsmakler im Sinne dieses Gesetzes ist, wer als selbständiger Gewerbetreibender für den Auftraggeber die Vermittlung und den Abschluss von Versicherungsverträgen übernimmt, ohne von einem Versicherungsvertreter damit betraut zu sein. Als Versicherungsmakler gilt, wer gegenüber dem Versicherungsnehmer den Anschein erweckt, er erbringe seine Leistungen als Versicherungsmakler nach S. 1."

Das Gesetz löst sich damit von dem gesetzlichen Leitbild nach § 93 HGB und bestätigt die seit langem gewachsene Rechtstradition, wonach der Versicherungsmakler dem Lager des Versicherungsnehmer zuzuordnen ist und für diesen und in dessen Interesse und als dessen Vertreter

---

[69] Vgl. *Matusche,* S. 15ff.

[70] BGHZ 94, 356.

[71] *Werber,* Best Advice, Die Sachwalterhaftung des Versicherungsmaklers, VersR 1992, 1917.

die Aufgabe übernimmt, Versicherungsverträge im Interesse des Kunden zu vermitteln.

Der Versicherungsmakler ist wegen dieser exponierten Experten- und Vertrauensstellung seit jeher einem exzessiven Haftungsspektrum ausgesetzt, zumal ihm weitreichende, umfängliche und verantwortungsvolle Aufgaben in der Vertretung des Versicherungsnehmers zugewiesen sind.

Der Versicherungsmakler erfährt damit erstmalig eine exakte gesetzliche Definition, die auf eine langjährige Rechtsprechung der Obergerichte und des BGH zurückgeht und die soziologische, wirtschaftliche und rechtliche Abgrenzung zum Versicherungsvertreter vollzieht und bestätigt.

Der Versicherungsmakler löst sich damit prononciert vom Leitbild gemäß § 93 HGB als unabhängiger objektiver Mittler.[72] Er ist weniger Mittler zwischen dem Versicherungsnehmer und dem Versicherer, sondern der geborene und gekorene Vertreter und Bundesgenosse des Versicherungsnehmers, dessen Interessen er gegenüber dem Versicherer wahrnimmt.

Die besonders weitreichenden Haftungspotentiale des Versicherungsmaklers beruhen auf den umfänglichen und weit gespannten Aufgaben und Pflichten, die dem Versicherungsmakler als Interessenvertreter des Versicherungsnehmers zugewiesen sind.[73]

Der Versicherungsmakler hat **im Einzelnen folgende Pflichten** zu erfüllen:

- **Risikoanalyse**
  Der Makler muss zunächst einen Status erarbeiten unter Prüfung der individuell relevanten Risiken. Er muss ermitteln, welche Versicherungslücken bestehen oder in Zukunft erwachsen können.

- **Deckungskonzept**
  Nach der Risiko-Analyse muss der Versicherungsmakler ein Deckungskonzept entwickeln, welches nach Maßgabe der Prioritäten, Dispositionen und wirtschaftlichen Möglichkeiten des Kunden zu dessen geeignetster Absicherung führt.

- **Auswahl des geeignetsten Risikoträgers**
  Nach Festlegung des Deckungskonzeptes hat der Versicherungsmakler den für den Kunden geeignetsten Versicherer auszuwählen. Es wäre dabei fehlerhaft, allein auf die günstigste Prämie abzustellen. Es muss das gesamte einschlägige Bedingungswerk verglichen werden, insbesondere der Deckungsumfang, Möglichkeit der Prämienanpassung,

[72] Prölss/Martin/*Kollhosser,* VVG, § 43, Rdnr. 3–4.

[73] *Brück/Möller,* VVG, Vor §§ 43–48 Rdnr. 40.

Gestaltung der Risikoausschlüsse und Obliegenheiten sowie das Service- und Kulanzverhalten.

- **Vorläufiger Deckungsschutz**
  Je nach Art der Versicherung und Eilbedürftigkeit der Gefahrenvorsorge hat der Versicherungsmakler vorläufigen Versicherungsschutz einzuholen.

- **Überprüfung der Dokumentation**
  Der Versicherungsmakler muss die policierten Vertragsinhalte mit den verhandelten Konditionen vergleichen und etwaige Differenzen ausräumen. Aus der Sachwalterpflicht folgt eine eigene Prüfungspflicht, die die bloße Weitergabe der Dokumente als nicht ausreichend erscheinen lässt.

- **Überwachung von Fristen und Terminen**

- **Unterstützung im Schadensfall**
  Bei Eintritt eines Versicherungsfalls hat der Versicherungsmakler den Kunden zu unterstützen und ihm Regulierungshilfe zu leisten. Diese Hilfe kann auch zur Geltung gelangen bei der Bearbeitung der Schadenanzeige oder auch der Auswahl eines Sachverständigen.

- **Hilfestellung bei Liquiditätskrisen**
  Ist der Versicherungsnehmer zeitweise zur Zahlung der Prämie außerstande, hat sich der Versicherungsmakler um bestandserhaltende Überbrückungen zu bemühen. So käme etwa bei einer Lebensversicherung eine limitierte Beitragsfreistellung, eine Wiederinkraftsetzung oder auch eine Beginn- und Ablaufverlegung in Betracht.

II. Verschulden/Mitverschulden

1. Verschulden

Die Haftung der Vermittler und Berater setzt einen von ihnen verschuldeten Pflichtenverstoß voraus. Dieses Verschulden muss vom Anleger nicht bewiesen werden; es wird vielmehr bei Feststellung einer Pflichtverletzung **kraft Gesetzes** vermutet (§ 276 BGB). Der Berater hat danach, wenn er die gesetzliche Vermutung entkräften will, zu beweisen, dass die Pflichtverletzung von ihm schuldlos begangen wurde, für ihn unvermeidbar war. In der Praxis kann ein solcher Beweis äußerst selten erbracht werden. Das Verschulden kommt in den **abgestuften Ausgestaltungen** des Vorsatzes sowie grober und einfacher Fahrlässigkeit in Betracht. Bei einem **vorsätzlichen,** mit Wissen und Wollen vollzogenen Beratungsfehler haftet der Berater möglicherweise auch nach § 826 BGB (vgl. S. 11), und in diesem Falle haftet auch der handelnde Vertreter oder

Untervertreter selbst. Im Übrigen kommen die Grundsätze der Durchgriffshaftung zur Geltung.

Die **Unterscheidung zwischen grober und einfacher Fahrlässigkeit,** die im Versicherungsrecht von erheblicher Bedeutung ist, hat für das Recht der Anlageberatung keine Relevanz, da für die Haftung des Beraters eine mit einfacher Fahrlässigkeit begangene Pflichtverletzung ausreicht. Eine einfache Fahrlässigkeit ist gegeben, wenn die im Verkehr erforderliche Sorgfalt missachtet wird.

Der Sorgfaltsmaßstab wird durch den kaufmännischen Verkehr gebildet, wobei die Rechtsprechung für den Sorgfaltsmaßstab der Berater strenge Grundsätze entwickelt hat.

Beispiel: In einem Verkaufsprospekt eines Immobilienfonds wurde für das schlüsselfertig zu errichtende Hotel ein Festpreis von DM 9,52 Mio. angegeben. In dem Vertrag mit dem Generalübernehmer war diese Vergütung auch ausgewiesen. Die Sicherheit des Finanzierungsaufwandes war allerdings, ohne dass dieses im Prospekt erläutert wurde, dadurch eingeschränkt, dass die Bauleistungen und die Bauqualität nicht hinreichend präzise festgelegt waren und sich deshalb für den Generalübernehmer ein Spielraum für Nachverhandlungen eröffnete, der auch tatsächlich zu einem deutlich höheren Endpreis führte.

Der Vermittler hatte den Generalübernehmervertrag nicht eingesehen, wobei sogar noch streitig war, ob dieser zum Zeitpunkt der Vermittlung bereits abgeschlossen war.

Das OLG Hamm[74] verurteilte den Vermittler zu Schadenersatz mit der Begründung, dass er die irreführenden Angaben im Prospekt zu der Sicherheit des Finanzierungsaufwandes gegenüber dem Anleger nicht richtiggestellt habe. Der Vermittler habe die Prospektangabe verifizieren oder aber mindestens auf die unterlassene eigene Überprüfung der Prospektangabe hinweisen müssen. Die Revision wurde vom BGH nicht angenommen.

Anmerkung: Diese Entscheidung bewegt sich sicherlich im **Grenzbereich** der Überspannung der Sorgfaltsanforderungen. Die Entscheidung wäre vermutlich auch anders ausgegangen, wenn zu dem Immobilienfonds ein Prospektprüfungsbericht erstellt worden, auch dem Wirtschaftsprüfer die mangelnde Bestimmtheit des Generalübernehmervertrages nicht aufgefallen wäre und der Vermittler den Prüfungsbericht als Informationsgrundlage herangezogen hätte.

---

[74] OLG Hamm, Urteil vom 8. 11. 2001 – 27 U 45/01 – n. v.

Für das Verschulden der Berater gilt ein **objektiver Sorgfaltsmaßstab.** Der Berater kann sich mithin nicht auf eigene mangelnde Kenntnisse, Erfahrungen oder Verstandeskraft berufen. Der Einwand, er habe es nicht besser gewusst, vermag ihn nicht zu entlasten. Wer sich als Vermittler oder Berater im Geschäftsverkehr beteiligt, hat die notwendigen Kenntnisse und Fähigkeiten zu entwickeln und einzubringen. Ein Berater muss deshalb auch Unstimmigkeiten und Widersprüche im Verkaufsprospekt aufdecken. Fehlt ihm hierzu die Sachkunde, muss er dies gegenüber dem Interessenten offen legen.[75]

2. Mitverschulden

Sowohl **zum Grunde als zur Höhe** des Schadenersatzes kann ein Mitverschulden des Anlegers nach § 254 BGB berücksichtigt werden.

Nach der Rechtstheorie kommt dieses Mitverschulden bei der Erbringung von Beratungsleistungen nur in Ausnahmefällen in Betracht, da der Anleger sich den Berater gerade wegen dessen Sachkunde als Fachmann und Experten anvertraut und sich grundsätzlich auf die Richtigkeit dessen Hinweise und Empfehlungen verlassen will und darf.[76]

Die Rechtspraxis hat sich allerdings von diesem Grundsatz gelöst, und im beachtlichen Umfange wird der Anleger wegen Mitverschuldens mit einer eigenen Schadenquote belastet.

Dieses Mitverschulden wird grundsätzlich angenommen, wenn der Anleger die ihm selbst geschuldete Sorgfalt im großen Maße außer Acht lässt und mit erheblicher Leichtfertigkeit agiert.[77]

Urteil des LG Würzburg vom 28.11.2003 – Az: 64 O 2279/02

„Der Schadenersatzanspruch des Klägers war jedoch gemäß § 254 BGB wegen Mitverschuldens um die Hälfte zu kürzen ... Hier hat der Kläger jedoch gegen die im eigenen Interesse gebotene Sorgfalt in einem derartigen Maße verstoßen, dass schon von Leichtfertigkeit zu sprechen ist. Er hat nach seinen eigenen Angaben den Anlageempfehlungen des Beklagten blind vertraut, diese in keinster Weise kritisch hinterfragt, obwohl ihm der Beklagte nicht bekannt war. Er hat sein Vermögen quasi in die Hand des Beklagten gegeben und sein Wohl und Wehe anvertraut. Insbesondere vor dem Hintergrund, dass er von den Anlagegeschäften keine Kenntnis hatte, wäre der Kläger im eigenen Interesse verpflichtet gewesen, sich zur Vermeidung von Schäden die

---

[75] BGH, Urteil vom 30.1.2000 – III ZR 62/99 – www.bundesgerichtshof.de.

[76] Erman/*Kuckkuck,* § 254, Rdnr. 29.

[77] BGH, WM 1993, 1238; BGH, WM 2000, 426; LG Hof, Urteil vom 4.3.2004 – 32 O 810/03 – n.v.; LG Würzburg, Urteil vom 28.11.2003 – 64 O 2279/02 – n.v.

notwendigen Informationen durch Nachfragen zu verschaffen. Dem Kläger ... ist vorzuwerfen, dass (er) viel zu schnell und viel zu sorglos der Anlageempfehlung des Beklagten vertraut (hat).

Unter Würdigung aller Umstände erachtet das erkennende Gericht den Verursachungs- und Verschuldensbeitrag beider Parteien für gleichwertig."

Anmerkung: Dieses Urteil wurde in der Berufungsinstanz vom OLG Bamberg bestätigt.

Ein Mitschulden wird insbesondere bei folgenden Fallgruppen zu berücksichtigen sein:

- Der Anleger vertraut auffällig unglaubhaften Prognosen oder Renditen
- Der Anleger missachtet Warnungen Dritter, etwa des Steuerberaters oder der Bank
- Erkennbarkeit/Evidenz einer fehlerhaften Aussage des Beraters
- Unrichtige oder unvollständige Angaben gegenüber dem Berater
- Anleger weist Berater nicht auf Verständnislücken hin
- Fehlende oder unvollständige Kenntnisnahme des Verkaufsprospektes

Bei der Quote des Mitverschuldens sind folgende Grundsätze zu berücksichtigen:

- Haftungsanteile **von weniger als 10%** werden von der Rechtsprechung regelmäßig nicht berücksichtigt.
- Bei **Vorsatz** des Schädigers wird ein fahrlässiges Mitverschulden des Geschädigten in der Regel nicht berücksichtigt[78]
- Bei beiderseitiger Fahrlässigkeit ist in der Regel eine **Schadenteilung** angemessen
- Ist das Verschulden einer Vertragspartei die weitaus **überwiegende Schadenursache,** hat diese den Schaden allein zu tragen. Etwa dann, wenn der Geschädigte den Schädiger durch falsche Angaben leichtfertig veranlasst hat, seinen Kontrollpflichten nicht zu genügen.

Im Extremfall kann das Mitverschulden des Anlegers ein Ausmaß annehmen, dass das eigene Verschulden des Beraters völlig zurückgedrängt wird, wobei diese vollständige Entlastung des Beraters allerdings nur angenommen werden kann, wenn der Anleger auf einer höheren Schuldstufe als der Berater agiert, so etwa wenn dem Berater selbst lediglich einfache Fahrlässigkeit vorzuwerfen ist und der Anleger einer leicht fahrlässigen Falschangabe **wider besseren Wissens** folgt.

---

[78] BGHZ 98, 158.

Die Rechtsprechung hat wiederholt bei massiven Verletzungen der im eigenen Interesse gebotenen Sorgfalt ein **hälftiges Mitverschulden** des Anlegers berücksichtigt.[79] Teilweise wurde das Mitverschulden des Anlegers zu einem Drittel berücksichtigt.[80]

Urteil des OLG Frankfurt a.M. vom 15.7.2004

„Die Klägerin muss sich nach Meinung des Senats allerdings ein Mitverschulden bei der Schadenentstehung anrechnen lassen, welches mit 1/3 zu bemessen ist. Auch wenn der Beklagte keine ordnungsgemäße Aufklärung erbrachte, hätten der Klägerin die Hinweise auf den Zeichnungsschein, die über der Rubrik für die Unterschriftsleistung abgedruckt waren, Veranlassung geben müssen, die Sicherheit der Anlage zu hinterfragen. Dass sie dies getan hätte und das sie der Beklagten daraufhin wiederum unvollständig informiert hätte, ist weder vorgetragen noch ersichtlich. Dass die Klägerin intellektuell nicht in der Lage gewesen wäre, diese Hinweise richtig zu erfassen, ist nicht erkennbar."

Urteil des Landgericht Hof vom 4.3.2004

„Die gesetzlichen Vertreter der Klägerin wären daher gehalten gewesen, die Anlageempfehlung des Beklagten kritisch zu überprüfen und zu hinterfragen. Dies haben sie indes nicht getan. Vielmehr haben sie bereits drei Tage nach dem Gespräch ... unterschrieben. Wer derart unkritisch einer Anlageempfehlung folgt, verstößt gegen die im eigenen Interesse gebotene Sorgfalt und hat deshalb eine Kürzung des ihm zustehenden Schadenersatzanspruches hinzunehmen. Dieses Mitverschulden ihrer gesetzlichen Vertreter muss sich die Klägerin zurechnen lassen ... Die Kammer erachtet eine Mitverschuldensquote von 1/3 als angemessen, nachdem vom Beklagten als Berater eine deutlich größere Sachkunde zu erwarten war als von den Eltern der Klägerin."

Bei leichteren eigenen Pflichtverletzungen wird regelmäßig eine Quote von 10% bis 20% zu Lasten des Anlegers festgestellt.

Urteil des OLG Celle vom 14.9.2000 – Az: 11 U 206/98

„Dabei steht der Berücksichtigung eines Mitverschuldens der Anleger hier nicht entgegen, dass sie betrügerisch um ihr Geld gebracht worden sind. Die betrügerische Schädigung mag im Verhältnis zwischen Anleger und Betrüger regelmäßig ein solches

---

[79] BGH, WM 1993, 1238, LG Würzburg, Urteil vom 28.11.2003 – 64 O 2279/02 – n.v.

[80] OLG Frankfurt, Urteil vom 15.7.2004 – 3 U 135/02 – n.v.

Gewicht haben, dass sie die Berücksichtigung eines Mitverschuldens ausschließt. Diese Erwägung lässt sich jedoch nicht auf das Verhältnis der hier streitenden Parteien übertragen. Hier steht auf der einen Seite ein Anleger, dem es nicht gelungen ist, sein Streben nach einem unrealistischen und undurchschaubaren Anlagegebot mit phantastischen Gewinnerwartungen zu bezähmen und auf der anderen Seite ein Unternehmen.

Zwischen in dieser Art involvierten Parteien kann eine Mitverschuldensabwägung stattfinden. Hier schlägt kein Verantwortlichkeitsgesichtspunkt so durch, dass daneben Mitverschuldenserwägungen nicht zum Zuge kommen könnten und dürften ...

So hätten die Anleger angesichts des in Aussicht gestellten Gewinns die Anlage besonders kritischer eigener Prüfung unterziehen müssen. Das gilt umso mehr, als ihnen keine erklärenden schriftlichen Unterlagen über das Projekt vorgelegt wurden. Bei dieser Ausgangslage hätte es jedem Anleger oblegen, nur Vertragswerke zu unterzeichnen, deren Text im Einzelnen verständlich und nachvollziehbar war, woran es bei den unterzeichneten Unterlagen fehlt.

Bei Abwägung aller Umstände gereicht im Rahmen der durch die mangelhafte Überwachung ... und die ihm gestattete Durchführung von Privatgeschäften es ermöglichte Schädigung den Anlegern auch eigenes Verhalten zum Nachteil. So hätten die Anleger angesichts des in Aussicht gestellten Gewinns die Anlage besonders kritischer eigener Prüfung unterziehen müssen. Das gilt um so mehr, als ihm keine erklärenden schriftlichen Unterlagen über das Projekt vorgelegt wurden. Bei dieser Ausgangslage hätte es jedem Anleger obliegen, nur Vertragswerke zu unterzeichnen, deren Text im Einzelnen verständlich und nachvollziehbar war ..."

Anmerkung: Der Senat hat hier das Mitverschulden der Anleger in Höhe von 30% angenommen.

III. Schaden

Eine fehlerhafte Anlageberatung kann beim Anleger Vermögensschäden auslösen. Ein Vermögensschaden ist gegeben, wenn der tatsächliche Wert des Vermögens geringer ist als der Wert, den das Vermögen ohne das schädigende Ereignis hatte. Die **Differenz** zwischen dem tatsächlichen und dem hypothetischen Vermögen bestimmt den Umfang des Schadens.

Unter Berücksichtigung des Schadenersatzes wird wieder ein Vermögen hergestellt, welches bestanden hätte, wenn die Fehlberatung nicht erfolgt wäre. Im Wege des Schadenersatzes hat der Berater deshalb den **Kunden so zu stellen, wie dieser ohne die Pflichtverletzung stehen würde.**

1. Wahlrecht

Der Anleger hat hinsichtlich der Schadenersatzleistung ein Wahlrecht[81] und kann entweder:

- die **Rückgängigmachung** der Kapitalanlage/Beteiligung verlangen. In diesem Fall sind dem Anleger im Wege des Schadenersatzes die von ihm erbrachten Leistungen (im Regelfall: das investierte Kapital) Zug um Zug gegen Abtretung der mit der Kapitalanlage verbundenen Ansprüche zurückzugewähren, und er ist von allen Verbindlichkeiten zu befreien. Dieser Befreiungsanspruch erstreckt sich in der Praxis insbesondere auf Darlehensverträge bei Inanspruchnahme einer Fremdfinanzierung und auf Lebensversicherungsverträge, bei deren Verwendung zum Zwecke der Tilgungsaussetzung. Die Befreiung erstreckt sich auch auf den Ersatz der Nebenerwerbskosten (beispielsweise Notar- und Gerichtskosten und Agio).

  Darüber hinaus kann der Anleger wie einen Zinsschaden den entgangenen Gewinn geltend machen, der durch anderweitigen Einsatz seiner Mittel erlangt hätte.
- Oder der Anleger kann unter Aufrechterhaltung des geschlossenen Vertrages und der Kapitalanlage Ersatz des **Minderwertes** verlangen. In diesem Fall besteht ein **reiner Zahlungsanspruch,** der sich nach der Höhe des Vermögensschadens bestimmt, der wiederum zu bemessen ist nach der Differenz zwischen dem tatsächlichen Wert der Vermögensanlage und dem Wert der Leistungen, die der Anleger für den Erwerb der Anlage investiert hat.

2. Vorteilsausgleich

Der Anleger muss sich alle Vorteile anrechnen lassen, die ihm aus der Kapitalanlage erwachsen sind und auch nach Rückabwicklung noch erwachsen werden. Ausgleichspflichtig und anzurechnen sind stets Gewinne, Ausschüttungen, Zinsen und Ansprüche gegen Dritte. Diese Vorteile sind vor Feststellung der Höhe des Schadens in Abzug zu bringen.

Bei Investmentfonds ist der Liquidationserlös, bei Versicherungen der realisierte Rückkaufswert zu berücksichtigen. Auch Steuervorteile, die der Anleger auf Grund der Vermögensanlage erlangt hat, sind grundsätzlich auf den Schaden anzurechnen.[82]

Für die Anrechnung von Steuervorteilen hat der Bundesgerichtshof den Grundsatz entwickelt, dass maßgeblich zu berücksichtigen ist, ob dem Anleger die Steuervorteile dauerhaft verbleiben und die Anrechnung dem Zweck des Schadenersatzes entspricht und weder den Geschädigten unzumutbar belastet noch den Schädiger unbillig entlastet. Grund-

---

[81] BGH, WM 92, 143.

[82] BGH, WM 1994, 1720; BGH, NJW 2002, 1711.

sätzlich werden deshalb Steuerersparnisse, die beim Anleger verbleiben, im Wege der Vorteilsausgleichung angerechnet. Ist die Schadenersatzleistung allerdings – etwa weil sie dem Gewerbebetrieb des Geschädigten zuzurechnen ist – steuerpflichtig, so erfolgt eine Anrechnung nicht.[83]

Hinweis: Die fehlerhafte Beratung führt zu einem Schadenersatz-, nicht aber zu einem Erfüllungsanspruch. Der Anleger kann deshalb nicht verlangen, so gestellt zu werden, als wäre der falsche Rat richtig. Er kann deshalb beispielsweise nicht die Zahlung von im Prospekt prognostizierten Ausschüttungen verlangen, auch wenn der Berater diese als sichere Ergebnisse hingestellt hat. Dieses Verlangen bedeutete ein nicht statthaftes Erfüllungsbegehren.

3. Schaden durch negative Vertragsgestaltung

Mit seinem Urteil vom 19.7.2004 zum Az II ZR 354/02 hat der **BGH** bestätigt, dass bereits in einer für den Anleger unvorteilhaften Vertragsgestaltung ein Schaden begründet sein kann. Der Anleger hatte sich hier in Form einer stillen Gesellschaft beteiligt. Zum Schaden hat der BGH hier ausgeführt:

„Damit ist der Kläger so zu stellen, wie er stehen würde, wenn er die beiden stillen Gesellschaftsverträge nicht abgeschlossen hätte. Ob die Investition tatsächlich werthaltig ist, spielt dabei keine Rolle. Zwar hat der Bundesgerichtshof angenommen, dass es bei einer voll werthaltigen Kapitalanlage an einem Schaden des Anlegers fehlen könne. Hier geht es aber um Nachteile und Risiken des von der Beklagten angebotenen Anlagemodells, die sich nicht auf die von ihr getätigten Investitionen, sondern auf die Art der Vertragsgestaltung im Rahmen der stillen Gesellschaft beziehen. Das betrifft nach den Feststellungen des Berufungsgerichts die ungünstigen Entnahmemöglichkeiten, die langfristige Vertragsbindung und insbesondere die Unbestimmtheit und Widersprüchlichkeit der im Ermessen der Beklagten stehenden Anlagestrategie. Damit liegt der Schaden des Klägers darin, dass er überhaupt eine derart ungünstige Art der Vermögensanlage gewählt hat, unabhängig von dem gegenwärtigen Stand dieses Vermögens."

Das **OLG Schleswig** hatte in seiner Vorentscheidung zum Az 5 U 28/02 dargelegt, dass es bei der speziellen Vertragsgestaltung der atypisch zu beurteilenden stillen Gesellschaft eine „Disparität von Chancen und Risiken von Beginn an in der gewählten gesellschaftsvertraglichen

[83] BGH, WM 1994, 1076; OLG Celle – Urteil vom 20.12.2000 – 9 U 138/00 – n.v.

Konstruktion selbst begründet war". Das Urteil des BGH hat hier auch aus dem Grunde Beachtung gefunden, da durch den BGH klargestellt wurde, dass bei stillen Gesellschaftsbeteiligungen der Schadenersatzanspruch des Anlegers nicht durch die Grundsätze der fehlerhaften Gesellschaft eingeschränkt ist, sondern in Höhe der ursprünglich investierten Summe besteht.

IV. Kausalität

Für die Haftung der Vermittler und Berater ist weiter von Voraussetzung, dass die schuldhafte Verletzung einer der Vertragspflichten ursächlich für den beim Anleger eingetretenen Schaden wird. Die von dem Berater erteilten und unterlassenen Angaben müssen den Kunden zu einer Anlage bestimmt haben, die er nicht oder nur zu anderen Konditionen getätigt hätte, wenn er sachlich richtig aufgeklärt und beraten worden wäre.

Nach allgemeinen beweisrechtlichen Grundsätzen **müsste der Anleger** den Ursachenzusammenhang zwischen Pflichtverletzung und Schaden **nachweisen,** mithin das Gericht durch Beweismittel davon überzeugen, dass ein Schaden bei pflichtgemäßem Verhalten des Beraters nicht eingetreten wäre. Dieser Beweis könnte in der Praxis kaum geführt werden, da ein fiktiver Entscheidungsprozess und Ergebnisse subjektiver Überlegungen keinen Beweismitteln zugänglich sind.

Die damit verbundene Beweisnot wird durch eine **Beweiserleichterung** zu Gunsten des Anlegers behoben: Es besteht ein **Beweis ersten Anscheins,** dass der Anleger sich bei pflichtgemäßer Beratung auch **beratungsgerecht**/aufklärungsrichtig verhalten hätte. Das aufklärungsrichtige Verhalten des Anlegers wird vermutet.[84] Es wird nach der Lebenserfahrung davon ausgegangen, dass die anlagerelevante unrichtige Auskunft ursächlich für die Beteiligungsentscheidung des Anlegers geworden ist und der Anleger sich bei richtiger und vollständiger Aufklärung auch in seinem Interesse richtig verhalten hätte. Es wird unterstellt, dass der Anleger alle wichtigen Hinweise und Ratschläge des Beraters letztlich beachtet hätte, insbesondere auch Risikohinweise und Warnungen. Von der Lebenserfahrung wird auf ein **letztlich vernünftiges Verhalten** geschlossen.

Wer eine Aufklärungs- oder Beratungspflicht verletzt, muss mithin beweisen, dass der Schaden auch bei pflichtgemäßem Verhalten entstanden wäre. Dieser Beweis kann in der Praxis nicht geführt werden, da der Anleger stets unwiderlegbar vortragen kann, er hätte sich bei Erfüllung

---

[84] BGH, WM 1992, 1892; BGH, WM 1992, 1355.

aller Aufklärungs- und Beratungspflichten gegen die Vermögensanlage entschieden.

In diesem Zusammenhang sei auf eine typische Begründung in einem Urteil hingewiesen:

Urteil des LG Berlin vom 23.1.2004 – Az: 35 O 371/02
„Die Pflichtverletzung war auch adäquat kausal für den letztlich unstreitig eingetretenen Schaden. Denn hätte die Beklagte auf die mit den Termingeschäften verbundenen Risiken hingewiesen, wäre das hierfür eingesetzte bzw. als Sicherheit verwendete und letztlich vernichtete Kapital nach den glaubhaften Angaben des Zeugen ... gar nicht mehr spekulativ im Rahmen von Termingeschäften sondern konservativ festverzinslich angelegt worden. Zu den im Zusammenhang mit den getätigten Termingeschäften... eingetretenen Verlusten wäre es damit nicht gekommen, da auf dieser Anlageform bei Kenntnis des Risikos gänzlich verzichtet worden wäre.“

Besteht die Pflichtverletzung in einer Unterlassung, wird diese Unterlassung nur dann kausal, wenn pflichtgemäßes Handeln den Eintritt des Schadens verhindert hätte.[85]

Da ein aufklärungsrichtiges Verhalten vermutet wird, müsste der Berater beweisen, dass der Anleger auch bei pflichtgemäßem Handeln die Anlageentscheidung getroffen hätte.[86]

Von wesentlicher Bedeutung ist, dass es für die Frage nach der Kausalität der Pflichtverletzung und dem eingetretenen Schaden auf die **Anlageentscheidung** als erstes Glied der Ursachenkette und **nicht auf die letzte, maßgebliche Ursache** für den Schaden ankommt.

In Konsequenz dieser Regel haftet der Berater bei einer teilweise fehlerhaften Beratung auch für einen Schaden, wenn sich ein Risiko realisiert, über das er den Anleger richtig aufgeklärt hat.

Beispiele:
(1) Der Anlageberater hat hinsichtlich eines Immobilienfonds versehentlich nicht auf das Risiko eines möglichen Leerstandes hingewiesen. Diese unterlassene Aufklärung bleibt aber ohne Auswirkungen, da die Immobilie durchgehend voll vermietet wird. Allerdings tritt beim Fonds eine Notlage durch das Missmanagement der Fondsverwaltung ein. Über dieses Risiko hatte der Anlageberater ordnungsgemäß belehrt. Trotz dieser fehlerfreien Be-

---

[85] BGH, WM 1990, 1161; BGH, Urteil vom 17.10.2002 – IX ZR 3/01 – www.bundesgerichtshof.de.

[86] BGH, NJW 2001, 2021; LG Stuttgart, Urteil vom 14.6.2004 – 14 U 436/03 – n.v.

ratung zu dem für den Eintritt des Schadens maßgeblichen Risiko haftet der Berater dennoch, weil der Anleger unwiderlegbar behaupten kann, bei Kenntnis des Leerstandsrisikos hätte er sich nicht für die Anlage entschieden. Der Schaden beruhe auf der Fehlberatung, da er bei richtiger und vollständiger Beratung diese Vermögensanlage nicht gewählt hätte und damit auch die Vermögenseinbuße nicht eingetreten wäre.

(2) Der Berater hatte bei der Vermittlung einer Schiffsbeteiligung versehentlich nicht auf das Risiko möglicher höherer als prospektierter Betriebskosten hingewiesen. Dieses Risiko wird nicht verwirklicht, da die tatsächlichen Betriebskosten den prognostizierten Rahmen nicht überschreiten. Bei dem Fonds tritt aber eine Notlage ein, weil die Vollplacierung nicht erreicht werden kann und eine Vielzahl von Kunden ihr Widerrufsrecht ausübt und die Verträge vorzeitig kündigt. Der Fonds wird mit Wertverlusten für den Anleger rückabgewickelt.

Über das Risiko der möglichen unzureichenden Placierung hatte der Berater ordnungsgemäß aufgeklärt. Er haftet allerdings für den Schaden des Anlegers, der wiederum unwiderlegbar behaupten kann, bei Kenntnis des Risikos überplanmäßiger Betriebskosten hätte er sich nicht für die konkrete Kapitalanlage entschieden.

Anmerkung: Diese Rechtsprechung[87] mag zwar überraschen, entbehrt aber nicht der Konsequenz, da als anspruchsbegründendes Ereignis die fehlerhafte Anlageentscheidung angesehen wird. Der Anlageentschluss ist von den Mängeln der fehlerhaften Aufklärung beeinflusst, und es kommt nicht auf die Gründe an, weshalb die Kapitalanlage letztlich zu einer Vermögenseinbuße geführt hat.

Die Beispielsfälle wären dann anders zu lösen, wenn der Berater auf solche Risiken nicht hingewiesen hätte, die allgemein und nach der Lebenserfahrung auch für den konkreten Anleger für die Anlageentscheidung ernsthaft nicht von Bedeutung waren. So könnte er nach diesseitigem Verständnis nicht einwenden, der Berater habe ihn nicht über mangelnde Informations- und Kontrollrechte aufgeklärt. Zum einen handelt es sich hierbei entgegen verbreiteter Meinung nicht um ein Risiko, sondern um die Rechtsfolgen der gewählten Rechtsform der Beitrittsgesellschaft. Im Übrigen ist das Fehlen dieser Rechte in aller Regel für den Anlageentschluss bedeutungslos und ergibt sich auch aus dem dem Anleger zugänglichen Gesellschaftsvertrag.

---

[87] BGH, WM 1990, 1276.

V. Verjährung

Die regelmäßige Verjährungsfrist ist durch das Schuldrechtsmodernisierungsgesetz von 30 Jahren auf **3 Jahre** verkürzt worden (§ 195 BGB). Die Frist ist auch maßgeblich für Schadenersatzansprüche aus Auskunfts- oder Beratungsverträgen. Die **Verjährungsfrist beginnt** mit Schluss des Jahres, in dem der Anspruch entstanden ist und der Anleger Kenntnis von den anspruchsbegründenden Tatsachen und der Person des Schuldners erlangt oder lediglich auf Grund grober Fahrlässigkeit nicht erlangt. Es kommt also zunächst auf die Entstehung des Anspruches an, wobei alle Anspruchsvoraussetzungen einschließlich des Schadens gegeben sein müssen.

Ist die Beratung nicht anleger- oder nicht portfoliogerecht, sind bereits alle Haftungsvoraussetzungen im Zeitpunkt der Anlageentscheidung gegeben und der Anspruch ist bereits in diesem Zeitpunkt entstanden. Ist die Beratung hingegen nicht anlagegerecht, erweist sich das Objekt erst während der Beteiligung an der Gesellschaft als ungeeignet, entstehen Schaden und Anspruch erst zu diesem Zeitpunkt.

Die Frist beginnt mit Kenntnis des Anlegers von den anspruchsbegründenden Tatsachen.

Diese Regelung ist der Rechtssicherheit nicht dienlich, da nicht objektivierbar ist, zu welchem Zeitpunkt der Anleger Kenntnis davon erlangt, dass die Beratung fehlerhaft war und zu einem Schaden geführt hat.

Hinweis: Unabhängig von der Kenntnis des Anlegers verjähren die Ansprüche **10 Jahre nach Entstehung** und ohne Rücksicht auf die Entstehung **30 Jahre nach der Pflichtverletzung.**

Es ist mithin festzustellen, dass de jure die Regel-Verjährungsfrist 3 Jahre beträgt, der Berater aber de facto wegen der Maßgeblichkeit der Kenntnis des Anlegers über einen langen und zeitlich ungewissen Zeitraum in Anspruch genommen werden kann und sich möglichen Forderungen ausgesetzt sieht.

Auch aus diesen Gründen empfiehlt sich eine **Individualvereinbarung mit Präzisierung der Verjährungsregelungen** (vgl. **Anhang VIII.**).

Bei der Versicherungsvermittlung wird in Zukunft gelten, dass die **Anrufung der Beschwerdestelle** (Ombudsmann) zur Hemmung der Verjährung führt.

§ 3 Verhalten in Streitfällen und typische Fehler im Prozess

I. Verhalten in Streitfällen

Erhebt ein Anleger – regelmäßig über einen Rechtsanwalt – einen Schadenersatzanspruch gegen den Berater, sollte dieser seinerseits auch anwaltlichen Rat einholen und gemeinsam mit diesem prüfen, ob

- der Anspruch ganz oder teilweise anerkannt wird,
- der Anspruch mit oder ohne Begründung zurückgewiesen oder
- vorgerichtlich ein Vergleich angeboten werden sollte.

Die **Anerkennung des Anspruchs** kommt nur selten und bei völlig eindeutiger Sach- und Rechtslage, mithin bei Fehlen jeglicher Erfolgsaussichten in Betracht – eine Konstellation, die der Autor trotz langjähriger und intensiver Erfahrung noch nicht angetroffen hat. Sollten ausnahmsweise tatsächlich einmal keinerlei beachtliche Einwendungen gegen den geltend gemachten Anspruch gegeben sein, wäre bei dieser Sachlage ein vorgerichtliches Anerkenntnis aus Kostengründen einer Verurteilung im Prozess vorzuziehen. Wäre zumindest die Höhe des Schadens streitig, wäre das Anerkenntnis auf den Grund des Anspruchs zu beschränken.

Wird der **Anspruch als unbegründet zurückgewiesen,** ist eine ausführliche Begründung nur dann angeraten, wenn ernsthaft davon ausgegangen werden kann, dass der Anspruchsteller seine Forderung im Ergebnis nicht weiterverfolgt oder mindestens betragsmäßig – etwa wegen Mitverschuldens – einschränkt. Ist allerdings zu erwarten, dass trotz Zurückweisung der Ansprüche der Anleger Klage erheben wird, sollte die vorgerichtliche Begründung nicht allzu detailliert ausfallen, da eine voreilige Festlegung in der Begründung und das Offenbarwerden der Prozessstrategie vermieden werden sollte.

Ein **Vergleich** sollte dann angeboten werden, wenn entweder eine überwiegende Wahrscheinlichkeit einen Prozessverlust indiziert oder Einwendungen allein gegen die Höhe des Anspruchs bestehen (etwa wegen Nichtanrechnung von Vorteilen oder Mitverschuldens). Jeder Vergleich sollte die Abrede enthalten, dass mit seiner Erfüllung sämtliche etwaigen Ansprüche aus dem zu Grunde liegenden Auskunfts- oder Beratungsvertrag und aus sonstigen Rechtsgründen unabhängig von der Kenntnis erledigt sind **(Generalquittung).**

Bietet der Anspruchsteller an, die Klage nur zu einem Teil des Anspruchs zu erheben bei **Verzicht des Beraters auf die Verjährung** hinsichtlich der weitergehenden Forderungen, wird es auf folgende Abwägung ankommen:

Einerseits kommt die Teilklage mit einem geringeren Streitwert auch dem Berater zu Gute, da Kosten nur nach der Teilklage entstehen. Andererseits sollten dem Gericht der gesamte Umfang der Ansprüche und die möglichen Belastungen des Beraters bei einem Prozessverlust vorgeführt werden.

Sind die Kosten für den Berater nicht von entscheidender Bedeutung, sollte er auf die Einrede der Verjährung nicht verzichten und dem Gegner eine Teilklage nicht ermöglichen. In jedem Fall sollte er hiervon **Abstand nehmen, wenn für die Teilklage das Amtsgericht zuständig wäre,** weil er damit die Möglichkeit der Überprüfung des Urteils durch ein Oberlandesgericht und gegebenenfalls durch den Bundesgerichtshof von vornherein einbüßen würde.

Hinweis: Es ist zu beachten, dass der Berater nach Geltendmachung des gegen ihn erhobenen Anspruches diesen seinem Berufshaftpflichtversicherer **unverzüglich anzeigt.** Diese Anzeigepflicht ist eine bedingungsgemäße Obliegenheit des Beraters; eine Versäumung gefährdet die Deckung durch den Versicherer.

II. Typische Fehler im Prozess

1. Mangelnde Individualisierung

Es wird allzu oft versäumt, den **Verlauf der Beratung vollständig, konkret und anschaulich** dem Gericht darzustellen. Zum Verlauf der Besprechungen wird zumeist nur verkürzt und pauschaliert vorgetragen. Tatsächlich ist aber ein **individualisiertes, fallbezogenes** Vorbringen geboten, anhand dessen das Gericht die Erfüllung der Pflichten durch den Berater nachvollziehen kann. Der Berater sollte zunächst detailliert dartun, welche Recherchen er im Vorfeld der Beratung unternommen hat, welche Daten und Fakten er über den Kunden, über das Produkt, den Anbieter und den Prospekt ermittelt und welche Informationsgrundlagen er für die Beratung verwendet hat.

Die Berater verteidigen sich zumeist ohne diese Darlegungen, obschon allein diese geeignet sind, die Erfüllung der Recherchepflichten zu belegen und das Gericht hieran die sorgfältige Vorbereitung und systematische Arbeitsweise des Beraters messen und erkennen könnte.

Es sollte auch im Einzelnen ausgeführt werden, dass und zu welchem Zeitpunkt der **Verkaufsprospekt** übergeben wurde, wobei diese Tatsache überwiegend durch eine Urkunde **(Empfangsquittung)** nachgewiesen werden kann. Es ist allerdings nicht ausreichend, lediglich auf die Übergabe des Prospekts hinzuweisen. Vielmehr sollte anhand des Prospektes und ausgerichtet am gegnerischen Vorbringen detailliert dargestellt werden, welche relevanten Informationen und Risikohinweise sich bereits aus dem Prospekt erschlossen. Weiter sollte ausgeführt werden, auf welche Risiken der Berater ergänzend hingewiesen hat, ob er sich dabei zusammen mit dem Anleger an den Prospektaussagen orientiert oder aber eine eigene Risikodarstellung gewählt hat.

Dieses konkrete Vorbringen ist allemal geeignet, die stereotypen Behauptungen, der Berater habe die Kapitalanlage als völlig sicher dargestellt, zu widerlegen, zumal dem Gericht unschwer nahegebracht werden kann, dass der Verkaufsprospekt an mehreren Stellen eine gegenteilige Aussage trifft.

Die Berater begnügen sich vielfach eines lediglich pauschalen Vorbringens und beschränken sich häufig auf Darlegungen wie folgt:

Beispiel: „Der Beklagte hat den Kläger sorgfältig, richtig und vollständig beraten. Er hat das Anlageobjekt umfassend und zutreffend erläutert und auf alle einschlägigen Risiken hingewiesen."

Dieses Vorbringen ist **unbeachtlich** und **ohne jeden Verteidigungswert;** es fehlt gänzlich an einer konkreten Darstellung der vom Berater erteilten Auskünfte und Hinweise. Ein solcher pauschalierter, **unsubstantiierter** Vortrag ist auch einer Beweiserhebung nicht zugänglich, da diese auf eine Ausforschung nicht in den Rechtsstreit eingeführter Tatsachen hinausliefe.

Eine erfolgreiche Verteidigung verlangt eine möglichst **genaue Wiedergabe** der konkret erteilten Informationen, Warnungen und Empfehlungen. Notwendig ist eine detaillierte und auf den Einzelfall bezogene Darlegung aller relevanten Auskünfte, die dem Anleger erteilt wurden. Dem Gericht sollte sich aus diesem Vorbringen eine systematische und sorgfältige Vorgehensweise des Beraters erschließen, der deshalb auch darauf eingehen sollte, mit welchen Fragen die Anlageziele und die Risikobereitschaft des Anlegers ermittelt wurden, welche bestimmten Angaben des Klägers zu seinen finanziellen Verhältnissen, seiner Anlagestrategie und dem Anlagezeitraum dem Rat zu Grunde lagen. Das Gericht sollte aus dem Vorbringen eine anschauliche Vorstellung über den Verlauf und die Ergebnisse der Gespräche erlangen, welche auch durch die Wiedergabe von Fragen und Erläuterungen des Anlegers an Schärfe gewinnen würde.

Hinweis: In diesem Zusammenhang ist es hilfreich, wenn Gesprächsvermerke des Vermittlers vorliegen, diese schriftsätzlich ausgewertet und dem Gericht vorgelegt werden könnten.

Es sollte auch nicht unterlassen werden, zutreffendenfalls vorzutragen, dass der Vermittler den Verkaufsprospekt auf Vollständigkeit und Plausibilität und das Fehlen von Unstimmigkeiten und Widersprüchen sowie auf die Übereinstimmung mit dem IDW-Standard S4 überprüft hat, wobei letzte regelmäßig gegeben sein wird.

Insgesamt ist eine möglichst individualisierte, chronologische, systematisierte und substantiierte Wiedergabe des Ablaufs und der Ergebnisse der Besprechungen erforderlich, anhand deren das Gericht die Arbeitsweise des Vermittlers im konkreten Einzelfall nachvollziehen kann. Dieser Vortrag gelingt am sichersten und mit der notwendigen Überzeugung, wenn der Vermittler eine Beratungsdokumentation verwendet, und diese mit der Unterschrift des Klägers präsentiert werden kann.

Hat sich die Tätigkeit auf eine **Vermittlung** beschränkt, ist hierauf wegen der eingeschränkten Pflichten des Anlagevermittlers gezielt hinzuweisen. Es ist dabei unzureichend, den Status des Anlagevermittlers lediglich zu behaupten. Notwendig ist vielmehr eine auf Tatsachen gestützte **Begründung.**

2. Verkennung der Darlegungs- und Beweislast

In Unkenntnis der geltenden Regeln der Darlegungs- und Beweislast wird zu einzelnen Komplexen von den Beratern einerseits unnötig viel und andererseits allzu dürftig vorgetragen. Besondere Bedeutung hat dabei die **sekundäre Darlegungslast** des Beraters:

Der Anleger kann sich im ersten Verfahrensstadium damit begnügen, einen Pflichtenverstoß des Vermittlers ohne nähere Detaillierung zu behaupten, er kann beispielsweise auch lediglich die Unterlassung von Risikohinweisen vortragen. In diesem Falle obliegt es dem Vermittler, im Einzelnen darzulegen, wie und auf welche Weise er die Pflichten aus dem Auskunfts- oder Beratungsvertrag erfüllt hat. Unterlässt er diese konkreten und nachvollziehbaren Darlegungen, gilt der Pflichtenverstoß als eingestanden und dieser kann ohne weiteres der Entscheidung des Gerichts zu Grunde gelegt werden, die dann zwangsläufig gegen den Berater ausfallen wird.

Gelingt dem Berater allerdings durch einen hinreichend substantiierten Vortrag – für den kein Beweis anzubieten ist – die Erfüllung seiner Darlegungslast, muss der Anleger, der sich eines Anspruchs berühmt, den Pflichtenverstoß nach den grundlegenden Beweislastregeln zur Überzeugung des Gerichts gemäß § 286 ZPO beweisen. Es ist insoweit ein Streng- oder Vollbeweis notwendig; der Verstoß muss zur vollen Überzeugung des Gerichtes feststehen. Verbleibende Zweifel wirken sich zu Lasten des Anlegers aus.

Sofern und soweit der Anleger Beweise anbietet, kann der Vermittler seinerseits Gegenbeweise einführen, wobei mangels Zeugen aus seinem Lager allein Urkunden in Betracht kommen. Besondere Wirksamkeit und

Überzeugungskraft entfaltet neben dem Beratungsprotokoll eine Kundendatei, mit denen auch der Inhalt entgegenstehender Zeugenaussagen erschüttert werden kann (vgl. **Anhänge I.–IV.**).

3. Behebung der Beweisnot

Es ist inzwischen nahezu zur Regel geworden, dass der Anleger seine Ansprüche an einen nahestehenden Dritten **abtritt,** um selbst im Prozess als Zeuge auftreten zu können. Zur weiteren Verbesserung der Beweislage wird auch vielfach neben der Partei des Auskunftsvertrages der **handelnde Vertreter verklagt,** um ihn als Zeugen auszuschalten.

Da im Regelfall eine Haftung des Vertreters nicht begründet ist (vgl. S. 8), sollte bei dieser Rechtslage auf ein Teil-Urteil gedrängt werden, mit dem die offensichtlich unbegründete Klage gegen den Untervermittler abgewiesen wird, der hiernach wieder als Zeuge zur Verfügung stünde.

Hinsichtlich der Abtretung sollte überprüft werden, ob es sich bei dieser nicht lediglich um ein nichtiges Scheingeschäft nach § 117 BGB handelt. Bestehen Anhaltspunkte für eine nur dem Scheine nach gewollte Abtretung ohne tatsächlichen rechtlichen und wirtschaftlichen Übergang der Ansprüche auf den Abtretungsempfänger, sollte diese Behauptung auch in den Rechtsstreit eingeführt werden. Für das Scheingeschäft ist das Fehlen eines rechtlichem Bindungszweckes typisiert (vgl. auch *Palandt/Heinrichs,* § 117, Rdnr. 3).

Nach dem – häufig übersehenen – Urteil des Bundsverfassungsgerichts vom 21.2.2001[88] kann der Vermittler bei Fehlen sonstiger Beweismittel und zur Behebung der Beweisnot stets seine Vernehmung zu Informationszwecken beantragen. Hiervon sollte in jedem Falle in Ermangelung anderer Beweise Gebrauch gemacht werden, und zwar auch bei nicht selten vorzufindendem Widerstand der Gerichte, die das Vorbringen des Beraters aus den Schriftsätzen kennen. Es besteht allerdings ein Anspruch auf die informatorische Vernehmung, der auch durchgesetzt werden sollte, damit das Gericht neben dem bloßen schriftsätzlichen Vorbringen ein Eindruck von der Person und der Glaubwürdigkeit des Beraters gewinnen kann.

4. Mangelnde Berücksichtigung von Vorteilsausgleich und Mitverschulden

Für beide Einwendungen gilt, dass diese **nur hilfsweise** für den nicht erwarteten Fall, dass das Gericht von einem Schadenersatzanspruch dem Grunde nach ausgeht, erhoben werden sollten.

---

[88] NJW 2001, 2531.

Oftmals berechnet der Anleger seinen Schaden ohne Berücksichtigung von Vorteilen und ohne Steuerersparnisse. Der Vermittler sollte auf diese Vorteile, auch wenn er sie nicht exakt quantifizieren kann, in jedem Fall hinweisen und auch – soweit möglich – eine Schätzung vornehmen. Nicht selten unterbleibt trotz richterlichen Hinweises eine konkrete Darlegung der auf den Schaden anzurechnenden Vorteile durch den Anleger.

Bei dieser Konstellation wird häufig nicht berücksichtigt, dass die Klage allein wegen des Fehlens dieses Vortrages unschlüssig und abweisungsreif ist. Der Schaden ist Teil der Haftungsvoraussetzungen. Werden die Vorteile nicht dargelegt, ist der Schaden in der geltend gemachten Höhe offensichtlich unbegründet. Ein der Höhe nach begründeter Schaden ist nicht vorgetragen.

Eine Schätzung des Schadens durch das Gericht nach § 278 ZPO wäre unzulässig, da der Anleger in der Lage wäre, den tatsächlichen Schaden unter Berücksichtigung aller Vorteile spezifiziert darzutun.

Urteil des LG Heidelberg vom 13.2.2003 – Az: 1 O 145/02

„..., bleibt die Klage ohne Erfolg.

Denn die Klägerin hat den behaupteten Vermögensschaden nicht ausreichend dargetan. Ob ein Vermögensschaden vorliegt, beurteilt sich grundsätzlich nach der Differenzhypothese. Es ist ein Vergleich anzustellen derjenigen Vermögenslage, die aufgrund des haftungsbegründeten Ereignisses eingetreten ist, mit derjenigen, die sich ohne dieses Ereignis ergeben hätte (vgl. BGH NJW 1998, 302, 304 m.w.N.). Hierbei ist auf die Gesamtvermögenslage abzuheben, wie sie sich nach Abschluss der auf den Erwerb der Beteiligung gerichteten Verträge darstellt, mit der Vermögenslage, wie sie sich ohne die Beteiligung der Klägerin und des Zeugen S. ergeben hätte. Zu einem Schaden kommt man, hiervon ausgehend, dann, wenn bei diesem Vergleich ein rechnerisches Minus verbleibt, wenn also der Vertragsabschluss für die Klägerin und den Zeugen S. wirtschaftlich nachteilig gewesen ist.

Diesen Anforderungen hat die Klägerin bislang trotz Hinweises nicht genügt. Vielmehr greift sie einen behaupteten Schadensposten aus der erforderlichen Gesamtabrechnung heraus. Es wäre jedoch erforderlich gewesen, im Einzelnen den Wert der Anteile darzustellen. Immerhin war in einem Darlehen mit der Zahlung auch eine Tilgung verbunden. So besitzen die Klägerin und der Zeuge S. eine Beteiligung an einer BGB-Gesellschaft, ohne deren Wert mitzuteilen. Auch Steuervorteile müssten sie sich anrechnen lassen. Bei dem Hinweis auf die Festsetzungsverjährung wird nichts zu der Frage gesagt, ob für die Klägerin und den Zeugen S. es schon nicht mehr änderbare Steuerbescheide gibt. Hinzu kommt, dass die Klägerin und der Zeuge S. unbestritten Ausschüttungen erhalten haben, die sie sich anrechnen lassen müssen."

Hinweis: Wird ein Schaden im Zusammenhang mit dem Abschluss einer fondsgebundenen Lebensversicherung behauptet, könnte auch eingewendet werden, dass der Versicherungsnehmer als Vorteil den Todesfallschutz über die Dauer der Versicherung erlangt hat, dessen Wert sich aus den Prämien für eine Risikolebensversicherung berechnen ließe.

Viele Haftungsprozesse werden geführt, ohne dass der Vermittler mindestens hilfsweise ein Mitverschulden des Anlegers einwendet. Diese Prozessstrategie ist wenig verständlich, bietet doch nahezu ausnahmslos jeder Klagvortrag Hinweise auf einen Verstoß gegen Sorgfaltspflichten in eigenen Angelegenheiten.

Die Gerichte haben bei schwerwiegenden Sorgfaltsverletzungen wiederholt sogar ein hälftiges **Mitverschulden** des Anlegers angenommen (vgl. S. 61 ff.). Es kommen sogar Konstellationen in Betracht, bei denen die Schwere des Mitverschuldens des Anlegers das weitgehend geringfügigere Verschulden des Vermittlers völlig zurückdrängt.

Es ist deshalb geboten, die Sach- und Rechtslage unter besonderer Berücksichtigung des Vortrags des Anlegers auf mögliche **Anhaltspunkte für ein Mitverschulden** zu prüfen. Diese können sich insbesondere aus den Kenntnissen und Anlageerfahrungen des Anlegers herleiten, aber auch aus seinem Versäumnis, durchaus mögliche Informationen zur Kenntnis zu nehmen oder Rückfrage beim Berater zu halten.

In einer Fülle von Haftungsprozessen behauptet der Anleger, er sei über die mangelnde Fungibilität nicht aufgeklärt oder es sei ihm sogar die jederzeitige verlustfreie Wiederveräußerung zugesichert worden. Selbst wenn der Anleger diese Behauptung beweisen könnte, bliebe doch Raum für ein beachtliches Mitverschulden, da er in aller Regel die Werteinbuße bei vorzeitiger Veräußerung unschwer selbst anhand des Verkaufsprospektes hätte ermitteln können. Es kommt entgegen üblichem Vorbringen gar nicht darauf an, ob ein funktionierender Zweitmarkt tatsächlich besteht. Vielmehr hat vorrangige Bedeutung, dass bereits nach der Lebenserfahrung ein allgemeines Wissen darüber besteht, dass der Verkaufspreis im Zeitpunkt der Kapitalanlage nach der nicht vorhersehbaren Nachfrage bestimmt wird, wobei Abschluss- und Verwaltungskosten sowie die Abschöpfung von Vorteilen nicht ohne Einfluss auf die Wert- und Preisbildung bleiben. Wegen eines vergleichbaren Tatbestandes kann auf die jedermann geläufigen Verluste bei der vorzeitigen Beendigung von Lebensversicherungsverträgen verwiesen werden. Es kann deshalb begründetermaßen vorgetragen werden, dass für den Anleger bei gehöriger Anspannung seiner Sorgfalt erkennbar war, dass eine vorzeitige Veräußerung der Vermögensanlage zu Werteinbußen führen wird.

Gerade im Hinblick auf die Einwendungen zum Vorteilsausgleich und Mitverschulden sollte bei der Prozessführung berücksichtigt werden, dass bei den Gerichten erster Instanz überwiegend keine Spezialkammern eingerichtet sind und deshalb nicht von vornherein von jedem Richter die Kenntnis der einschlägigen Entscheidungen erwartet werden kann.

Die dem Vermittler günstige Rechtsprechung sollte deshalb nach entsprechender Recherche unter Anwendung auf den Einzelfall in den Rechtsstreit eingeführt werden, allerdings unter Verzicht auf für den Einzelfall nicht ergiebige Urteile, deren Vorlage nicht zum Wohlwollen gegenüber der Partei beiträgt.

Aber: Wichtiger als Rechtsaufführungen, die die Richter auch allein entwickeln können, ist die **unersetzliche Arbeit am Sachverhalt!**

§ 4 Berufsethos des Anlageberaters und Versicherungsvermittlers

Mit der bevorstehenden Umsetzung der EU-Versicherungsvermittlerrichtlinie im Jahre 2005 werden dem Versicherungsvermittler eine Fülle neuer Verpflichtungen auferlegt, deren Verletzung mit Schadenersatzansprüchen des Versicherungsnehmers sanktioniert wird **(vgl. §§ 42a–e VVG).**

Darüber hinaus werden Berufszugang und Berufsausübung reglementiert; die Versicherungsvermittlung wird von einem bloß anzeigepflichtigen zu einem erlaubnispflichtigen Beruf.

Die Erlaubnis für die Ausübung dieses Berufes ist insbesondere gebunden an den Nachweis persönlicher Zuverlässigkeit, des Bestehens einer ausreichenden Berufshaftpflichtversicherung und der durch eine Prüfung belegten fachlichen Eignung.

Der Zugang zu diesem Beruf und dessen Ausübung werden reguliert und erschwert. Es wird ein eigenständiges, unverwechselbares **Berufsbild** entstehen. Der Beruf des Versicherungsvermittlers erfährt – auch wegen seiner herausgehobenen Bedeutung für die Herstellung angemessener Risiko- und Altersvorsorge – eine seit langem verdiente Anerkennung und **Aufwertung.** Mit dieser Höherstufung geht die Erweiterung der Pflichten und der Haftungspotentiale der Versicherungsvermittler einher.

Diese Änderungen werden zunächst nur den Versicherungsvermittler ergreifen, in wenigen Jahren aber auch die Vermittler anderer Vermögensanlagen wie offener und geschlossene Fonds, wobei dem Recht der Versicherungsvermittler insoweit Leitbild- und Modellcharakter zukommen wird, dieses als Muster dienen wird und hieraus Analogien abgeleitet werden. Die Etablierung des Berufsrechts wird zu einer Marktbereinigung führen, Quantität zu Gunsten Qualität weichen. Der Verfasser erwartet mittelfristig einen Rückgang der Zahl der Vermittler um mindestens ein Drittel, wobei vornehmlich lediglich im Zweit- oder Nebenberuf tätige Vermittler ausscheiden werden. Es entsteht ein neues eigenständiges Berufsbild, welches auch ein eigenes Berufsverständnis und Berufsethos verlangt. In diesem veränderten Markt werden Glücksritter und Hasardeure keinen Platz mehr finden; die Zeit vorschneller Abschlüsse unter Ausblendung von Kundeninteressen und unter Einsatz von Überredung statt Überzeugung geht ein für allemal zu Ende.

Die Vermittler werden sich auch vom Produktverkauf verabschieden. Mehr denn je wird gelten:

Es ist nicht ein Kunde für ein Produkt zu suchen, sondern für den Kunden ein geeignetes Produkt zu beschaffen.

Innerhalb der Versicherungsvermittlung wird die Bedeutung der Ausschließlichkeitsvertreter tendenziell abnehmen. So haben diese bereits gegenwärtig den Nachteil, dass sie dem Kunden keine Produkte verschiedener Anbieter vorstellen und vermitteln können und tatsächlich und rechtlich gehindert sind, dass im Einzelfall im Kundeninteresse geeignetste Produkt auszuwählen. In Zukunft kommt hinzu, dass sich Einfirmenvertreter vielfach von der ihnen rechtlich eingeräumten Option Gebrauch machen werden, ohne nachgewiesene Sachkunde unter der Verantwortung des Versicherers tätig zu werden. Mehrfachagenten und Versicherungsmakler werden in Zukunft deshalb nicht nur auf die vorteilhafte Unabhängigkeit ihrer Beratung, sondern auch auf eine tatsächlich nachgewiesene Fachkompetenz berufen können. Der Beruf des Finanzdienstleisters erhält künftig durch die Reglementierung und Modellierung eine bestimmte Prägung, die das Berufsverständnis und die Berufsauffassung wesentlich bestimmen.

I. Experten-Beruf

- Der Vermittler von Versicherungen ist der berufene Berater in Versicherungsangelegenheiten, der Anlageberater wird dies für alle sonstigen Vermögensanlagen.
- Der Kunde darf vom Vermittler ein besonderes Fachwissen, eine Sachkompetenz und Expertise erwarten, zumal der Beruf des Versicherungsvermittlers den Nachweis ausreichender Sachkunde verlangt.
- Der Kunde nimmt die Dienste des Vermittlers in der begründeten Erwartung in Anspruch, dass dieser ihm bei der Gestaltung des Risikoschutzes, der Altersvorsorge und Vermögensbildung sachkundig und mit Expertenwissen unterstützt und berät.
- Der Beruf des Versicherungsvermittlers gelangt damit qualitativ in die Nähe anderer Experten- und Beratungsberufe wie etwa Rechtsanwälte, Steuerberater.
- Diese Experten-Stellung verlangt eine besondere Solidität des Fachwissens und dessen Aktualisierung. Der Versicherungsnehmer muss sich darauf verlassen können, dass der Versicherungsvermittler in der Lage ist, den seinem Interesse entsprechenden Versicherungsrat zu erteilen.
- Die Qualität der Beratung kann in Zukunft anhand der nach der neuen Gesetzeslage notwendigen Dokumentation nachvollzogen werden.

II. Vertrauens- und Verantwortungsberuf

Der Kunde bringt dem Vermittler ein besonderes Vertrauen entgegen – in dessen Kompetenz, aber auch in seine Zuverlässigkeit und Integrität.

Der Kunde leistet damit einen Vorschuss an Vertrauen, welcher durch die Qualität der Dienstleistung gerechtfertigt oder bei einer unzureichenden oder fehlerhaften Beratung enttäuscht werden kann.

Dieses Vertrauen in Kompetenz und Seriosität des Vermittlers korrespondiert auf dessen Seite mit der notwendigen **Übernahme von Verantwortung.** Der Kunde vertraut dem Vermittler nicht nur seine persönlichen Verhältnisse an, sondern auch die Disposition über einen Teil seiner Vermögenswerte. Er begibt sich mit der Übertragung seiner Finanz- und Vermögensstrategie in die Obhut des Vermittlers und überantwortet diesem wesentliche und weitreichende Entscheidungen über Vermögensanlagen und damit über die Gestaltung seiner zukünftigen finanziellen Verhältnisse.

Diese Überantwortung erfordert vom Vermittler eine **besondere Verantwortung.** Der Vermittler übernimmt die Verantwortung für eine im Kundeninteresse sachgerechte Aufklärung und Empfehlung. Die Übernahme dieser Verantwortung im Interesse des Kunden verlangt ein Bewusstsein der dem Kunden geschuldeten Pflichten, eine Sensibilität für die Bedeutung dieser Pflichten und eine Bereitschaft zu einer besonderen Sorgfalt und Rücksichtnahme auf die Interessen des Kunden.

Diese aus der Entgegennahme von Vertrauen abgeleiteten Verantwortung wird auch dadurch verstärkt, dass es sich bei den vermittelten Produkten selbst zumeist um **Vertrauensgüter** handelt. In Abgrenzung zu Inspektionsgütern – wie etwa einer Immobilie oder einem Kfz – können insbesondere Versicherungen, aber auch Investmentfonds und geschlossene Fonds nicht besichtigt, in Augenschein genommen und gegenständlich auf Funktionsfähigkeit überprüft werden. Gerade bei Versicherungen handelt es sich um Güter ohne jede physische Substanz und ohne gegenständlich-sachlichen Extrakt. Sie sind einer Inspizierung oder einem Testlauf nicht zugänglich.

Die Versicherungen definieren sich weitgehend über die Allgemeinen und Besonderen Bedingungen, und dieses abstrakte Bedingungsgefüge bestimmt maßgeblich den Inhalt und die Qualität des Versicherungsvertrages sowie die Leistung des Versicherers im Versicherungsfall.

Versicherungen und auch Fonds können auch nicht als Erfahrungsgüter qualifiziert werden. Erfahrungswerte bestehen allenfalls für die Vergangenheit, eine Projektion in die Zukunft beruht bestenfalls auf Annahmen und Prognosen und damit auf einer Wahrscheinlichkeit, nicht aber auf einer auch nur hinreichenden Sicherheit.

Es kommt hinzu, dass sich der individuelle Wert dieser Produkte im Regelfall erst langfristig erweist – der Anleger zeichnet einen Wechsel auf die Zukunft.

Diese Vertrauenstatbestände gebieten die Übernahme herausgehobener Verantwortung und verlangen dem Vermittler ein hohes Maß von Sorgfalt und Rücksichtnahme in der Erfüllung der ihm auferlegten

Pflichten ab. Die Vermittler der Zukunft werden aus diesen Gründen nicht umhinkommen, ein eigenes Berufsethos herauszubilden.

Das auch weiterhin völlig legitime Gewinnstreben wird kanalisiert zum einen durch rechtliche Legalität und zum anderen durch moralische Legitimität. Mit einem legalen, gesetzestreuen Verhalten erfüllt der Vermittler lediglich das, wozu er verpflichtet ist, was er leisten muss. Mit der Legitimität tritt das hinzu, was er leisten sollte. Dieses Verhalten verlangt einen standestypischen, auf das Berufsbild zugeschnittenen Ehrenkodex, der neben Verantwortungs- und Pflichtbewusstsein, Rücksichtnahme und Verschwiegenheit insbesondere den Dienst im Kundeninteresse, Zuwendung, Einfühlungsvermögen, Urteils- und Überzeugungskraft, Zuverlässigkeit und ein ausgeprägtes Pflichtbewusstsein verlangt.

Die Einhaltung dieser Werte und Tugenden, die der Qualität und Bedeutung der Vermittlungstätigkeit entsprechen, bleibt für den Vermittler nicht ohne positive Auswirkungen. Im Verhältnis nach außen wird er Akzeptanz, Kundentreue, Kundenbindung, Folgegeschäfte und Weiterempfehlungen erfahren, im Verhältnis nach innen, zu sich selbst Sicherheit und Souveränität, die seiner Tätigkeit unmittelbar zu Gute kommen und zu deren Erfolg maßgeblich beitragen.

Bei der Ausbildung und Schulung sollten die Vertriebsunternehmen gerade bei den Führungsebenen nicht nur auf die Heranbildung von Funktionseliten, sondern von Verantwortungseliten hinwirken.

Dieses Berufs- und Verantwortungsethos bedeutet keinesfalls den Verzicht auf ein völlig legitimes Gewinnstreben, sondern die Ausübung der Tätigkeit in einer sittlichen Haltung, die der Würde des Kunden und der eigenen Verantwortung gerecht wird und bereits kurzfristig auch den wirtschaftlichen Erfolg sichert, zumal die Achtung und Beachtung des Kunden und seiner Interessen die Selbstachtung des Beraters festigt.

§ 5 Instrumente der Schadensverhütung und Haftungsvermeidung

Erfüllen der Anlageberater und Versicherungsvermittler ihre Erkundigungs-, Aufklärungs-, Warn- und Beratungspflichten, so kommt eine Haftung nicht in Betracht, da diese stets einen Pflichtenverstoß voraussetzt. Eine Haftung ohne Pflichtverletzung ist aus Rechtsgründen ausgeschlossen.

Unabhängig davon werden aber auch Schäden seltener auftreten, da bei Erfüllung aller Pflichten sämtliche Schäden entfallen, die auf einer nicht anleger- oder anlagegerechten Beratung beruhen.

Es werden mithin nicht nur Schadenersatzansprüche, sondern weitgehend auch **Schäden vermieden.** Soweit noch Vermögensschäden entstehen, treten diese in Folge einer in Kenntnis aller Risiken und der möglichen Vermögenseinbuße selbst verantworteten Entscheidung des Anlegers ein, die nicht auf den Berater übergewälzt werden können, vielmehr in der **Risikosphäre des Anlegers** verbleiben.

Nachfolgend werden die wesentlichen Instrumente der Schadens- und Haftungsvermeidung im Einzelnen dargestellt:

I. Know how

Jedes Instrument der Schadensverhütung wird sich als wertlos und unergiebig erweisen, solange Vermittler und Berater nicht zunächst bereit sind, die ihnen zugewiesenen Pflichten im Einzelnen kennen zu lernen, sich mit diesen vertraut zu machen und sie bei der Beratungstätigkeit zu beachten. **Neue Entwicklungen** in der Gesetzgebung und Rechtsprechung verlangen eine Aktualisierung dieses Wissensstandes und gegebenenfalls auch eine Anpassung der Handlungsweisen.

II. Beratungsprotokolle

Der Anlageberater sollte jede Beratung, die in eine Anlageempfehlung und Anlageentscheidung einmündet, sorgsam dokumentieren. Ein solches Beratungsprotokoll hat die Funktion der eigenen Verifizierung der Vollständigkeit der Recherchen und Aufklärungen und dient zugleich als **Beweismittel** für die Erfüllung dieser Pflichten. Das Beratungsprotokoll ist für alle Finanzdienstleister, auch wenn sie es teilweise noch als Belastung missverstehen, das unentbehrliche **Beweissicherungsinstru-**

ment, ohne dass die im Streitfall notwendigen Beweise nicht erbracht werden können, zumal die Beratungstermine auf Seiten der Kunden häufig durch mehrere Personen wahrgenommen werden, die im Prozess als Zeugen der klagenden Partei angeführt werden. Ein gut gestaltetes Beratungsprotokoll ist jedoch in der Lage, auch derartige Zeugenaussagen zu entkräften.

Urteil des LG Osnabrück vom 23.3.2004 – Az: 7 O 1411/03

Das Gericht hat hier die Klage nach folgenden Erwägungen abgewiesen:

„Der Zeuge B., der Ehemann der Klägerin, hat zwar in seiner Vernehmung bestätigt, dass die Klägerin nicht über die Risiken und die Funktionsweise des Metzlerfonds aufgeklärt worden sei. Es habe lediglich ein kurzes Gespräch über den Fonds gegeben. Man habe den Beratern mitgeteilt, dass in Kürze ein Hausbau anstand, weshalb das angelegte Geld kurzfristig verfügbar sein sollte. Die Anlage sollte auf Sicherheit angelegt sein ...

Dem steht jedoch das vorliegende Beratungsprotokoll entgegen. Dieses ist vom Zeugen B. unterschrieben worden. In diesem Protokoll war das Anlageziel mit 5 Jahren und mehr definiert. Als Risikoklasse wurde 3, also eine mittlere Risikoklasse gewählt. Auf der Rückseite des Protokolls waren ausführliche Hinweise zu Wertpapieranlagen abgedruckt. Der Zeuge B. hat ausgesagt, dieses Protokoll überflogen zu haben, wobei er allerdings die Rückseite mit den Risikohinweisen nicht gelesen haben will. Der Zeuge hatte also zumindest Kenntnis von der Vorderseite des Beratungsprotokolls. Dies steht im Widerspruch zu seiner Aussage. Denn ihm hätte beim Durchlesen auffallen müssen, dass die vorgegebene Anlagedauer und das Anlageziel nicht mit den Vorstellungen der Klägerin übereinstimmten. Auch wird im Beratungsprotokoll der Erhalt eines Fondsprospekts bestätigt, was die Klägerin nach Angaben des Zeugen B. nicht erhalten hat."

Will der Berater die Vorteile des Beratungsprotokolls zur Geltung bringen, so hat dieses folgenden Mindestinhalt:

- **Angaben über die Dauer des Gesprächs und die Teilnehmer**
  Die Fixierung dieser Verhältnisse sichert den Berater gegen die nicht seltene Behauptung, er sei in dem kurzen und schnell zu Ende geführten Antragsgespräch überrumpelt worden. Die Feststellung der Teilnehmer beugt der Einführung von Zeugen vor, die an der Besprechung nicht zugegen waren und aus eigener Kenntnis tatsächlich nichts bezeugen können.

- **Erfassung der Angaben, wie auf S. 25 ff. dargestellt**
  Sind diese Daten und die Angaben zu den wirtschaftlichen und finanziellen Verhältnissen bereits gesondert erfasst, kann auf die Erhebung im Protokoll verwiesen werden. Der Kunde muss allerdings befragt werden, ob zwischenzeitlich Änderungen eingetreten sind. Wenn Änderungen vorliegen, sind diese zu dokumentieren.

Hinweis: Liegt die letzte vollständige Erhebung bereits **länger als zwei Jahre** zurück, so sollte diese vom Berater neu aufgenommen werden. Die Rechtsprechung hat sich zwar noch nicht auf exakte Befragungs-Intervalle festgelegt. Aus Vorsichtsgründen sollte allerdings die Erhebung nicht mehr als zwei Jahre zurückliegen, zumal in diesem Zeitraum nach der Lebenserfahrung gewichtige Veränderungen beispielsweise in den Einkommensverhältnissen oder auch in der Anlagestrategie eintreten können.

Urteil des LG Berlin vom 23. 1. 2004 – Az: 35 O 371/02
Das Gericht sah hier aus folgenden Gründen eine Pflichtverletzung der beratenden Bank als begründet an:
„Denn unabhängig hiervon hat die Beklagte ihre Beratungspflichten auf jeden Fall in dem Zeitpunkt verletzt, in welchem sich die finanzielle Situation der Klägerin und des Zeugen durch dessen Verkauf des Unternehmens, über welche der Zeuge (Mitarbeiter der Bank) nach seinem Bekunden informiert war, grundlegend änderte. Spätestens zu diesem Zeitpunkt, in welchem klar war, dass keine regelmäßigen neuen Einnahmen für die Eheleute mehr zur Verfügung standen und der Lebensunterhalt für die nächsten Jahrzehnte aus dem vorhandenen Kapital bestritten werden sollte, hätte die Beklagte den Klägern von der Fortsetzung der streitgegenständlichen Termingeschäfte entweder gänzlich abgeraten oder auf das hiermit verbundene Risiko in Hinblick auf die nunmehr geänderte finanzielle Situation nochmals gesondert hinweisen müssen, da eine solche aufgrund der damit verbundenen Extremfallrisiken keine adäquate Anlageform mehr darstellte. Insoweit kommt es in Hinblick auf die zwischen den Parteien streitigen Vorkenntnisse bezüglich Termingeschäften seitens der Eheleute zu Beginn der Geschäftsbeziehungen nicht an. Denn die beratende Bank ist in jedem Fall dann zu einer erneuten, umfassenden Beratung verpflichtet, wenn sich die Vermögensverhältnisse und damit die Anlageziele der Anleger im Laufe der geschäftlichen Beziehung grundlegend ändern."

- Anlageziele und Anlagezeitraum sind vom Kunden anzugeben, wobei im Beratungsprotokoll die typischen Konstellationen standardmäßig vorgesehen sein können. Die Dokumentation sollte allerdings individuelle Antworten außerhalb der vorgegebenen Klassifizierungen ermöglichen.
- Es ist wichtig, dass innerhalb der persönlichen Verhältnisse Ausbildung, Beruf und Berufsperspektive erfasst werden, da diese für die Kenntnisse und Kenntnismöglichkeiten des Kunden ergiebig sind. Geeignete Aufschlüsse liefern insoweit auch die Angaben über die Nutzung näher bestimmter Informationsquellen.

  Die Erfahrungen werden durch die Wiedergabe der in der Vergangenheit getätigten Kapitalanlagen dokumentiert. Diese Angaben sind für den Berater aussagekräftig und verwertbar, wenn sie möglichst viele Informationen bündeln, so zum Zeitpunkt und Zeitraum der einzelnen Kapitalanlage, zur Höhe des Engagements und zum konkreten Anlagetyp. Es ist auch hilfreich, wenn das Beratungsprotokoll eine individuelle Beurteilung der Anlage durch den Kunden vorsieht, da gerade diese Bewertung des Kunden das Ausmaß seiner Kenntnisse und Erfahrungen belegt und auch die Anlageziele offenbart.
- Zur Feststellung des Ausmaßes der Risikobereitschaft können durchaus die üblichen Risikoklassen verwendet werden, wobei auch individuellen Beschreibungen des Anlegers zu seinem Risikoprofil Raum gegeben werden sollte. Es empfiehlt sich im Übrigen, innerhalb des Protokolls auf die Risikohinweise im Verkaufsprospekt unter Benennung der dort einschlägigen Seiten zu verweisen. Besondere Risikohinweise sind wegen der zusätzlichen Gefahren bei einer Fremdfinanzierung notwendig (vgl. S. 40).

Hinweis: Zu warnen ist vor der gelegentlichen Praxis, die Klassifizierung des Kunden dem Vertriebsinteresse unterzuordnen und den Kunden zum Zwecke der Anpassung an das Risikoprofil des Produktes zur Bestätigung einer überhöhten, in Wahrheit nicht gegebenen Risikoneigung zu veranlassen. Der Kunde wird manipuliert; sein tatsächliches Interesse zurückgedrängt. Im Streitfall wird sich diese Irreführung entlarven.

Urteil des LG Dortmund vom 26. 8. 2004 – Az: 2 O 135/03

„Es fehlt an einer anlegergerechten Beratung. Für die Kammer steht nach Beweisaufnahme fest, dass es bereits an einer hinreichenden Exploration durch den Zeugen M. bei den Beratungsgesprächen fehlte. Die Kammer sieht die Behauptung der Beklagten, der Zeuge M. sei das Formular „Angaben nach § 31 Abs. 2 WpHG“ mit der Klägerin im Einzelnen durchgegangen, die sich aus den Ankreuzungen dort ergebenen Sachverhalte seien zutreffend wiedergegeben, als widerlegt an. Der Zeuge M. hat bei seiner Vernehmung eröffnet, die Fragestellung „Mit welchen Anlageformen haben sie bisher Erfahrungen gesammelt" sei bei dem Gespräch nicht umgesetzt worden. Der Zeuge erklärte dies damit, dass das Formular der EDV-Dokumentation diene, um festzustellen, welche Anlagen der Kunde tätigen dürfte. Damit wird offenbar, dass der Zeuge die Ausfüllung des Formulars als bloße Formalie ansah und den Inhalt der Fragen zu übergehen bereit war... Dass der Zeuge die anderen Fragen dem Gesprächsverlauf entsprechend ankreuzte, kann nach der nicht seriösen Ausfüllung der Frage nach den bisherigen Erfahrungen mit Anlageformen nicht angenommen werden... Eine hinreichende Exploration, welche nach dem Ergebnis der Beweisaufnahme nicht erfolgte, hätte zu dem Ergebnis führen müssen, dass die Klägerin im hohen Maße aufklärungsbedürftig war."

Im **Anhang** sind Muster von Beratungsprotokollen – bezogen zum einen auf einen komplexen Schiffsfonds und zum anderen auf einen Investmentfonds – abgedruckt, anhand deren die Umsetzungen der hier erteilten Ratschläge nachvollzogen werden können.

- Die Versicherungsvermittler werden in Zukunft nach der bereits im Entwurf ausgearbeiteten neuen Vorschrift des § 42c VVG die Gründe für jeden zu einer bestimmten Versicherung erteilten Rat und diesen unter Berücksichtigung der Komplexität des angebotenen Versicherungsvertrages dokumentieren müssen.

  Wegen der nach dem neuen Vermittlerrecht erweiterten Haftungspotentiale (vgl. S. 48 ff.) sollte der Versicherungsvermittler die notwendige Dokumentation nicht auf die Begründung des erteilten Versicherungsrates beschränken. Die höchste Haftungsgefahr besteht darin, objektive Bedürfnisse des Kunden nicht zu erfassen und wesentliche **Versicherungslücken** nicht zu schließen. In diesem Falle haftet der Vermittler im Ausmaße wie ein Versicherer. Das Protokoll sollte deshalb die Erfassung der Wünsche und Bedürfnisse und auch des Versicherungsbestandes wiedergeben.

  Eine ausführliche, auf Haftungsabwehr ausgerichtete Muster-Dokumentation ist als Anlage IV beigelegt. Sie ist ergänzt worden um beispielhafte Begründungen erteilungsbedürftigen Versicherungsrates auch für schwierige Konstellationen.

Viele Versicherungsvermittler werden sich auch in Zukunft lediglich einer bestimmten Bedarfssituation beim Kunden/Interessenten – etwa zur betrieblichen Altersversorgung – zuwenden, ohne die gesamte Bedarfslage analysieren und eindecken zu wollen. Diese völlig legitime, punktuell auf ein Kernthema konzentrierte Beratung bedeutet aus der Sicht des Kunden und nach dem Verständnis der neuen Vorschriften im VVG einen **teilweisen Verzicht** des Kunden auf die grundsätzlich geschuldete umfassende Beratung und deren Dokumentation. Dieser Verzicht verlangt zur Wirksamkeit die Einhaltung näher bestimmter und derzeit inhaltlich noch umstrittener Formalia und Materialia.

Ausgerichtet an den Erfordernissen gemäß dem Diskussionspapier des Bundesministerium für Wirtschaft und Arbeit aus August 2004 ist als Anhang ein Revers abgedruckt, mit dem der Kunde wirksam auf eine weitergehende Beratung und Dokumentation verzichtet.

III. Kundendatei

Der Berater sollte für jeden Kunden eine Datei anlegen, in die auch dessen Stammdaten Eingang nehmen. Diese Datei bietet im Streitfall eine außerordentlich wertvolle Hilfe. Auch wenn diese Aufzeichnungen keine Unterschrift des Kunden tragen und deshalb keinen unmittelbaren Beweiswert nach §§ 284ff. ZPO haben, **indizieren** sie doch die zutreffende Wiedergabe der Beratung. In dieser Datei sollten neben den Stammdaten des Kunden und den einzelnen Terminen sowie deren Dauer vor allem die Hinweise, Warnungen und Ratschläge des Beraters vermerkt werden, außerdem Äußerungen des Kunden insbesondere zu seinen Vorerfahrungen, seiner Risikobereitschaft und Risikofähigkeit.

Will der Kunde **von Ratschlägen des Beraters abweichen,** sollte die entgegenstehende Empfehlung in der Datei fixiert werden, so etwa bei einer vom Berater nicht empfohlenen oder sogar abgeratenen Fremdfinanzierung.

Besondere Funktion hat die Kundendatei für fernmündliche Unterredungen. Gegenstand dieser Telefonate sind vielfach wichtige Hinweise des Beraters, die naturgemäß nicht in das Beratungsprotokoll aufgenommen werden können, aber in der Kundendatei vermerkt werden sollten.

Die Aufzeichnungen sollten die Unterschrift – mindestens ein Kürzel – des Beraters und das Datum der Eintragung ausweisen, damit auch die zeitliche Nähe zwischen dem Gespräch und der Eintragung belegt werden kann. Diese Angaben erhöhen die Glaubhaftigkeit der Aufzeichnungen des Beraters.

Eine zeitnah und fortlaufend geführte Datei mit Hinweisen, Warnungen und Empfehlungen und deren Begründung hat im Streitfall eine oft unterschätzte Wirkung. Gewinnt das Gericht den Eindruck, dass diese Datei tatsachengerecht ausgestaltet worden ist, ist es durchaus geneigt, die Gesprächsvermerke als richtige Wiedergabe der damaligen Gespräche zu Grunde zu legen.

IV. Organisatorische Vorkehrungen

Die professionelle Abwendung von Haftungsgefahren verlangt eine Strukturierung und Systematisierung sämtlicher vorbeugenden Maßnahmen. Dieses Erfordernis gilt sowohl für einzelne Vermittler und Berater als auch für Vertriebsunternehmen.

Die Schadenverhütung und Haftungsvermeidung verlangen mithin organisatorische Vorkehrungen im jeweiligen Betrieb. Die einzelnen Maßnahmen sind in einer Übersicht (vgl. Anlage II) – differenziert für einzelne Berater und Vertriebsunternehmen – zusammengestellt worden und sollen Überblick und Kontrolle ermöglichen.

In Konsequenz der bevorstehenden Umsetzung der EU-Richtlinien innerhalb des „Aktionsplans Finanzdienstleistungen" werden dabei zunächst der **Ausbildung,** der Verwendung von **Beratungsdokumentationen** und der **Berufshaftpflichtversicherung** besondere Bedeutung zukommen.

V. Checklisten

Um den Finanzdienstleister eine überblickhafte Kontrolle zu ermöglichen, ob seine Tätigkeit nach Inhalt und Methode auf Schadenverhütung und Haftungsvermeidung ausgerichtet sind, wurden zwei Checklisten entwickelt (vgl. Anhänge VIII. und XI.).

Es wurden dabei gezielt zwei unterschiedliche **Kontroll-Instrumente** entwickelt, und zwar zum einen (Checkliste 1) aus der Sicht des Vermittlers/Beraters und zum anderen (Checkliste 2) aus der Sicht des Anlegers. Diese Kombination soll zu einer **Optimierung** der Kontrollmechanismen führen. Der Anwender soll damit die Gelegenheit haben, seine Tätigkeit auch im Lichte des Anlegers zu beobachten und zu überprüfen.

Im Einzelnen kann er anhand der Checkliste I seine **Tätigkeit** und anhand der Checkliste II sein **Verhalten** überprüfen. Die Ergebnisse erlauben eine Einschätzung der **Haftungsresistenz** der von ihm praktizierten Vermittlungs- und/oder Beratungstätigkeit.

§ 6 Schutzklauseln im Vertrag

I. Haftungsfreistellung

Anlageberater und Anlagevermittler müssen häufig gegenüber ihren Mandanten für Schäden einstehen, die maßgeblich der Produktgeber zu verantworten hat – so beispielsweise bei einer unvollständigen und/oder fehlerhaften Darstellung der Risiken im Prospekt. Um einen sach- und interessegerechten **Ausgleich im Innenverhältnis** zwischen dem Produktanbieter und dem Vermittler herzustellen, bietet sich eine Freistellungsregelung im Vertrag dieser Parteien an. Mit dieser Abrede wird vereinbart, dass der Produktgeber den Vermittlern von allen Ansprüchen freizuhalten hat, die auf Mängeln des Produktes oder des Prospektes beruhen. Eine weitergehende Haftungsfreistellung wäre dem Anbieter nicht zuzumuten, da allein dem Vermittler die Erfüllung der Erkundigungs-, Aufklärungs- und Warnpflichten obliegt, dieser ausschließlich die vertragsvorbereitenden Gespräche führt und diesen Kontakt zum Kunden herstellt und unterhält.

Mit dieser Haftungsfreistellung wird eine **gerechte Lastenverteilung** erreicht, da im Innenverhältnis jede Partei die Folgen des eigenen, ihr zugewiesenen Handelns trägt. Jede Partei verantwortet damit ihre eigene Handlungs- und Verantwortungssphäre.

Im Vertrag sollte die Haftungsfreistellung mit einer Regelung verbunden werden, die eine angemessene Einflussnahme des Produktgebers auf die Prozessführung des Vermittlers in einem Rechtsstreit mit einem Anleger sicherstellt (z.B. Streitverkündung, gemeinsame Auswahl des Prozessbevollmächtigten). Die Bedeutung dieser Haftungsfreistellung wird auch nicht durch das neue Anlegerschutzverbesserungsgesetz gemindert, da die Aufsicht lediglich die Vollständigkeit des Prospektes, nicht aber dessen Richtigkeit prüft.

Im Anhang X. ist ein Regelungsbeispiel zu einer partiellen Haftungsfreistellung wiedergegeben.

Es kann auch im Vertrag zwischen dem Anbieter und dem Kunden die Haftung des Beraters für Teilbereiche ausgeschlossen und beschränkt werden, wobei allerdings zu beachten ist, dass insoweit eine überraschende Klausel keine Wirksamkeit entfalten.

II. Schadensminderung

Vermittler und Vertriebe sollten zu ihrem Schutz darauf hinwirken, dass bereits in dem Vermittlungsvertrag mit dem Produktanbieter festgelegt wird, dass dieser sich bei einer negativen Entwicklung des Anlageobjekts oder der Beitrittsgesellschaft **(Krise/Schieflage)** zu bestimmten werterhaltenden Maßnahmen verpflichtet. Wichtig sind insbesondere rechtzeitige und vollständige Informationen des Vertriebs über Unregelmäßigkeiten oder signifikante Prognose-Abweichungen, die Einrichtung einer Task-Force sowie Hot-Line. Weitere Maßnahmen können je nach der Struktur des Anlageobjekts bereits in diesem Vertrag grundsätzlich bestimmt werden.

§ 7 Berufshaftpflichtversicherung

Ein verantwortungsbewusster Berater oder Vermittler und allemal eine Vertriebsorganisation werden gegen die Inanspruchnahme aus Beratungsfehlern über eine Vermögensschaden-Haftpflichtversicherung angemessen versichert sein.

Dieser Hinweis steht nicht im Widerspruch zu dem Wert und der Bedeutung des mit diesem Buch angebotenen Regelwerks. Gerade bei einer breit angelegten Tätigkeit kann ein einzelnes Versehen, eine singuläre Fehlleistung nicht vollständig ausgeschlossen werden. Soweit das Vertriebsunternehmen oder der einzelne Berater auch Erfüllungsgehilfen mit Aufgaben betrauen, bleibt auch bei deren Verpflichtung auf regelgerechte Beratungen das Risiko bestehen, dass diese Hinweise und Weisungen des Hauptvermittlers abweichen und nicht die vorgegebene Beratungsqualität erfüllen. Bereits aus diesen Gründen erscheint eine angemessene Vermögensschaden-Haftpflichtversicherung, in die die Kooperationspartner einbezogen werden sollten, unentbehrlich.

Es ist dabei zu beachten, dass die **Umsetzung der EU-Versicherungsvermittler-Richtlinie** in deutsches Recht, die im Jahre 2005 vollzogen wird, bereits für die Tätigkeit der Versicherungsvermittlung den Nachweis einer Berufshaftpflichtversicherung mit Deckungssummen von mindestens € 1 Million für jeden einzelnen Versicherungsfall und € 1,5 Millionen für die Versicherungsfälle eines Jahres verlangt. Untervermittler sind mindestens mit diesen Deckungssummen in die Versicherungsverträge einzubeziehen.

Die bereits vorbereiteten Richtlinien, mit denen auch der Vertrieb von Investmentfonds und letztlich die gesamte Anlagevermittlung und Anlageberatung reguliert werden wird, verlangen gleichfalls den Nachweis ausreichender Berufshaftpflichtversicherungen. Im Hinblick auf den durch die Versicherungsvermittler-Richtlinie ausgelösten Nachfragedruck ist den Finanzdienstleistern und Vertriebsunternehmen dringend zu empfehlen,

- möglichst rechtzeitig eine der künftigen Gesetzeslage entsprechende Berufs-Haftpflichtversicherung herbeizuführen oder
- eine bestehende Versicherung diesen Konditionen anzupassen.

Es sollte dabei eine Nachhaftung von mindestens drei Jahren vereinbart werden, da eine entsprechende gesetzliche Regelung zu erwarten ist.

§ 8 Individualvertrag

Anders als im sonstigen Geschäfts- und Rechtsleben werden nahezu sämtliche Auskunfts- und Beratungsverträge völlig formlos und zumeist lediglich **stillschweigend** abgeschlossen. Die Vermittler und Berater verzichten entgegen üblicher Praxis auf einen schriftlichen Vertrag, obschon selbst eine kurz gehaltene schriftliche Vereinbarung dem Finanzdienstleister wesentliche Vorteile eintragen könnte.

In Streitigkeiten haben die Gerichte oft durch Auslegung der Erklärungen zu ermitteln, welchen Status der Finanzdienstleister hatte und welcher genaue Auftrag der Tätigkeit des Beraters zu Grunde lag. Diese Lücken werden häufig zu Lasten des Beraters geschlossen, zumal einzelne Abreden, die für ihn durchaus günstig wären, im Streitfall regelmäßig nicht bewiesen werden können. Haben sich die Parteien beispielsweise mündlich darauf verständigt, dass ausschließlich Produkte inländischer Anbieter in die Auswahl einbezogen werden sollen, so wird im Streitfall diese Abrede nur schwerlich beweisbar sein.

Es bietet sich deshalb an – und erscheint auch durchsetzbar –, mindestens in Einzelfällen den ohnehin zu Stande kommenden Auskunfts- oder Beratungsvertrag schriftlich auszufertigen. Allein über eine individuelle Vereinbarung besteht auch die Möglichkeit einer teilweisen **Haftungsbeschränkung.** Während auf der Grundlage Allgemeiner Geschäftsbedingungen weder die Haftung für grob fahrlässige noch einfach fahrlässige Pflichtverstöße ausgeschlossen oder beschränkt werden kann, ermöglicht die Individualvereinbarung einen Haftungsausschluss für mit einfacher Fahrlässigkeit begangene Pflichtverletzungen und eine Haftungsbeschränkung im Falle grober Fahrlässigkeit.

Auch die **Verjährungsfrist** (vgl. S. 70) kann wirksam über einen Individualvertrag verkürzt werden, soweit diese Frist für beide Parteien gleichmäßig ausgestaltet wird.

Innerhalb der Haftungsbeschränkungen bestehen unterschiedliche Gestaltungsvarianten, allerdings ausschließlich auf der Grundlage individuell ausgehandelter Vereinbarungen. Im **Anhang** ist ein **beispielhafter Individualvertrag als Anlage XI.** beigefügt. Es ist allerdings ausdrücklich davor zu warnen, diesen im Einzelfall zu übernehmen. Es soll lediglich beispielhaft ein Gestaltungsmodell vorgestellt werden. Ein tatsächlich in der Praxis verwendeter Vertrag bedarf in jedem Falle der Anpassung an die konkreten Gegebenheiten. Es bedarf auch geeigneter Vorkehrungen, um die Qualität der Individualvereinbarung zu wahren und der Gefahr zu begegnen, dass diese die Qualität Allgemeiner Geschäftsbedingungen erlangen.

Anhang

I. Beratungsdokumentation – Investmentfonds

1. Angaben zum Gespräch

☐ Erstberatung ☐ Folgeberatung

Gesprächsort: ______________ Datum: ______________ Uhrzeit (von/bis) ____________

Gesprächsteilnehmer: ____

2. Persönliche Angaben (Kunde)

Name, Vorname: ______________________	Adresse: ______________________
Beruf: ______________________ Berufsaussichten: ______________________	Ausbildung: ______________________

Geb.-Datum: _______	Familienstand: ______	Güterstand: ________	Zahl/Alter d.Kinder: ____

Die finanziellen Verhältnisse (Einkünfte, Belastungen und Vermögen) sowie die Grundabsicherungen wurden in einer Besprechung/Analyse am ______________ vollständig aufgenommen.

☐ Der Kunde erklärt, dass zwischenzeitlich keine Veränderungen eingetreten sind, und er damit einverstanden ist, dass der Beratung der o. a. Status zugrunde gelegt wird.

☐ Der Kunde weist auf folgende zwischenzeitliche Änderungen hin:

____

____

____

3. Anlageziele

☐ Liquiditätsvorsorge
☐ Altersvorsorge/Familienvorsorge
☐ Vermögensaufbau
☐ Teilnahme an Marktchancen
☐ Spekulation
☐ Risikostreuung
☐ Sonstiges: ____

4. Kenntnisse und Erfahrungen des Kunden

Welche Kapitalanlagen wurden in welchem Umfang seit wievielen Jahren getätigt:

Typ:	Betrag:	seit:
Fest- und Termingelder:		
Lebensversicherungen:		
Bausparverträge:		

Immobilien:		
Aktien:		
Anleihen:		
Investmentfonds:		
eschlossene Fonds:		
– Immobilien		
– Schiffe		
– Medien		
– Private Equity		
– Windkraft		
– sonstige Fonds		
Andere Kapitalanlagen:		

z. Zt. Sind noch folgende Kapitalanlagen im Bestand (Nominalwert)

____

____

____

Der Kunde informiert sich regelmäßig in folgenden Medien über Kapitalanlagen:

☐ Wirtschaftsteil der Tageszeitung
☐ Fachpresse
☐ TV-Berichterstattung
☐ Internet
☐ Mitgliedschaft im Aktienclub
☐ Sonstige ________________________________

5. Anlagehorizont und Risikobereitschaft

Risikokl. WP	**1 Sicherheit**	**2 Ertrag**	**3 Wachstum**	**4 Risikobereit**
Kunden-ziele	Sichere Anlage Sehr geringe Rendite	Höhere Zinserträge mögliche kleine Kursgewinne	Wachstumserwartung oberhalb von Zinserträgen; Wachstum überwiegend aus Aktien	Überdurchschnittlich hohe Wachstumserwartung; Vermögenszuwachs aus Kurssteigerungen
mögliche Risiken	Geringes Risiko	Kurzfristige Risiken aus Zinsschwankungen	Kurs- und Kapitalrisiken aus Aktienanlagen	Hohe Verlustrisiken starke Kursschwankungen
Dauer bis 18 Monate		*auf Grund der kurzen Anlagedauer sollte in*		
Dauer 18 bis 36 Monate			*diese Risikoklassen keine*	
Dauer 3 bis 5 Jahre				*Anlage erfolgen*
Dauer 5 bis 10 Jahre				
Dauer mehr als 10 Jahre				

In die freien Felder ist der jeweils gewählte Investmentfonds mit dem Anlagebetrag einzufügen.

6. Unterlagen

☐ Dem Anleger wurden folgende Unterlagen der Investmentgesellschaft ausgehändigt:

a) dieses Beratungsprotokoll
b) Verkaufsprospekt nach Stand vom: ________________
c) eine Durchschrift des Antrags
d) der zuletzt veröffentlichte Jahresbericht/Halbjahresbericht
d) weitere Unterlagen: ____
____
____

7. Sonstige Bemerkungen

Der Anleger versichert, die obigen Angaben richtig, vollständig und nach bestem Wissen gemacht zu haben. Er wurde darauf hingewiesen, dass unrichtige Angaben den wirtschaftlichen Erfolg seiner Anlage beeinträchtigen oder sogar vereiteln können.

____________________	____________________
Ort/Datum	Unterschrift/Anleger

Empfangsbestätigung:

Der Anleger bestätigt, die unter Ziff. 6 genannten Unterlagen am ___________ erhalten zu haben:

____

Unterschrift/Anleger

II. Beratungsdokumentation – geschlossene Fonds

1. Angaben zum Gespräch

☐ Erstberatung ☐ Folgeberatung

Gesprächsort: ____________ Datum: ____________ Uhrzeit (von/bis) ____________

Gesprächsteilnehmer: ____

____

2. Persönliche Angaben (Anleger)

Name, Vorname: ____________	Adresse: ____________
Beruf: ____________	Ausbildung: ____________

☐ Selbstständiger ☐ Angestellter ☐ Beamter ☐ Sonstiges

Geb.-Datum: ____________	Familienstand: ____________	Güterstand: ____________	Zahl/Alter d.Kinder: ____________

3. Finanzielle Verhältnisse

Die finanziellen Verhältnisse unter Einschluss der Verbindlichkeiten wurden in einer Besprechung/Analyse am ________ vollständig aufgenommen.

Der Anleger erklärt, dass zwischenzeitlich keine Veränderungen eingetreten sind, und er damit einverstanden ist, dass der Beratung der o. a. Status zugrunde gelegt wird.

Der Anleger weist auf folgende zwischenzeitliche Änderungen hin:

____

____

____

4. Anlageziele

☐ Altersvorsorge/Familienvorsorge
☐ Vermögensaufbau
☐ Teilnahme an Marktchancen
☐ Risikostreuung
☐ Spekulation
☐ Sonstiges: ____

5. Kenntnisse und Erfahrungen des Kunden

Welche Kapitalanlagen wurden in welchem Umfang seit wievielen Jahren getätigt:

Typ:	Betrag:	seit:
Fest- und Termingelder:		
Lebensversicherungen:		
Immobilien:		
Aktien:		
Anleihen:		
Investmentfonds:		
geschlossene Fonds: (wenn ja, welche?		
Andere Kapitalanlagen:		

aktuell sind noch folgende Kapitalanlagen im Bestand:

____

____

____

Der Kunde informiert sich regelmäßig in folgenden Medien über Kapitalanlagen:

- ☐ Wirtschaftsteil der Tageszeitung
- ☐ Fachpresse
- ☐ TV-Berichterstattung
- ☐ Internet
- ☐ Mitgliedschaft im Aktienclub
- ☐ Sonstige:

____

(Mehrfachnennungen möglich)

6. Anlagehorizont und Risikobereitschaft

Der Kunde bewertet seine individuelle Risikobereitschaft:

- geringe Risikoneigung
- mittlere Risikoneigung
- hohe Risikoneigung
- ausgeprägte Risikobereitschaft mit spekulativer Neigung

Die Anlage ist auf einen Zeitraum ausgerichtet von:

- bis 5 Jahre
- bis 10 Jahre
- mehr als 10 Jahre

- Der Anleger versichert, die obigen Angaben richtig, vollständig und nach bestem Wissen gemacht zu haben. Er wurde darauf hingewiesen, dass unrichtige oder unvollständige Angaben den wirtschaftlichen Erfolg seiner Anlage beeinträchtigen oder sogar vereiteln können.

Hinweise des Vermittlers:

Der Vermittler weist darauf hin, dass es sich bei der Beteiligung an dem geschlossenen Fonds um eine chancen- aber auch risikoreiche längerfristige Investition handelt, die **nur für einen risikobereiten Anleger geeignet** ist. Die Kapitalanlage ist **nur für einen langfristig ausgerichteten Investor mit einem Anlagehorizont von mindestens zehn Jahren** geeignet, da eine vorzeitige Beendigung des Engagements – sofern überhaupt möglich – regelmäßig mit erheblichen Nachteilen verbunden ist.

Der Vermittler weist wegen weiterer Risiken und deren Details noch einmal ausdrücklich auf die Risikohinweise im Verkaufsprospekt _(Name des Fonds)_ Stand: __________, S.________ff. hin.

Der Vermittler rät von einer Fremdfinanzierung wegen der damit verbundenen spezifischen Risiken ab, insbesondere wegen des Fortbestandes der Zins- und Tilgungsverpflichtungen auch bei nichtplanmäßigem Verlauf der Kapitalanlage und wegen möglicher steuerlicher Nachteile.

Bestätigung:

Ich bestätige, dass ich die Risikohinweise im Verkaufsprospekt sorgfältig nachvollzogen und zur Kenntnis genommen habe und dass diese ergänzend vom Vermittler mir ausführlich mündlich erläutert wurden.

__________________________ __________________________

Ort, Datum Unterschrift des Anlegers

Bestätigung des Vermittlers:

Vorstehende Dokumentation entspricht den Angaben des Anlegers, die ich hier ohne jede Änderungen vermerkt habe. Der Anleger hat von mir den Verkaufsprospekt sowie diese Beratungsdokumentation erhalten.

__________________________ __________________________

Ort, Datum Unterschrift des Vermittlers

Empfangsbestätigung:

Der Anleger bestätigt, den Verkaufsprospekt __(Name des Fonds)__ nach dem Stand vom __________ in vollständiger Fassung am __________ erhalten zu haben.

__________________________ __________________________

Ort/Datum Unterschrift Anleger

III. Beratungsdokumentation – Schiffsbeteiligung

1. Angaben zum Gespräch

☐ Erstberatung ☐ Folgeberatung

Gesprächsort: ______________ Datum: ______________ Uhrzeit (von/bis) ____________

Gesprächsteilnehmer: ____

____

2. Persönliche Angaben (Anleger)

Name, Vorname: ____________________		Adresse: ____________________	
Beruf: ____________________		Ausbildung: ____________________	
Geb.-Datum: ____________	Familienstand: ____________	Güterstand: ____________	Zahl/Alter der Kinder: ____________

3. Finanzielle Verhältnisse/Grundabsicherung

Die finanziellen Verhältnisse unter Einschluss der Verbindlichkeiten wurden in einer Besprechung/Analyse am ______________ vollständig aufgenommen. Es wurde in diesem Zusammenhang auch die Grundabsicherung überprüft, in deren Zusammenhang ein weiterer Beratungsaufwand nicht entfaltet werden soll.

- Der Anleger erklärt, dass zwischenzeitlich keine Veränderungen eingetreten sind, und er damit einverstanden ist, dass der Beratung der o. a. Status zugrunde gelegt wird.

- Der Anleger weist auf folgende zwischenzeitliche Änderungen hin:

____

____

____

4. Anlageziele

☐ Altersvorsorge/Familienvorsorge

☐ Vermögensaufbau

☐ Teilnahme an Marktchancen

☐ Risikostreuung

☐ Spekulation

☐ Sonstiges: ____

5. Kenntnisse und Erfahrungen des Anlegern

Welche Kapitalanlagen wurden in welchem Umfang seit wievielen Jahren getätigt:

Typ:	Betrag:	seit:
Fest- und Termingelder:		
Lebensversicherungen:		
Immobilien:		
Aktien:		
Anleihen:		
Investmentfonds:		
Geschlossene Fonds:		
• Immobilien		
• Schiffe		
• Medien		
• Private Equity		
• Windkraft/Öko		
• Lebens- und		
• sonstige Fonds		
Andere Kapitalanlagen:		

Aktuell sind noch folgende Kapitalanlagen im Bestand:

____

____

____

Der Anleger informiert sich regelmäßig in folgenden Medien über Kapitalanlagen:

☐ Wirtschaftsteil der Tageszeitung
☐ Fachpresse
☐ TV-Berichterstattung
☐ Internet
☐ Mitgliedschaft im Aktienclub
☐ Sonstige: ____________________________

6. Risikobereitschaft und Anlagehorizont

Der Kunde bewertet seine individuelle Risikobereitschaft:

☐ geringe Risikoneigung
☐ mittlere Risikoneigung
☐ hohe Risikoneigung
☐ ausgeprägte Risikobereitschaft mit spekulativer Neigung

Die Anlage ist auf einen Zeitraum ausgerichtet von:

☐ bis 5 Jahre
☐ bis 10 Jahre
☐ mehr als 10 Jahre

Der Anleger versichert, die obigen Angaben richtig, vollständig und nach bestem Wissen gemacht zu haben. Er wurde darauf hingewiesen, dass unrichtige oder unvollständige Angaben den wirtschaftlichen Erfolg seiner Anlage beeinträchtigen oder sogar vereiteln können.

Hinweise des Vermittlers:

Bei der Beteiligung an einem Schiffsfonds handelt es sich um eine chancen- aber auch risikoreiche längerfristige Investition, die **nur geeignet** ist **für einen risikobereiten Anleger**, der in Höhe seines Engagements auch nach Maßgabe seiner Einkommens- und Vermögensstruktur einen Teil- oder Totalverlust wirtschaftlich hinnehmen kann.
Diese Kapitalanlage ist **nur für einen langfristig ausgerichteten Investor mit einem Anlagehorizont von mehr als zehn Jahren geeignet**, da eine vorzeitige Beendigung des Engagements – sofern überhaupt möglich – regelmäßig mit erheblichen Nachteilen verbunden ist. Die Beteiligung ist dementsprechend auch mit entsprechenden Liquiditätseinschränkungen verbunden.
Der Vermittler weist wegen weiterer Risiken und deren Details noch einmal ausdrücklich auf die Risikohinweise im Verkaufsprospekt des ______________________________ (Name des Fonds) auf Seiten ______ ff. hin.

Der Anleger wurde insbesondere auf folgende Risiken hingewiesen:

- Fertigstellungsrisiko
- Risiko der Schlecht- oder Mangellieferung
- Risiko unversicherter/nicht versicherbarer Schäden
- Risiko des Totalverlustes des Schiffes und der Einlage
- Risiko der Insolvenz der Schifffahrtsgesellschaft
- Platzierungs- und Rückabwicklungsrisiko
- Risiko der Fehlverwendung von Investorengeldern
- Zinsänderungsrisiko für Finanzierung
- Risiko des Wegfalls oder der Reduktion von Charterraten während der Festcharterperiode
- Risiko des Charterratenausfall nach Ablauf der Festcharterperiode
- Kostenüberschreitungsrisiko für Schiffsbetriebskosten
- Wechselkurs-/Währungsrisiko
- Risiko des Unterschreitens des prospektierten Veräußerungserlöses des Schiffes bei Veräußerung
- Risiko der Änderung rechtlicher und/oder steuerlicher Rahmenbedingungen
- Schlüsselpersonenrisiko/ Wegfall von Entscheidungsträgern/Risiko des Missmanagements und von Missbrauchsfällen
- Majorisierung der Kommanditisten
- Risiko der mangelnden Fungibilität
- Risiko des Wiederauflebens der Haftung des Kommanditisten, soweit Ausschüttungen zur Rückzahlung der Einlagen führen
- Steigerung der Risikopotentiale bei Zusammentreffen mehrerer Risiken

Der Vermittler rät von einer Fremdfinanzierung wegen der damit verbundenen spezifischen Risiken ab, insbesondere wegen des Fortbestandes der Zins- und Tilgungsverpflichtungen auch bei nicht planmäßigem Verlauf der Kapitalanlage.

Bestätigung:
Ich bestätige, dass ich die Risikohinweise im Verkaufsprospekt sorgfältig nachvollzogen und zur Kenntnis genommen habe und dass diese ergänzend vom Vermittler mir ausführlich mündlich erläutert wurden.

______________________	______________________
Ort/Datum	Unterschrift/Anleger

Bestätigung des Vermittlers:
Vorstehende Dokumentation entspricht den Angaben des Anlegers, die ich hier ohne jede Änderungen vermerkt habe. Der Anleger hat von mir den Verkaufsprospekt sowie diese Beratungsdokumentation erhalten.

____
Unterschrift/Vermittler

Empfangsbestätigung:
Der Anleger bestätigt, den Verkaufsprospekt nach dem Stand vom ________ in vollständiger Fassung am ______________ erhalten zu haben.

______________________	______________________
Ort/Datum	Unterschrift Anleger

IV. Erhebung von Kundendaten Versicherungsvermittlung (Mehrfachagent) Privatkunde

1. Angaben zum Gespräch

☐ Neukunde ☐ Bestandskunde Uhrzeit (von/bis) ______________

Gesprächsteilnehmer:

☐ Erstberatung

Gesprächsort:

2. Angaben zur Person

Kunde (1)		Ehe-/Lebenspartner (2)	
Name:		Name:	
Vorname :		Vorname:	
Geburtsdatum:		Geburtsdatum	
Adresse:		Adresse:	
Familienstand:		Familienstand:	
Anzahl/Alter der Kinder:		Anzahl/Alter der Kinder:	
Ausgeübter Beruf:		Ausgeübter Beruf:	
Ausbildung/Abschlüsse		Ausbildung/Abschlüsse	
☐ selbstständig ☐ in Ausbildung	☐ Angestellte/r ☐ Beamter/öffentlicher Dienst	☐ selbstständig ☐ in Ausbildung	☐ Angestellte/r ☐ Beamter/öffentlicher Dienst
Telefon priv.: gesch.:		Telefon priv.: gesch.:	
Telefax:		Telefax:	
E-Mail			

3. Wünsche und Bedürfnisse des Kunden:	Ehe-/Lebenspartners:
☐ Todesfallschutz (Absicherung Hinterbliebener)	☐ Todesfallschutz (Absicherung Hinterbliebener)
☐ Absicherung Hausrat	☐ Absicherung Hausrat
☐ Absicherung sonstiger Vermögenswerte (Immobilien, Schmuck, Sportgeräte)	☐ Absicherung sonstiger Vermögenswerte (Immobilien, Schmuck, Sportgeräte)
☐ Absicherung allgemeiner Haftpflichtrisiken	☐ Absicherung allgemeiner Haftpflichtrisiken
☐ Private Altersversorgung	☐ Private Altersversorgung
☐ Zusatz-Rente	☐ Zusatz-Rente
☐ Vorsorge für Rechtsstreitigkeiten	☐ Vorsorge für Rechtsstreitigkeiten
☐ Absicherung der Arbeitskraft	☐ Absicherung der Arbeitskraft
☐ Schutz gegen Krankheitskosten	☐ Schutz gegen Krankheitskosten
☐ Schutz gegen unfallbedingte Invalidität	☐ Schutz gegen unfallbedingte Invalidität
☐ Absicherung Kredit (Realschuld)	☐ Absicherung Kredit (Realschuld)
☐ Immobilienerwerb	☐ Immobilienerwerb
☐ Firmengründung	☐ Firmengründung
☐ Aausbau	☐ Hausbau
☐ KFZ/Teil- und Vollkasko	☐ KFZ/Teil- und Vollkasko
☐ sonstige, nicht genannte Wünsche und Bedürfnisse:	☐ sonstige, nicht genannte Wünsche und Bedürfnisse:
Mehrfachnennungen sind möglich	

4. Versicherungsbestand des Kunden (1) / Ehe-/Lebenspartners (2)

Versicherungssparte:	**Vorhanden:**						
	1	**2**	**Gesellschaft**	**Beginn**	**Ablauf**	**Summe**	**Jahres-beitrag**
Private Haftpflichtversicherung:	☐	☐					
Unfallversicherung / UBR:	☐	☐					
Unfall-Rente:							
Lebensversicherung in Form:							
Risikoleben:	☐	☐					
Kapitalleben:	☐	☐					
Fondspolice:	☐	☐					
BU:	☐	☐					
Dread Disease:	☐	☐					
Ausbildungs-versicherung:	☐	☐					
Private Rentenversicherung:	☐	☐					
Pensionskasse/Unterstützungs-kasse/Direktversicherung/ rückgedeckte Pensionszusage/ Pensionsfonds:	☐	☐					
Hausratversicherung:	☐	☐					
Rechtsschutzversicherung:	☐	☐					
KFZ-Haftpflichtversicherung:	☐	☐					
KFZ-Kaskoversicherung:	☐	☐					
Feuerversicherung:	☐	☐					
Wohngebäudeversicherung:	☐	☐					
Einbruchdiebstahlversicherung:	☐	☐					
Grundstücks-/ Vermieterhaftpflicht:	☐	☐					
Ferienhausversicherung:	☐	☐					
Kunst-/ Wertgegenstände/ Sammlung:	☐	☐					
All-Risk:	☐	☐					
Sonstige Versicherungen, z.B.:							
Kinderinvaliditätsversicherung:	☐	☐					
Tierhalterhaftpflichtversicherung:	☐	☐					
Bestattungsvorsorge:	☐	☐					
Sportversicherung:	☐	☐					
Reisegepäckversicherung:	☐	☐					
Sonstige:	☐	☐					
Sonstige:	☐	☐					

Krankenversicherungen					
		Person 1	Person 2	Kind 1	Kind 2
GKV/seit:					
PKV/Zusatz/seit:					
Gesellschaft:					
Tarif/Beitrag:	1. ambulant				
	2. stationär				
	3. Zahn				
	4. Tagegeld/KHT				
	5. Pflegeversicherung				
	6. Gesamtbeitrag mtl.				
	Selbstbehalt				
	Beihilfesatz % für Beamte: Bund/Länder	___ % B ☐ L ☐	___ % B ☐ L ☐	___ % B ☐ L ☐	___ % B ☐ L ☐
	Vorerkrankungen:				

5. Finanzielle Verhältnisse des Kunden	Ehe-/Lebenspartners
a) jährliche Einkünfte aus: (ca.-Angabe netto in Euro)	a) jährliche Einkünfte aus: (ca.-Angabe netto in Euro)
☐ selbst./unselbst. Tätigkeit:	☐ selbst./unselbst. Tätigkeit:
☐ Vermietung und Verpachtung:	☐ Vermietung und Verpachtung:
☐ aus Kapitalvermögen:	☐ aus Kapitalvermögen:
☐ gesetzliche Rentenleistungen:	☐ gesetzliche Rentenleistungen:
☐ sonstige Rentenleistungen:	☐ sonstige Rentenleistungen:
☐ Kindergeld:	☐ Kindergeld:
☐ sonstige Einkünfte:	☐ sonstige Einkünfte:
Summe der Einkünfte:	Summe der Einkünfte:

b) laufende Belastungen: (ca.-Angabe netto in Euro) des Kunden	b) laufende Belastungen: (ca.-Angabe netto in Euro)
☐ Miete:	☐ Miete:
☐ Lebensunterhalt:	☐ Lebensunterhalt:
☐ Kraftfahrzeug:	☐ Kraftfahrzeug:
☐ Versicherungen:	☐ Versicherungen:
☐ Grundschulden/Hypotheken:	☐ Grundschulden/Hypotheken:
☐ laufende Kredite:	☐ laufende Kredite:
☐ Unterhaltspflichten:	☐ Unterhaltspflichten:
☐ Reisen/Hobbys:	☐ Reisen/Hobbys:
☐ sonstiges:	☐ sonstiges:
☐ Summe der Belastungen:	☐ Summe der Belastungen:

Summe der Einkünfte	Summe der Einkünfte
./. Summe der Belastungen	./. Summe der Belastungen
= verfügbares Einkommen	= verfügbares Einkommen

c) Vermögen	liquide	Gebunden
☐ Lebensversicherungen:	Euro	
☐ Immobilien:	Euro	
☐ Spar-/Bankguthaben:	Euro	
☐ Wertpapiere/Investmentfonds:	Euro	
☐ Unternehmerische Beteiligungen/ geschlossene Fonds	Euro	
☐ Hausrat:	Euro	
☐ sonstiges:	Euro	

d) Rentenanwartschaften

☐ **aktuelle Rentenauskunft vom ________ liegt vor.**

Person 1 hat ________ persönliche Entgeltpunkte;
Person 2 hat ________ persönliche Entgeltpunkte.

☐ **aktuelle Rentenauskunft wird angefordert,**
Vers.-Nr. Person 1______
Vers.-Nr. Person 2______.

6. Konkrete Kundenwünsche (Vertragsänderungen und Neuabschlüsse)	
Person 1	**Person 2**
Sollen bestehende Verträge geändert, erweitert oder aufgehoben werden? Wenn ja, in welcher Rangfolge? 1. 2. 3.	Sollen bestehende Verträge geändert, erweitert oder aufgehoben werden? Wenn ja, in welcher Rangfolge? 1. 2. 3.
Sollen zusätzliche Verträge abgeschlossen werden? Wenn ja, in welcher Rangfolge? 1. 2. 3.	Sollen zusätzliche Verträge abgeschlossen werden? Wenn ja, in welcher Rangfolge? 1. 2. 3.

7. Produktempfehlung des Vermittlers:	
Person 1	**Person 2**

8. Begründung des Vermittlers	

9. Markt- und Informationsgrundlagen:

Auf folgenden Markt- und Informationsgrundlagen werden die Leistungen erbracht:

Insbesondere Produkthinweise bzw. Hinweise zu einzelnen Produktgebern (z. B. positive bzw. negative Presse, Test, Vergleiche):

10. Entscheidung des Kunden	
1.	
2.	
3.	
4.	
5.	
6.	

11.Der Kunde hat folgende Angebote abgelehnt:	

12. Folgende Dokumente wurden dem Kunden ausgehändigt:	
Informationen über den Vermittler	☐
Produktdarstellungen	☐
Analyse des Risikoprofils	☐

__________, den __________ ______________________
Kunde/n

__________, den __________ ______________________
Vermittler

V. Beispiele für die Begründung erteilten Versicherungsrats

1. Standards

- **Berufsunfähigkeitsversicherung**

„Es wurde der Abschluss einer Berufsunfähigkeits-Zusatzversicherung mit einer Jahresrente von € ...... bei der ...... empfohlen.

Diesem Rat lagen folgende Erwägungen zu Grunde:

Kunde äußerte als Wunsch eine Absicherung der Arbeitskraft.

Es war auch eine Lücke gegeben, weil eine Berufsunfähigkeitsversicherung bislang nicht bestand.

Die Prämie ist aus disponiblen Mitteln bezahlbar, da freie, liquide Mittel in Höhe von monatlich € ...... zur Verfügung stehen. Die Jahresrente sichert den vom Kunden angegebenen Mindestbedarf.

Der Kunde hat die Absicherung des Berufsunfähigkeitsrisikos als vorrangig eingestuft. Dies entspricht auch der objektiven Beurteilung der Absicherungssituation des Kunden.

Die angeratene Versicherung empfiehlt sich durch ein ausgewogenes Prämien-Leistungs-Verhältnis, die Qualität des Bedingungswerkes und den Verzicht auf eine Verweisung.

Der Kunde wurde auf die Notwendigkeit der richtigen und vollständigen Beantwortung der Gesundheitsfragen zur Vermeidung erheblicher Nachteile ausdrücklich hingewiesen.

Eine vorläufige Deckung ab Antragstellung wurde empfohlen.

Im Hinblick auf die finanziellen Reserven des Kunden wurde die Vereinbarung einer Karenzzeit von sechs Monaten empfohlen."

- **Unfallversicherung**

„Es wurde der Abschluss einer Unfallversicherung bei der ...... empfohlen.

Diesem Rat lagen folgende Erwägungen zu Grunde:

Kunde äußerte als Wunsch und Ziel eine Absicherung gegen Invalidität auf Grund Unfalls.

Es war auch eine Lücke gegeben, weil eine Unfallversicherung bislang nicht bestand.

Die Prämie ist aus disponiblen Mitteln bezahlbar, da eine Dispositions-Reserve von monatlich € ...... ermittelt wurde.

Die Deckung des Unfallrisikos entspricht der Kundenpriorität, da der Kunde diese Versicherung als vorrangig benannt hat.

Die angeratene Versicherung empfiehlt sich durch ein angemessenes Prämien-Leistungs-Verhältnis, die Qualität des Bedingungswerkes, einer Gliedertaxe mit erhöhten Werten, Einschluss von Bergungskosten sowie durch Reputation und langjährige Erfahrungen in diesem Versicherungszweig.

Eine vorläufige Deckung ab Antragstellung und eine Progressionsstaffel von 350% wurden empfohlen."

- **Risiko-Lebensversicherung**

„Es wurde der Abschluss einer Risiko-Lebensversicherung bei der ...... empfohlen.

Diesem Rat lagen folgende Erwägungen zu Grunde:

Kunde äußerte als Wunsch und Ziel die finanzielle Absicherung der Hinterbliebenen im Falle seines Todes.

Es war auch eine Lücke gegeben, weil eine Risiko-Lebensversicherung oder auch eine sonstige nachhaltige Absicherung der Hinterbliebenen nicht begründet war.

Die Deckung des Todesfall-Risikos entspricht der vom Kunden angegebenen Priorität, da er diese Versicherung als vorrangig benannt hat und die Hinterbliebenen bisher nicht oder nur unzureichend abgesichert sind.

Die Prämie ist aus frei verfügbaren Mitteln bezahlbar, da disponible Angaben von monatlich € ...... ermittelt wurden. Für eine kapitalbildende oder fondsgebundene Lebensversicherung fehlen dem Kunden zur Zeit die notwendigen Mittel.

Die angeratene Versicherung empfiehlt sich durch ein angemessenes Prämien-Leistungs-Verhältnis, die Qualität des Bedingungswerkes und ein gutes Rating.

Eine vorläufige Deckung ab Antragstellung wurde empfohlen."

2. Besonderheiten

1. Fall – Ablehnung einer Elementarversicherung

Der Kunde möchte trotz der gegebenen finanziellen Möglichkeit und der entsprechend durchgeführten Beratung keine der als notwendig vorausgesetzten Kernversicherungen (Privathaftpflicht, Hausrat, Berufsunfähigkeit und Unfallversicherung) abschließen.

„Der Kunde wurde über die Bedeutung der Absicherung eines Kernbereichs seiner persönlichen Risiken aufgeklärt. Der Vermittler hat den Kunden über die reduzierte Leistung der staatlichen Versorgungseinrichtungen bei Eintritt der Erwerbsunfähigkeit informiert. Ebenfalls wurde der Unterschied zwischen Erwerbsunfähigkeit und Berufsunfähigkeit erörtert. Es wurde insbesondere darauf hingewiesen, dass eine Berufsunfähigkeit schon vor einer allgemeinen Erwerbsunfähigkeit eintreten kann. Der Kunde wurde darauf hingewiesen, dass sein derzeitiger Versicherungsschutz und seine Ersparnisse nicht ausreichen, um seinen derzeitigen Lebensstandard im Falle einer Berufsunfähigkeit zu sichern. Dem

Kunden wurde daher der Abschluss eine Berufsunfähigkeitsversicherungsvertrages mit einer monatlichen Rentenzahlung in Höhe von € ...... und einer Beitragsprämie in Höhe von monatlich € ...... empfohlen. Der Kunde hat sich trotz dieser Empfehlung nicht für den Abschluss einer Versicherung entschieden."

2. Fall – Fehlende Realisierbarkeit eines Kundenwunsches

Der Kunde hat den Wunsch auf Abschluss einer Kernversicherung (Berufsunfähigkeit), es fehlen ihm jedoch die finanziellen Mittel, um die Prämienzahlung zu erbringen.

„Nach der erfolgten Beratung hat der Kunde den Wunsch auf Abschluss einer Berufsunfähigkeitsversicherung geäußert. Zur Absicherung seines aktuellen Lebensstandards benötigt der Kunde eine Berufsunfähigkeitsrente in Höhe von € .... Die Prämienzahlung für einen derartigen Versicherungsschutz beläuft sich auf € ...... im Monat. Die aus dem derzeitigen disponiblen Einkommen kann der Kunde diese Prämienzahlung nicht erbringen."

(Alternative A)
„Aus dem disponiblen Einkommen kann der Kunde eine monatliche Prämienzahlung in Höhe von € ...... erbringen. Mit dieser Prämienzahlung kann ein Versicherungsschutz in Höhe einer monatlichen Rentenzahlung von € ...... abgeschlossen werden. Der Kunde hat sich für den Abschluss eines solchen gegenüber seinem eigenen Wunsch reduzierten Versicherungsvertrages entschlossen. Sobald sich sein disponibles Einkommen erhöht, wünscht der Kunde eine Erhöhung seiner Versicherungssumme."

(Alternative B)
„Das disponible Einkommen des Kunden wird sich mittelfristig erhöhen, da Ratenzahlungsvereinbarungen, Verbraucherkreditverträge o.ä. am ...... abgezahlt sind. Der Kunde wünscht zu diesem Zeitpunkt den erneuten Vorschlag einer Berufsunfähigkeitsabsicherung. Bis zu diesem Zeitpunkt verzichtet der Kunde auf den gewünschten Versicherungsschutz."

3. Fall – Wechsel von KLV in FLV

Der Kunde möchte seinen bestehenden Kapitallebensversicherungsvertrag beenden und einen Vertrag über eine fondsgebundene Lebensversicherung neu abschließen.

„Der Kunde möchte die Chancen an den nationalen und internationalen Kapitalmärkten durch Abschluss einer fondsgebundenen Lebensversicherung wahrnehmen.

Ihm wurde erläutert, dass der Sparanteil der Versicherung im Rahmen der angebotenen Fondsauswahl in verschiedenen Aktien-, Renten- und Immobilienfonds angelegt wird und hierbei den Fondsanteil einer klassischen kapitalbildenden Lebensversicherung übersteigt. Mit der Erhöhung des Fondsanteils einer Lebensversicherung sind die Chancen der Erzielung höherer Kapitalmarktrenditen ebenso verbunden, wie das erhöhte Risiko des Verlustes eingezahlter Baranteile. Eine Garantie für eine erhöhte Ablaufleistung oder für die Auszahlung einer konkreten Versicherungssumme besteht nicht. Der Kunde wurde darüber informiert, dass er hinsichtlich seines bestehenden Versicherungsvertrages die Möglichkeit hat, diesen unter Aufrechterhaltung der derzeitigen Prämie fortzuführen oder ihn beitragsfrei zu stellen. Der Kunde hat sich dafür entschieden, den bestehenden Versicherungsvertrag zu beenden. Auf die damit verbundenen finanziellen Auswirkungen wurde der Kunde hingewiesen."

4. Mögliche Argumente für einen Versicherer-Wechsel innerhalb einer Versicherungssparte:

- „Der Kunde ist mit der Betreuung durch seine derzeitige Versicherung unzufrieden."
- „Der Kunde ist mit der Abwicklung eines zurückliegenden Versicherungsfalls in der Schadenversicherung unzufrieden."
- „Die Versicherungsprämie der neu angebotenen Versicherungsgesellschaft ist gegenüber der bestehenden Zahlungsverpflichtung günstiger bei gleichem Leistungsumfang."
- „Die neue Versicherung hat bei gleicher oder geringfügig höherer Prämienleistungen einen erhöhten Versicherungsumfang gegenüber dem bestehenden Versicherungsvertrag. Es werden insbesondere folgende Zusatzleistungen erbracht: ..."
- „Der Kunde wünscht, dass sämtliche seiner Versicherungsverträge über eine Versicherungsgesellschaft abgewickelt werden."
- „Der Kunde ist auf die neu abgeschlossene Versicherung im Rahmen einer(s) Berichterstattung, Testergebnis, Versicherungsvergleich oder ähnlichen aufmerksam geworden und möchte konkret diese Versicherung abschließen."

VI. Merkblatt: Private Haftpflichtversicherung

Gegenstand/Versicherungsfall

Die Versicherung gewährt dem Versicherungsnehmer (VN) Versicherungsschutz für den Fall, dass er wegen eines Schadensereignisses, welches den Tod, die Verletzung oder Gesundheitsbeschädigung eines Menschen (Personenschaden) oder die Beschädigung einer Sache (Sachschaden) zur Folge hat, von dem Schädiger auf Grund gesetzlicher Haftpflichtbestimmungen auf Schadenersatz in Anspruch genommen wird.

Der Versicherungsschutz umfasst die **Abwehr** unbegründeter und die **Freistellung** von begründeten Ansprüchen einschließlich etwaiger Verfahrenskosten.

Personenschäden schließen auch Vermögensfolgeschäden (etwa Verdienstausfall oder Schmerzensgeld) ein.

Wichtige Obliegenheiten im Versicherungsfall

- Abwehr oder Minderung eines Schadens
- Anzeige der Geltendmachung eines Anspruchs binnen einer Woche; unverzügliche Anzeige der Einleitung eines Ermittlungsverfahrens, Erlass eines Strafbefehls oder Mahnbescheides, Zustellung einer Klage oder Streitverkündung

Wichtige Ausschlüsse

- Versicherungsfälle im Ausland
- vorsätzlich herbeigeführter Schaden
- Schäden an vom VN gemieteten, gepachteten, geleasten, geliehenen oder verwahrten Gegenständen
- Schäden von Angehörigen des VN, die mit diesem in häuslicher Gemeinschaft leben

Versicherungssumme

Die im Versicherungsschein angegebenen Summen bilden die Höchstgrenze für jedes einzelne Schadenereignis. Ein Selbstbehalt kann vereinbart werden; des Weiteren auch, dass der Versicherer seine Gesamtleistung für alle Schadenfälle in einem Versicherungsjahr auf ein Mehrfaches der Versicherungssumme begrenzt.

Besondere Kündigungsrechte

Der VN kann den Vertrag vorzeitig kündigen, wenn

- die Versicherung den Beitrag erhöht (Beitragsangleichung)
- die Versicherung die Leistung einer fälligen Entschädigung verweigert

jeweils innerhalb eines Monats nach Zugang der Mitteilung und mit sofortiger Wirkung

- der Versicherer auf Grund eines Schadensfalles Zahlung leistet oder der Geschädigte einen Anspruch gegen den VN gerichtlich geltend macht.

Die Kündigung wird einen Monat nach Zugang bei VN wirksam.

Hinweise

- **Eine Privat-Haftpflichtversicherung ist in aller Regel unentbehrlich**
- **Schätzen Sie die notwendige Versicherungssumme realistisch ein**
- **Zeigen Sie jede Gefahrerhöhung an**
- **Zahlen Sie alle Prämien, insbesondere die Erstprämie, rechtzeitig**
- **Prüfen Sie, ob Sie Auslandsversicherungsschutz benötigen**
- **Beachten Sie alle Versicherungsbedingungen**

Wegen aller weiteren Einzelheiten und möglichen Abweichungen wird der Kunde auf die zu Grunde liegenden Allgemeinen Versicherungsbedingungen für die Haftpflichtversicherung (AHB) und etwaige „Besondere Bedingungen" verwiesen.

VII. Merkblatt: Unfallversicherung

Gegenstand/Versicherungsfall

Die Unfallversicherung erbringt Leistungen im Falle einer unfallbedingten, dauernden Beeinträchtigung der körperlichen oder geistigen Leistungsfähigkeiten (Invalidität).

Ein **Unfall** liegt vor, wenn der Versicherte durch ein

plötzliches, von außen auf einen Körper einwirkendes Ereignis unfreiwillig eine Gesundheitsschädigung erleidet.

Wahlweise können in den Versicherungsschutz gegen zusätzliche Prämien nachfolgende Leistungen eingeschlossen werden:

- **Todesfallleistung** (der Tod muss innerhalb eines Jahres nach dem Unfallereignis eintreten.)
- **Tagegeld** (das Tagegeld wird für die Dauer der ärztlichen Behandlung gewährt und nach dem Grad der Beeinträchtigung abgestuft.)
- **Krankenhaustagegeld und Genesungsgeld** (Krankenhaustagegeld wird für die Dauer der medizinisch notwendigen stationären Heilbehandlung, das Genesungsgeld ab Beendigung der stationären Heilbehandlung für den gleichen Zeitraum, maximal für 100 Tage gewährt.)
- **Übergangsleistung** (bei Beeinträchtigung der Leistungsfähigkeit/Arbeitsfähigkeit zu mehr als 50% über mindestens sechs Monate.)

Höhe der Versicherungsleistung/Zahlungsmodalitäten

Tritt durch den Unfall eine Verletzung einzelner Körperteile ein, bestimmt sich die Höhe der Invaliditätsleistung vorrangig nach der **Gliedertaxe.**

Zur Erhöhung des Schutzes bei schweren Verletzungen bietet sich die Vereinbarung einer **Progressionsstaffel** an. Hiernach multipliziert sich die Versicherungsleistung für die einen näher bestimmten Grad hinausgehende Invalidität.

Bei unfallbedingter Invalidität erhält der Versicherungsnehmer ein einmaliges Kapital. Hat er zum Zeitpunkt des Unfalls das 65. Lebensjahr bereits vollendet, so tritt an die Stelle der Kapitalleistung eine **Invaliditätsrente.**

Fristen

Es sind insbesondere folgende Fristen zu beachten:

- Die Invalidität muss innerhalb **eines Jahres** nach dem Unfall eingetreten und
- in **weiteren drei Monaten** ärztlich festgestellt sein;
- der Anspruch auf Invaliditätsleistung muss **binnen 15 Monaten** ab dem Unfallzeitpunkt geltend gemacht werden

Bei einem Unfall ist unverzüglich ein Arzt hinzuzuziehen und der Versicherer zu unterrichten.

Risikoausschlüsse

In der Praxis haben folgende Ausschlusstatbestände hervorgehobene Bedeutung:

- Unfälle durch Bewusstseinsstörungen (z.B. Trunkenheit, epileptische Anfälle, Krampfanfälle)
- Gesundheitsschäden durch Infektionen
- Bandscheiben- und Meniskusschäden (es sei denn, ein Unfallereignis – und nicht Verschleiß/Abnutzung – bildet die überwiegende Ursache)

Dauer des Vertrages

Der Versicherungsschutz beginnt mit Eingang des ersten Beitrags, jedoch frühestens zu dem im Versicherungsschein angegebenen Zeitpunkt.

Der Versicherungsvertrag wird für die Dauer eines Jahres abgeschlossen und verlängert sich jeweils um ein Jahr, wenn er nicht spätestens drei Monate vor Ablauf durch einen Vertragspartner schriftlich gekündigt wird.

Der Vertrag kann gekündigt werden, wenn der Versicherer eine Leistung erbracht hat oder gegen ihn Klage auf eine solche Leistung erhoben worden ist.

Die Vereinbarung einer vorläufigen Deckung wurde empfohlen.

Wegen aller weiteren Einzelheiten wird der Kunde auf die Versicherungsbedingungen – Allgemeine Unfallversicherungs-Bedingungen (AUB 88/94) – und etwaige „Besondere Bedingungen“ eindringlich verwiesen.

VIII. Checkliste I – Tätigkeitskontrolle

Sind folgende Themen vor Beginn der Beratung und während des Beratungsprozesses ausreichend vorbereitet und berücksichtigt worden?

I. Vor dem Beratungsgespräch

1. Wurde der Kunde exploriert?
   Wurden Erkundigungen eingezogen über die persönlichen und wirtschaftlichen Verhältnisse
   - über Anlageziele und Anlagezeitraum ☐
   - über Kenntnisse und Erfahrungen ☐
   - über die Grundabsicherung ☐
   - über die Risikobereitschaft ☐
   - über die Risikofähigkeit ☐
   - wurden die freien, liquiden Einkünfte und die Zusammensetzung des Vermögens ermittelt? ☐

   Soweit die Daten bereits in einer Vorerhebung erfasst waren,
   - wurden diese auf Aktualisierung überprüft, wurde eine Frage vorbereitet, ob zwischenzeitlich Änderungen eingetreten sind? ☐
2. Wurde das Anlageobjekt recherchiert?
   - Bonität des Anbieters ☐
   - Leistungsbilanz des Anbieters ☐
   - wirtschaftliche Tragfähigkeit des Anlageobjektes ☐
   - Stimmigkeit der Prognosen ☐
   - Schlüssigkeit des rechtlichen und steuerlichen Konzepts ☐
   - Werthaltigkeit der Garantien ☐
3. Wurden die Prospektaussagen auf Plausibilität überprüft?
   - Gliederung, Ordnung, Verständlichkeit ☐
   - Klarheit, Richtigkeit und Vollständigkeit der Risikohinweise unter Hinweis auf Maximal-Risiko ☐
   - Bestätigung der Richtigkeit und Vollständigkeit des Prospektes durch unabhängigen Prospektprüfungsbericht ☐
4. Wurden als Mittel der Recherche genutzt?
   - Prospektprüfungsbericht (bei geschlossenen Fonds) ☐

- Leistungsbilanz (bei geschlossenen Fonds) ☐
- Jahresabschlüsse, Geschäftsberichte ☐
- Handelsregisterauszug ☐
- Presseberichte ☐
- Rating-Ergebnisse ☐
- Stellungnahmen der Aufsichtsanstalt ☐

II. Während des Gesprächs

1. Wurden in das Gespräch einbezogen und ausgehändigt?
   - Verkaufsprospekt ☐
   - Leistungsbilanz ☐
   - Jahresbericht/Halbjahresbericht ☐
   - Beratungsprotokoll ☐
   - Presseberichte gegebenenfalls Gegendarstellung ☐
2. Ist das Beratungsprotokoll vollständig bearbeitet und unterzeichnet; sind Dauer und Teilnehmer des Gesprächs angegeben? ☐
3. Will der Kunde das Engagement ganz oder teilweise fremdfinanzieren?
   - Ist er auf die besonderen Risiken hingewiesen und ist nochmals die Risikofähigkeit überprüft worden? ☐
4. Sind in die Besprechung und Entscheidung Produktalternativen einbezogen worden? ☐
5. Wurde überprüft, wie sich die Anlageentscheidung im Portfolio des Kunden auswirkt, ob gegebenenfalls Ungewichte und Klumpenrisiken eintreten? ☐

III. Nachbearbeitung des Gesprächs

1. Ist die Kundendatei vervollständigt worden? ☐
2. Haben sich im Nachhinein negative Presseverlautbarungen oder Rating-Berichte ergeben? ☐
3. Wird der Verlauf der Kapitalanlage beobachtet? ☐
4. Wann und wie ist gegebenenfalls ein Krisenmanagement anzubieten? ☐
5. Ist die Wiedervorlage der Akte organisiert? ☐

IX. Checkliste II – Verhaltenskontrolle

Wie erkenne ich einen seriösen und kompetenten Berater/ Vermittler?

	ja	nein
Zustandekommen der Beratung		
Kontaktaufnahme nach vorausgegangener Terminvereinbarung	☐	☐
Offenlegung des Empfehlungsgebers	☐	☐
Vorstellung des Gesprächsthemas	☐	☐
Beruflicher Werdegang des Beraters	☐	☐
Verlauf der Beratung		
Bemühen um „Erkenne Deinen Kunden" unter gründlicher Ermittlung der persönlichen und finanziellen Verhältnisse	☐	☐
Sachliche, distanzierte Gesprächsführung	☐	☐
Kein Abschluss im Ersttermin	☐	☐
Kein „Produktverkauf" – Suche nach Produkt für Kunden und nicht Kunden für Produkt	☐	☐
Individualisierte, konkrete, situationsbezogene Antworten (nicht: vorbereitete, standardisierte, abstrakte Antworten)	☐	☐
Hinweis auf Produktalternativen – Möglichkeit zur Produktauswahl	☐	☐
Ermittlung der Anlageziele, des Anlagezeitraums und der Risikobereitschaft	☐	☐
Verzicht auf übertriebene Anpreisungen	☐	☐
Verzicht auf „Zeitdruck" des Abschlusses	☐	☐
Grundlagen der Beratung		
Verwendung einer Beratungsdokumentation (Analyse/Protokoll)	☐	☐
Erörterung und Überlassung von Produktunterlagen	☐	☐

Erteilung von Risikohinweisen	☐	☐
Hinweise auf Presseberichterstattung	☐	☐

Ausbildung, Absicherung, Mitgliedschaft

Fachausbildung (DIHK-Rahmenstoffplan)	☐	☐
Vermögensschaden-Haftpflichtversicherung	☐	☐
Mitgliedschaft in einem anerkannten Berufsverband	☐	☐

Hinweis: Diese Checkliste wird nach Umsetzung der EU-Versicherungsvermittler-Richtlinie zu komplettieren sein.

X. Beispiel für die vertragliche Regelung einer Haftungsfreistellung

1. Der Initiator verpflichtet sich, den Vertriebspartner von rechtskräftig festgestellten Ansprüchen Dritter freizustellen, die ausweislich der Urteilsgründe auf der Unrichtigkeit oder Unvollständigkeit der dem Vertriebspartner von dem Initiator zur Verfügung gestellten Prospekte beruhen, wenn

   a) der Vertriebspartner den Initiator innerhalb von 14 Tagen nach der Ankündigung solcher Ansprüche durch den Dritten schriftlich hiervon in Kenntnis gesetzt hat,
   b) der Vertriebspartner anhängige Klagen sowie alle sonstigen Schriftsätze dem Initiator innerhalb von sieben Tagen nach Zustellung in Kopie zur Verfügung gestellt hat,
   c) der Vertriebspartner die ihm von dem Initiator genannten Rechtsanwälte mit der Abwehr der Klage beauftragt hat und
   d) der Vertriebspartner den Initiator in jeder Lage des Rechtsstreits Gelegenheit gegeben hat, auf die Prozessführung bestimmenden Einfluss auszuüben.
   e) die Voraussetzungen gemäß lit. b), c) und d) können von dem Vertriebspartner dadurch ersetzt werden, dass dieser dem Initiator in einem anhängigen Rechtsstreit den Streit mit der Aufforderung zum Beitritt auf Seiten des Vertriebspartners erklärt und hierdurch in den Rechtsstreit einbezieht.

2. Diese Freistellungsverpflichtung besteht auch dann, wenn der Rechtsstreit durch Vergleich beendet wird und der Initiator dem Abschluss dieses Vergleichs gegenüber dem Vertriebspartner zugestimmt hat. Ergibt sich aus dem rechtskräftigen Urteil, dass die dem Dritten zugesprochenen Ansprüche nur teilweise auf der Unrichtigkeit oder Unvollständigkeit der dem Vertriebspartner von dem Initiator zur Verfügung gestellten Prospekte beruhen, wird der Initiator den Vertriebspartner entsprechend dem von dem Initiator zu vertretenden Beitrag an der Schadensverursachung von den rechtskräftig festgestellten Ansprüchen Dritter freistellen.

3. Die nach dieser Haftungsfreistellung vorausgesetzte Richtigkeit und Vollständigkeit der dem Vertriebspartner vom Initiator zu Vertriebszwecken überlassenen Prospekte schließen insbesondere die Risikohinweise und die Beurteilung der wirtschaftlichen Tragfähigkeit der Investitionen ein.

4. Der Initiator erwartet von dem Vertriebspartner die Verwendung eines Beratungsprotokolls, und zwar vorzugsweise nach dem diesem Vertrag als Anlage beigefügten Muster.

XI. Individualvereinbarung

zwischen

Herrn/Frau ......,
wohnhaft: ......

– nachfolgend: Kunde –

und

Herrn/Frau/Firma: ......,
wohnhaft/geschäftsansässig: ......

– nachfolgend: Berater –

Obige Parteien verständigen sich auf folgende individuell ausgehandelte Vereinbarung:

1. Der Kunde beabsichtigt, einen Betrag bis max. €...... in eine oder mehrere ausgewählte Kapitalanlagen zu investieren. Bei der Auswahl und Prüfung der Anlageobjekte sowie bei der Anlageentscheidung will er sich des fachkundigen Rates des Beraters bedienen.

2. Der Kunde beauftragt den Berater, ihm mehrere Anlageobjekte, die seinem individuellen Anlageprofil entsprechen, vorzustellen und zu erläutern. Der Berater soll dem Kunden bei der Abwägung der Vor- und Nachteile sowie beim Auswahl- und Entscheidungsprozess behilflich sein.
   Für die Bestimmung des Anlageprofils soll das Beratungsprotokoll vom ...... maßgeblich sein.

3. Nach Festlegung der konkreten Anlage soll der Berater den Kunden auch bei der Abwicklung unterstützen.

4. Die Tätigkeit des Beraters endet mit dem Wirksamwerden der Anlage, spätestens aber am ....

5. Die Auswahl- und Prüfungspflicht des Beraters beschränkt sich auf die im deutschen Markt allgemein zugänglichen Objekte und Kenntnisse.

6. Die Haftung des Beraters wird auf eine Höchstsumme von €...... beschränkt. Der Berater haftet nicht für Pflichtverletzungen aufgrund einfacher Fahrlässigkeit im Zusammenhang mit nicht wesentlichen Pflichten und für Mitarbeiter und Erfüllungsgehilfen.

7. Sämtliche Ansprüche der Parteien verjähren mit Schluss des dritten, auf den Vollzug der Anlage folgenden Jahres.

Ort, Datum

……	……
Kunde	Berater

XII. Richtlinie 2002/92/EG des Europäischen Parlaments und des Rates vom 9. Dezember 2002 über Versicherungsvermittlung

DAS EUROPÄISCHE PARLAMENT UND DER RAT DER EUROPÄISCHEN UNION –

gestützt auf den Vertrag zur Gründung der Europäischen Gemeinschaft, insbesondere auf Artikel 47 Absatz 2 und Artikel 5 5,

auf Vorschlag der Kommission (1),

nach Stellungnahme des Wirtschafts- und Sozialausschusses (2),

gemäß dem Verfahren des Artikels 2 51 des Vertrags (3),

in Erwägung nachstehender Gründe:

(1) Versicherungs- und Rückversicherungsvermittler spielen beim Vertrieb von Versicherungs- und Rückversicherungsprodukten in der Gemeinschaft eine zentrale Rolle.

(2) Mit der Richtlinie 77/92/EWG des Rates vom 13. Dezember 1976 über Maßnahmen zur Erleichterung der tatsächlichen Ausübung der Niederlassungsfreiheit und des freien Dienstleistungsverkehrs für die Tätigkeiten des Versicherungsagenten und des Versicherungsmaklers (aus ISIC-Gruppe 630), insbesondere Übergangsmaßnahmen für solche Tätigkeiten (4), wurde ein erster Schritt unternommen, um Versicherungsagenten und -maklern die Ausübung der Niederlassungs- und Dienstleistungsfreiheit zu erleichtern.

(3) Die Richtlinie 77/92/EWG sollte ursprünglich so lange gültig bleiben, bis Bestimmungen, die die einzelstaatlichen Vorschriften über die Aufnahme und Ausübung der Tätigkeit von Versicherungsagenten und -maklern koordinieren, in Kraft treten.

(4) Die Empfehlung 92/48/EWG der Kommission vom 18. Dezember 1991 über Versicherungsvermittler (5) wurde von den

---

(1) ABl. C 29 E vom 30. 1. 2001, S. 245.

(2) ABl. C 221 vom 7. 8. 2001, S. 121.

(3) Stellungnahme des Europäischen Parlaments vom 14. November 2001 (ABl. C 140 E vom 13. 6. 2002, S. 167), Gemeinsamer Standpunkt des Rates vom 18. März 2002 (ABl. C 145 E vom 18. 6. 2002, S. 1) und Beschluss des Europäischen Parlaments vom 13. Juni 2002 (noch nicht im Amtsblatt veröffentlicht). Beschluss des Rates vom 28. Juni 2002.

(4) ABl. L 26 vom 31. 1. 1977, S. 14. Richtlinie zuletzt geändert durch die Beitrittsakte von 1994.

(5) ABl. L 19 vom 28. 1. 1992, S. 32.

Mitgliedstaaten weitgehend befolgt und trug zur Angleichung der einzelstaatlichen Vorschriften über die beruflichen Anforderungen und die Eintragung von Versicherungsvermittlern bei.

(5) Jedoch bestehen zwischen den einzelstaatlichen Vorschriften immer noch erhebliche Unterschiede, die für die Aufnahme und Ausübung der Tätigkeit von Versicherungs- und Rückversicherungsvermittlern im Binnenmarkt Hindernisse mit sich bringen. Daher ist es angezeigt, die Richtlinie 77/92/EWG durch eine neue Richtlinie zu ersetzen.

(6) Versicherungs- und Rückversicherungsvermittler sollten in der Lage sein, die vom Vertrag gewährleisteten Rechte der Niederlassungsfreiheit und des freien Dienstleistungsverkehrs in Anspruch zu nehmen.

(7) Dass Versicherungsvermittler nicht in der Lage sind, uneingeschränkt überall in der Gemeinschaft tätig zu werden, beeinträchtigt das reibungslose Funktionieren des einheitlichen Versicherungsmarktes.

(8) Die Koordinierung der einzelstaatlichen Vorschriften über die beruflichen Anforderungen, die an Personen zu stellen sind, welche die Tätigkeit der Versicherungsvermittlung aufnehmen und ausüben, und über die Eintragung dieser Personen kann daher sowohl zur Vollendung des Binnenmarktes für Finanzdienstleistungen als auch zur Verbesserung des Verbraucherschutzes in diesem Bereich beitragen.

(9) Versicherungsprodukte können von verschiedenen Kategorien von Personen oder Einrichtungen wie Versicherungsagenten, Versicherungsmaklern und „Allfinanzunternehmen" vertrieben werden. Aus Gründen der Gleichbehandlung all dieser Akteure und des Kundenschutzes sollte sich diese Richtlinie auf all diese Personen oder Einrichtungen beziehen.

(10) Diese Richtlinie enthält eine Definition des vertraglich gebundenen Versicherungsvermittlers, die den Besonderheiten bestimmter Märkte der Mitgliedstaaten Rechnung trägt und darauf abzielt, die auf derartige Vermittler anwendbaren Eintragungsbedingungen festzulegen. Diese Definition soll ähnlichen Definitionen von Versicherungsvermittlern in den Mitgliedstaaten nicht entgegenstehen, die zwar für Rechnung und im Namen eines Versicherungsunternehmens und unter dessen uneingeschränkter Verantwortung handeln, jedoch berechtigt sind, Prämien und Beträge, die gemäß den in dieser Richtlinie vorgesehenen finanziellen Garantien für die Kunden bestimmt sind, entgegenzunehmen.

(11) Diese Richtlinie sollte Personen betreffen, deren Tätigkeit darin besteht, für Dritte Versicherungsvermittlungsdienstleistungen für eine Gegenleistung zu erbringen, die finanzieller Art sein

oder jede andere Form eines wirtschaftlichen Vorteils annehmen kann, der zwischen den Parteien vereinbart wurde und an die Leistung geknüpft ist.

(12) Diese Richtlinie sollte nicht Personen betreffen, die eine andere Berufstätigkeit, z.B. als Steuerexperte oder Buchhalter, ausüben und im Rahmen dieser anderen Berufstätigkeit gelegentlich über Versicherungsschutz beraten oder lediglich allgemeine Informationen über Versicherungsprodukte erteilen, sofern diese Tätigkeit nicht zum Ziel hat, dem Kunden bei dem Abschluss oder der Abwicklung eines Versicherungs- oder Rückversicherungsvertrags behilflich zu sein, Schadensfälle eines Versicherungs- oder Rückversicherungsunternehmens berufsmäßig zu verwalten oder Schäden zu regulieren oder Sachverständigenarbeit zu leisten.

(13) Diese Richtlinie sollte unter bestimmten, genau festgelegten Bedingungen nicht auf Personen Anwendung finden, die Versicherungsvermittlung als Nebentätigkeit betreiben.

(14) Versicherungs- und Rückversicherungsvermittler sollten bei der zuständigen Behörde des Mitgliedstaats, in dem sie ihren Wohnsitz oder ihre Hauptverwaltung haben, eingetragen werden, sofern sie strengen beruflichen Anforderungen in Bezug auf Sachkompetenz, Leumund, Berufshaftpflichtschutz und finanzielle Leistungsfähigkeit genügen.

(15) Durch die Eintragung sollten Versicherungs- und Rückversicherungsvermittler die Möglichkeit erhalten, in anderen Mitgliedstaaten nach den Grundsätzen der Niederlassungsfreiheit und des freien Dienstleistungsverkehrs tätig zu werden, sofern zwischen den zuständigen Behörden ein entsprechendes Verfahren zur Unterrichtung stattgefunden hat.

(16) Angemessene Sanktionen sind erforderlich, damit gegen Personen, die die Tätigkeit der Versicherungs- oder Rückversicherungsvermittlung ausüben, ohne eingetragen zu sein, gegen Versicherungs- und Rückversicherungsunternehmen, die die Dienste nicht eingetragener Vermittler in Anspruch nehmen, und gegen Vermittler, die den gemäß dieser Richtlinie erlassenen innerstaatlichen Rechtsvorschriften nicht nachkommen, vorgegangen werden kann.

(17) Zusammenarbeit und Informationsaustausch zwischen den zuständigen Behörden sind von entscheidender Bedeutung, um die Verbraucher zu schützen und die Solidität des Versicherungs- und Rückversicherungsgeschäfts im Binnenmarkt sicherzustellen.

(18) Für den Verbraucher kommt es entscheidend darauf an, zu wissen, ob er mit einem Vermittler zu tun hat, der ihn über Produkte eines breiten Spektrums von Versicherungsunternehmen

oder über Produkte einer bestimmten Anzahl von Versicherungsunternehmen berät.

(19) In dieser Richtlinie sollten die Informationspflichten der Versicherungsvermittler gegenüber den Kunden festgelegt werden. Ein Mitgliedstaat kann zu diesem Punkt strengere Bestimmungen beibehalten oder erlassen, die den Versicherungsvermittlern, die ihre Vermittlungstätigkeit in seinem Hoheitsgebiet ausüben, ungeachtet ihres Wohnsitzes, auferlegt werden, sofern diese strengeren Bestimmungen mit dem Gemeinschaftsrecht – einschließlich der Richtlinie 2000/31/EG des Europäischen Parlaments und des Rates vom 8. Juni 2000 über bestimmte rechtliche Aspekte der Dienste der Informationsgesellschaft, insbesondere des elektronischen Geschäftsverkehrs, im Binnenmarkt („Richtlinie über den elektronischen Geschäftsverkehr") ([1]) – vereinbar sind.

(20) Erklärt der Vermittler, dass er über Produkte eines breiten Spektrums von Versicherungsunternehmen berät, so sollte er eine unparteiische und ausreichend breit gefächerte Untersuchung der auf dem Markt angebotenen Produkte durchführen. Außerdem sollten alle Vermittler die Gründe für ihren Vorschlag erläutern.

(21) Dieser Informationsbedarf ist geringer, wenn der Kunde ein Unternehmen ist, das sich gegen gewerbliche und industrielle Risiken versichern oder rückversichern will.

(22) In den Mitgliedstaaten muss es angemessene und wirksame Beschwerde- und Abhilfeverfahren zur Beilegung von Streitigkeiten zwischen Versicherungsvermittlern und Verbrauchern geben; dabei sollte gegebenenfalls auf bestehende Verfahren zurückgegriffen werden.

(23) Unbeschadet des Rechts der Kunden, vor den Gerichten Klage zu erheben, sollten die Mitgliedstaaten die zur außergerichtlichen Beilegung von Streitfällen eingerichteten öffentlich-rechtlichen oder privat-rechtlichen Einrichtungen dazu anhalten, bei der Lösung grenzübergreifender Streitfälle zusammenzuarbeiten. Eine derartige Zusammenarbeit könnte insbesondere darauf abzielen, dem Verbraucher zu gestatten, die in seinem Wohnsitzstaat eingerichteten außergerichtlichen Stellen mit Beschwerden über die in anderen Mitgliedstaaten niedergelassenen Vermittler zu befassen. Durch die Einrichtung des FIN-NET-Netzes erhalten die Verbraucher mehr Unterstützung, wenn sie grenzüberschreitende Dienste in Anspruch nehmen. Die Bestimmungen hinsichtlich der Verfahren sollten der Empfehlung 98/257/EG der

---

([1]) ABl. L 178 vom 17.7.2000, S. 1.

Kommission vom 30. März 1998 betreffend die Grundsätze für Einrichtungen, die für die außergerichtliche Beilegung von Verbraucherrechtsstreitigkeiten zuständig sind ([1]), Rechnung tragen.

(24) Die Richtlinie 77/92/EWG sollte daher aufgehoben werden –

HABEN FOLGENDE RICHTLINIE ERLASSEN:

KAPITEL I

ANWENDUNGSBEREICH UND BEGRIFFSBESTIMMUNGEN

Artikel 1

Anwendungsbereich

(1) Mit dieser Richtlinie werden Vorschriften für die Aufnahme und Ausübung der Versicherungs- und Rückversicherungsvermittlung durch natürliche oder juristische Personen, die in einem Mitgliedstaat niedergelassen sind oder sich dort niederlassen möchten, festgelegt.

(2) Diese Richtlinie findet nicht auf Personen Anwendung, die Vermittlungsdienste für Versicherungsverträge anbieten, wenn sämtliche nachstehenden Bedingungen erfüllt sind:

a) für den betreffenden Versicherungsvertrag sind nur Kenntnisse des angebotenen Versicherungsschutzes erforderlich;
b) bei dem Versicherungsvertrag handelt es sich nicht um einen Lebensversicherungsvertrag;
c) der Versicherungsvertrag deckt keine Haftpflichtrisiken ab;
d) die betreffende Person betreibt die Versicherungsvermittlung nicht hauptberuflich;
e) die Versicherung stellt eine Zusatzleistung zur Lieferung einer Ware bzw. der Erbringung einer Dienstleistung durch einen beliebigen Anbieter dar, wenn mit der Versicherung Folgendes abgedeckt wird:
   i) das Risiko eines Defekts, eines Verlusts oder einer Beschädigung von Gütern, die von dem betreffenden Anbieter geliefert werden; oder
   ii) Beschädigung oder Verlust von Gepäck und andere Risiken im Zusammenhang mit einer bei dem betreffenden Anbieter gebuchten Reise, selbst wenn die Versicherung Lebensver-

---

([1]) ABl. L 115 vom 17. 4. 1998, S. 31.

sicherungs- oder Haftpflichtrisiken abdeckt, vorausgesetzt, dass die Deckung zusätzlich zur Hauptversicherungsdeckung für Risiken im Zusammenhang mit dieser Reise gewährt wird;

f) die Jahresprämie übersteigt nicht 500,–€, und der Versicherungsvertrag hat eine Gesamtlaufzeit, eventuelle Verlängerungen inbegriffen, von höchstens fünf Jahren.

(3) Die Richtlinie gilt nicht für Versicherungs- und Rückversicherungsvermittlungsdienstleistungen, die im Zusammenhang mit Risiken und Verpflichtungen erbracht werden, die außerhalb der Gemeinschaft bestehen bzw. eingegangen worden sind.

Diese Richtlinie berührt nicht die Rechtsvorschriften eines Mitgliedstaats über die Versicherungsvermittlungstätigkeit, die von Versicherungs- und Rückversicherungsvermittlern ausgeübt wird, die in einem Drittland niedergelassen sind und im Wege des freien Dienstleistungsverkehrs in seinem Hoheitsgebiet tätig sind, unter der Voraussetzung, dass die Gleichbehandlung aller Personen sichergestellt ist, die die Tätigkeit der Versicherungsvermittlung auf diesem Markt ausüben oder zu deren Ausübung befugt sind.

Diese Richtlinie regelt weder Versicherungsvermittlungstätigkeiten in Drittländern noch Tätigkeiten von Versicherungsoder Rückversicherungsunternehmen der Gemeinschaft im Sinne der Ersten Richtlinie 73/239/EWG des Rates vom 24. Juli 1973 zur Koordinierung der Rechts- und Verwaltungsvorschriften betreffend die Aufnahme und Ausübung der Tätigkeit der Direktversicherung (mit Ausnahme der Lebensversicherung) ([1]) und der Ersten Richtlinie 79/267/EWG des Rates vom 5. März 1979 zur Koordinierung der Rechts- und Verwaltungsvorschriften über die Aufnahme und Ausübung der Direktversicherung (Lebensversicherung) ([2]), die durch Versicherungsvermittler in Drittländern ausgeübt werden.

([1]) ABl. L 228 vom 16.8.1973, S.3. Richtlinie zuletzt geändert durch die Richtlinie 2002/13/EG des Europäischen Parlaments und des Rates (ABl. L 77 vom 20.3.2002, S. 17).

([2]) ABl. L 63 vom 13.3.1979, S.1. Richtlinie zuletzt geändert durch die Richtlinie 2002/12/EG des Europäischen Parlaments und des Rates (ABl. L 77 vom 20.3.2002, S.11).

Artikel 2

Begriffsbestimmungen

Im Sinne dieser Richtlinie bezeichnet der Ausdruck:

1. „Versicherungsunternehmen" ein Unternehmen, dem die behördliche Zulassung gemäß Artikel 6 der Richtlinie 73/239/EWG bzw. Artikel 6 der Richtlinie 79/267/EWG erteilt wurde;
2. „Rückversicherungsunternehmen" ein Unternehmen, das weder ein Versicherungsunternehmen noch ein Versicherungsunternehmen eines Drittlands ist und dessen Haupttätigkeit darin besteht, von einem Versicherungsunternehmen, einem Versicherungsunternehmen eines Drittlands oder anderen Rückversicherungsunternehmen abgegebene Risiken zu übernehmen;
3. „Versicherungsvermittlung" das Anbieten, Vorschlagen oder Durchführen anderer Vorbereitungsarbeiten zum Abschließen von Versicherungsverträgen oder das Abschließen von Versicherungsverträgen oder das Mitwirken bei deren Verwaltung und Erfüllung, insbesondere im Schadensfall.

   Diese Tätigkeiten gelten nicht als Versicherungsvermittlung, wenn sie von einem Versicherungsunternehmen oder einem Angestellten eines Versicherungsunternehmens, der unter der Verantwortung des Versicherungsunternehmens tätig wird, ausgeübt werden.

   Die beiläufige Erteilung von Auskünften im Zusammenhang mit einer anderen beruflichen Tätigkeit, sofern diese Tätigkeit nicht zum Ziel hat, den Kunden beim Abschluss oder der Handhabung eines Versicherungsvertrags zu unterstützen, oder die berufsmäßige Verwaltung der Schadensfälle eines Versicherungsunternehmens oder die Schadensregulierung und Sachverständigenarbeit im Zusammenhang mit Schadensfällen gelten ebenfalls nicht als Versicherungsvermittlung;
4. „Rückversicherungsvermittlung" das Anbieten, Vorschlagen oder Durchführen anderer Vorbereitungsarbeiten zum Abschließen von Rückversicherungsverträgen oder das Abschließen von Rückversicherungsverträgen oder das Mitwirken bei deren Verwaltung und Erfüllung, insbesondere im Schadensfall.

   Diese Tätigkeiten gelten nicht als Rückversicherungsvermittlung, wenn sie von einem Rückversicherungsunternehmen oder einem Angestellten eines Rückversicherungsunternehmens, der unter der Verantwortung des Rückversicherungsunternehmens tätig wird, ausgeübt werden.

   Die beiläufige Erteilung von Auskünften im Zusammenhang mit einer anderen beruflichen Tätigkeit, sofern diese Tätigkeit nicht zum Ziel hat, den Kunden beim Abschluss oder der Handhabung eines Rückversicherungsvertrags zu unterstützen, oder die berufsmäßige Verwaltung der Schadensfälle eines Rückversicherungsunternehmens oder die Schadensregulierung und Sachverständigenarbeit im Zusammenhang mit Schadensfällen gelten ebenfalls nicht als Rückversicherungsvermittlung;

5. „Versicherungsvermittler“ jede natürliche oder juristische Person, die die Tätigkeit der Versicherungsvermittlung gegen Vergütung aufnimmt oder ausübt;
6. „Rückversicherungsvermittler“ jede natürliche oder juristische Person, die die Tätigkeit der Rückversicherungsvermittlung gegen Vergütung aufnimmt oder ausübt;
7. „vertraglich gebundener Versicherungsvermittler“ jede Person, die eine Tätigkeit der Versicherungsvermittlung im Namen und für Rechnung eines Versicherungsunternehmens oder – wenn die Versicherungsprodukte nicht in Konkurrenz zueinander stehen – mehrerer Versicherungsunternehmen ausübt, die jedoch weder die Prämien noch die für den Kunden bestimmten Beträge in Empfang nimmt und hinsichtlich der Produkte der jeweiligen Versicherungsunternehmen unter deren uneingeschränkter Verantwortung handelt.

   Jede Person, die Versicherungsvermittlung zusätzlich zu ihrer Hauptberufstätigkeit ausübt und weder Prämien noch für den Kunden bestimmte Beträge in Empfang nimmt, gilt ebenfalls als vertraglich gebundener Versicherungsvermittler, der hinsichtlich der Produkte des jeweiligen Versicherungsunternehmens unter der Verantwortung eines oder mehrerer Versicherungsunternehmen handelt, wenn die Versicherung eine Ergänzung der im Rahmen dieser Haupttätigkeit gelieferten Waren oder erbrachten Dienstleistungen darstellt;
8. „Großrisiken“ Risiken im Sinne von Artikel 5 Buchstabe d) der Richtlinie 73/239/EWG;
9. „Herkunftsmitgliedstaat“
   a) wenn der Vermittler eine natürliche Person ist: der Mitgliedstaat, in dem diese Person ihren Wohnsitz hat und ihre Tätigkeit ausübt;
   b) wenn der Vermittler eine juristische Person ist: der Mitgliedstaat, in dem diese Person ihren satzungsmäßigen Sitz hat, oder, wenn sie gemäß dem für sie geltenden einzelstaatlichen Recht keinen satzungsmäßigen Sitz hat, der Mitgliedstaat, in dem ihr Hauptverwaltungssitz liegt;
10. „Aufnahmemitgliedstaat“ der Mitgliedstaat, in dem ein Versicherungs- oder Rückversicherungsvermittler eine Zweigniederlassung hat oder Dienstleistungen erbringt;

11. „zuständige Behörden" die Behörden, die jeder Mitgliedstaat gemäß Artikel 6 benennt;
12. „dauerhafter Datenträger" jedes Medium, das es dem Verbraucher ermöglicht, persönlich an ihn gerichtete Informationen so zu speichern, dass diese während eines für den Informationszweck angemessenen Zeitraums abgerufen werden können, und das die unveränderte Wiedergabe der gespeicherten Daten ermöglicht.

    Dazu gehören insbesondere Disketten, CD-Roms, DVDs und die Festplatten von Computern, auf denen elektronische Post gespeichert wird, jedoch nicht eine Internet-Website, es sei denn, diese Site entspricht den in Absatz 1 enthaltenen Kriterien.

KAPITEL II

ANFORDERUNGEN IN BEZUG AUF DIE EINTRAGUNG

Artikel 3

Eintragung

(1) Versicherungs- und Rückversicherungsvermittler sind bei der zuständigen Behörde nach Artikel 7 Absatz 2 in ihrem Herkunftsmitgliedstaat einzutragen.

Unbeschadet des Unterabsatzes 1 können die Mitgliedstaaten vorsehen, dass die Versicherungs- und Rückversicherungsunternehmen oder andere Einrichtungen mit den zuständigen Behörden bei der Eintragung von Versicherungs- und Rückversicherungsvermittlern und bei der Anwendung der Anforderungen nach Artikel 4 auf die betreffenden Vermittler zusammenarbeiten können. Insbesondere können vertraglich gebundene Versicherungsvermittler von einem Versicherungsunternehmen oder einem Zusammenschluss von Versicherungsunternehmen unter der Aufsicht einer zuständigen Behörde eingetragen werden.

Den Mitgliedstaaten steht es frei, die Anforderung nach den Unterabsätzen 1 und 2 nicht auf alle natürlichen Personen anzuwenden, die in einem Unternehmen arbeiten und die Tätigkeit der Versicherungs- oder Rückversicherungsvermittlung ausüben.

Juristische Personen werden von den Mitgliedstaaten eingetragen; im Register sind ferner die Namen der natürlichen Personen, die im Rahmen des Leitungsorgans für die Vermittlungstätigkeiten verantwortlich sind, anzugeben.

(2) Die Mitgliedstaaten können mehr als ein Register für Versicherungs- und Rückversicherungsvermittler einrichten, sofern sie Kriterien für die Eintragung der Vermittler festlegen.

Die Mitgliedstaaten sorgen für die Einrichtung einer einzigen Auskunftsstelle, die einen leichten und schnellen Zugang zu den Informationen aus diesen verschiedenen Registern ermöglicht, die auf elektronischem Wege erstellt und ständig auf dem neuesten Stand gehalten werden. Diese Auskunftsstelle ermöglicht ebenfalls die Identifizierung der zuständigen Behörden jedes Mitgliedstaats nach Absatz 1 Unterabsatz 1. Im Register werden außerdem das Land bzw. die Länder verzeichnet, in dem bzw. in denen der Vermittler im Rahmen der Niederlassungsfreiheit oder des freien Dienstleistungsverkehrs tätig ist.

(3) Die Mitgliedstaaten sorgen dafür, dass die Eintragung von Versicherungs- und Rückversicherungsvermittlern, einschließlich von vertraglich gebundenen Versicherungsvermittlern, von der Erfüllung der beruflichen Anforderungen gemäß Artikel 4 abhängig gemacht wird.

Die Mitgliedstaaten sorgen ferner dafür, dass Versicherungsund Rückversicherungsvermittler, einschließlich von vertraglich gebundenen Versicherungsvermittlern, die diese Anforderungen nicht mehr erfüllen, aus dem Register gestrichen werden. Die Gültigkeit der Eintragung wird von der zuständigen Behörde regelmäßig überprüft. Bei Bedarf unterrichtet der Herkunftsmitgliedstaat den Aufnahmemitgliedstaat auf geeignetem Weg von dieser Streichung.

(4) Die zuständigen Behörden können dem Versicherungsoder Rückversicherungsvermittler ein Dokument ausstellen, das es jeder Person, die ein Interesse daran hat, ermöglicht, durch Einsichtnahme in das oder die Register nach Absatz 2 zu prüfen, ob der Vermittler ordnungsgemäß eingetragen ist.

Dieses Dokument enthält mindestens die Informationen nach Artikel 12 Absatz 1 Buchstaben a) und b) und im Fall einer juristischen Person den (die) Namen der in Absatz 1 Unterabsatz 4 des vorliegenden Artikels genannten natürlichen Person(en).

Der Mitgliedstaat verlangt, dass dieses Dokument der zuständigen Behörde, die es ausgestellt hat, zurückgegeben wird, sobald der Versicherungs- oder Rückversicherungsvermittler nicht mehr eingetragen ist.

(5) Eingetragene Versicherungsvermittler und Rückversicherungsvermittler dürfen die Tätigkeit der Versicherungsvermittlung und der Rückversicherungsvermittlung in der Gemeinschaft im Rahmen der Niederlassungsfreiheit und des freien Dienstleistungsverkehrs aufnehmen und ausüben.

(6) Die Mitgliedstaaten achten darauf, dass die Versicherungsunternehmen nur die Versicherungs- und Rückversicherungsvermittlungsdienste der eingetragenen Versicherungs- und Rückversicherungsvermittler und der in Artikel 1 Absatz 2 genannten Personen in Anspruch nehmen.

Artikel 4

Berufliche Anforderungen

(1) Versicherungs- und Rückversicherungsvermittler müssen über die vom Herkunftsmitgliedstaat des Vermittlers festgelegten angemessenen Kenntnisse und Fertigkeiten verfügen.

Die Herkunftsmitgliedstaaten können die Anforderungen, die an die Kenntnisse und Fertigkeiten gestellt werden, an die Tätigkeit der Versicherungs- und Rückversicherungsvermittler und die von ihnen vertriebenen Produkte anpassen, insbesondere dann, wenn die Versicherungsvermittlung nicht die Hauptberufstätigkeit des Vermittlers ist. In diesem Fall darf der Betreffende eine Tätigkeit der Versicherungsvermittlung nur ausüben, wenn ein Versicherungsvermittler, der die Anforderungen dieses Artikels erfüllt, oder ein Versicherungsunternehmen die uneingeschränkte Haftung für sein Handeln übernommen hat.

Die Mitgliedstaaten können für die in Artikel 3 Absatz 1 Unterabsatz 2 genannten Fälle vorsehen, dass das Versicherungsunternehmen prüft, ob die Kenntnisse und Fertigkeiten der betreffenden Vermittler den Anforderungen nach Unterabsatz 1 des vorliegenden Absatzes entsprechen, und ihnen gegebenenfalls eine Ausbildung verschafft, die den Anforderungen im Zusammenhang mit den von ihnen vertriebenen Produkten entspricht.

Den Mitgliedstaaten steht es frei, die Anforderung nach Unterabsatz 1 nicht auf alle natürlichen Personen anzuwenden, die in einem Unternehmen arbeiten und die Tätigkeit der Versicherungs- oder Rückversicherungsvermittlung ausüben. Die Mitgliedstaaten sorgen dafür, dass ein vertretbarer Anteil der dem Leitungsorgan eines solchen Unternehmens angehörigen Personen, die für die Vermittlung von Versicherungsprodukten verantwortlich sind, sowie alle anderen, direkt bei der Versicherungs- oder Rückversicherungsvermittlung mitwirkenden Personen nachweislich über die für die Erfüllung ihrer Aufgaben erforderlichen Kenntnisse und Fertigkeiten verfügen.

(2) Versicherungs- und Rückversicherungsvermittler müssen einen guten Leumund besitzen. Als Mindestanforderung dürfen sie nicht im Zusammenhang mit schwerwiegenden Straftaten in

den Bereichen Eigentums- oder Finanzkriminalität ins Strafregister oder ein gleichwertiges einzelstaatliches Register eingetragen und sollten nie in Konkurs gegangen sein, es sei denn, sie sind gemäß nationalem Recht rehabilitiert worden.

Die Mitgliedstaaten können den Versicherungsunternehmen gemäß den Bestimmungen des Artikels 3 Absatz 1 Unterabsatz 2 gestatten, den guten Leumund der Versicherungsvermittler zu überprüfen.

Den Mitgliedstaaten steht es frei, die Anforderung nach Unterabsatz 1 nicht auf alle natürlichen Personen anzuwenden, die in einem Unternehmen arbeiten und die Tätigkeit der Versicherungs- und Rückversicherungsvermittlung ausüben. Die Mitgliedstaaten sorgen dafür, dass das Leitungsorgan dieses Unternehmens sowie alle Beschäftigten, die direkt an der Versicherungs- oder Rückversicherungsvermittlung mitwirken, diese Anforderung erfüllen.

(3) Versicherungs- und Rückversicherungsvermittler schließen eine für das gesamte Gebiet der Gemeinschaft geltende Berufshaftpflichtversicherung oder eine andere gleichwertige, die Haftpflicht bei Verletzung beruflicher Sorgfaltspflichten abdeckende Garantie in Höhe von mindestens 1.000.000 € für jeden einzelnen Schadensfall und von 1.500.000 € für alle Schadensfälle eines Jahres ab, soweit eine solche Versicherung oder gleichwertige Garantie nicht bereits von einem Versicherungsunternehmen, Rückversicherungsunternehmen oder anderen Unternehmen gestellt wird, in dessen Namen der Versicherungs- oder Rückversicherungsvermittler handelt oder für das der Versicherungs- oder Rückversicherungsvermittler zu handeln befugt ist, oder dieses Unternehmen die uneingeschränkte Haftung für das Handeln des Vermittlers übernommen hat.

(4) Die Mitgliedstaaten ergreifen alle erforderlichen Maßnahmen, um die Kunden dagegen zu schützen, dass der Versicherungsvermittler nicht in der Lage ist, die Prämie an das Versicherungsunternehmen oder den Erstattungsbetrag oder eine Prämienvergütung an den Versicherten weiterzuleiten.

Dabei kann es sich um eine oder mehrere der folgenden Maßnahmen handeln:

a) Rechtsvorschriften oder vertragliche Bestimmungen, nach denen vom Kunden an den Vermittler gezahlte Gelder so behandelt werden, als seien sie direkt an das Unternehmen gezahlt worden, während Gelder, die das Unternehmen an den Vermittler zahlt, erst dann so behandelt werden, als seien sie an den Verbraucher gezahlt worden, wenn der Verbraucher sie tatsächlich erhält;

b) Vorschriften, nach denen Versicherungsvermittler über eine finanzielle Leistungsfähigkeit zu verfügen haben, die jederzeit 4% der Summe ihrer jährlichen Prämieneinnahmen, mindestens jedoch 15.000€, entspricht;
c) Vorschriften, nach denen Kundengelder über streng getrennte Kundenkonten weitergeleitet werden müssen und diese Konten im Fall des Konkurses nicht zur Entschädigung anderer Gläubiger herangezogen werden dürfen;
d) Vorschriften, nach denen ein Garantiefonds eingerichtet werden muss.

(5) Die Ausübung der Tätigkeit der Versicherungs- und Rückversicherungsvermittlung setzt voraus, dass die beruflichen Anforderungen nach diesem Artikel dauerhaft erfüllt sind.

(6) Die Mitgliedstaaten können die in diesem Artikel genannten Anforderungen für die innerhalb ihres Hoheitsgebiets eingetragenen Versicherungs- und Rückversicherungsvermittler verschärfen und weitere Anforderungen hinzufügen.

(7) Die Beträge nach den Absätzen 3 und 4 werden regelmäßig überprüft, um den von Eurostat veröffentlichten Änderungen des Europäischen Verbraucherpreisindexes Rechnung zu tragen. Diese Beträge werden erstmals fünf Jahre nach Inkrafttreten dieser Richtlinie überprüft und anschließend alle fünf Jahre nach der vorherigen Überprüfung.

Die Beträge werden automatisch angepasst, indem der Grundbetrag in Euro um die prozentuale Änderung des genannten Indexes in der Zeit zwischen dem Inkrafttreten dieser Richtlinie und dem Zeitpunkt der ersten Überprüfung oder in der Zeit zwischen dem Zeitpunkt der letzten Überprüfung und dem der neuen Überprüfung erhöht und auf den nächsthöheren vollen Euro aufgerundet wird.

Artikel 5

Bestandsschutz

Die Mitgliedstaaten können vorsehen, dass Personen, die vor September 2000 eine Vermittlungstätigkeit ausübten, in ein Register eingetragen waren und über ein Ausbildungs- und Erfahrungsniveau verfügten, das dem in dieser Richtlinie geforderten Niveau vergleichbar ist, nach Erfüllung der Anforderungen des Artikels 4 Absätze 3 und 4 automatisch in das anzulegende Register eingetragen werden.

Artikel 6

Mitteilung der Niederlassung und des Erbringens von Dienstleistungen in anderen Mitgliedstaaten

(1) Jeder Versicherungs- oder Rückversicherungsvermittler, der erstmalig in einem oder mehreren Mitgliedstaaten im Rahmen des freien Dienstleistungsverkehrs oder der Niederlassungsfreiheit tätig werden will, teilt dies den zuständigen Behörden des Herkunftsmitgliedstaats mit.

Innerhalb eines Monats nach dieser Mitteilung teilen diese zuständigen Behörden den zuständigen Behörden der Aufnahmemitgliedstaaten, die dies wünschen, die Absicht des Versicherungs- oder Rückversicherungsvermittlers mit und unterrichten gleichzeitig den betreffenden Vermittler darüber.

Der Versicherungs- oder Rückversicherungsvermittler kann seine Tätigkeit einen Monat nach dem Zeitpunkt aufnehmen, zu dem er von den zuständigen Behörden des Herkunftsmitgliedstaats von der Mitteilung nach Unterabsatz 2 unterrichtet worden ist. Der betreffende Vermittler kann seine Tätigkeit jedoch sofort aufnehmen, wenn der Aufnahmemitgliedstaat keinen Wert auf diese Information legt.

(2) Die Mitgliedstaaten teilen der Kommission mit, ob sie nach Absatz 1 informiert werden möchten. Die Kommission teilt dies ihrerseits den Mitgliedstaaten mit.

(3) Die zuständigen Behörden des Aufnahmemitgliedstaats können Maßnahmen treffen, um sicherzustellen, dass die Bedingungen, unter denen die Tätigkeit aus Gründen des Allgemeininteresses im Hoheitsgebiet ihres Mitgliedstaats auszuüben ist, in geeigneter Weise veröffentlicht werden.

Artikel 7

Zuständige Behörden

(1) Die Mitgliedstaaten benennen die zuständigen Behörden, die befugt sind, die Anwendung dieser Richtlinie sicherzustellen. Sie setzen die Kommission unter Angabe etwaiger Aufgabenteilungen davon in Kenntnis.

(2) Bei den Behörden gemäß Absatz 1 muss es sich entweder um staatliche Stellen oder um Einrichtungen handeln, die nach nationalem Recht oder von nach nationalem Recht ausdrücklich dazu befugten staatlichen Stellen anerkannt sind. Dabei darf es

sich nicht um Versicherungs- oder Rückversicherungsunternehmen handeln.

(3) Die zuständigen Behörden sind mit allen zur Erfüllung ihrer Aufgabe erforderlichen Befugnissen auszustatten. Gibt es in einem Mitgliedstaat mehrere zuständige Behörden, so sorgt der betreffende Mitgliedstaat dafür, dass diese eng zusammenarbeiten, damit sie ihre jeweiligen Aufgaben wirkungsvoll erfüllen können.

Artikel 8

Sanktionen

(1) Die Mitgliedstaaten sehen angemessene Sanktionen für den Fall vor, dass eine Person, die die Tätigkeit der Versicherungs- oder Rückversicherungsvermittlung ausübt, nicht in einem Mitgliedstaat eingetragen ist und nicht unter Artikel 1 Absatz 2 fällt.

(2) Die Mitgliedstaaten sehen angemessene Sanktionen für den Fall vor, dass ein Versicherungs- oder Rückversicherungsunternehmen Versicherungs- oder Rückversicherungsvermittlungsdienstleistungen von Personen in Anspruch nimmt, die nicht in einem Mitgliedstaat eingetragen sind und nicht unter Artikel 1 Absatz 2 fallen.

(3) Die Mitgliedstaaten sehen angemessene Sanktionen für den Fall vor, dass ein Versicherungs- oder Rückversicherungsvermittler nationale Rechtsvorschriften nicht einhält, die aufgrund dieser Richtlinie erlassen wurden.

(4) Diese Richtlinie berührt nicht die Befugnis der Aufnahmemitgliedstaaten, geeignete Maßnahmen zu ergreifen, um in ihrem Hoheitsgebiet begangene Verstöße gegen die von ihnen aus Gründen des Allgemeininteresses erlassenen Rechts- und Verwaltungsvorschriften zu verhindern oder zu ahnden. Dazu gehört auch die Möglichkeit, einem Versicherungs- oder Rückversicherungsvermittler, der sich vorschriftswidrig verhält, weitere Tätigkeiten in ihrem Hoheitsgebiet zu untersagen.

(5) Jede angenommene Maßnahme, die Sanktionen oder eine Einschränkung der Tätigkeiten eines Versicherungs- oder Rückversicherungsvermittlers beinhaltet, ist ordnungsgemäß zu begründen und dem betreffenden Vermittler mitzuteilen. Bei jeder derartigen Maßnahme ist vorzusehen, dass in dem Mitgliedstaat, von dem sie ergriffen wurde, Klage erhoben werden kann.

Artikel 9

Informationsaustausch zwischen den Mitgliedstaaten

(1) Die zuständigen Behörden der verschiedenen Mitgliedstaaten arbeiten zusammen, um die ordnungsgemäße Anwendung dieser Richtlinie zu gewährleisten.

(2) Die zuständigen Behörden tauschen Informationen über die Versicherungs- und Rückversicherungsvermittler aus, gegen die eine Sanktion gemäß Artikel 8 Absatz 3 oder eine Maßnahme gemäß Artikel 8 Absatz 4 verhängt wurde, sofern diese Informationen geeignet sind, zur Streichung dieser Vermittler aus dem Register zu führen. Außerdem können die zuständigen Behörden auf Antrag einer Behörde alle einschlägigen Informationen untereinander austauschen.

(3) Alle Personen, die im Rahmen dieser Richtlinie zur Entgegennahme oder Erteilung von Informationen verpflichtet sind, unterliegen dem Berufsgeheimnis in derselben Weise, wie dies in Artikel 16 der Richtlinie 92/49/EWG des Rates vom 18. Juni 1992 zur Koordinierung der Rechts- und Verwaltungsvorschriften für die Direktversicherung (mit Ausnahme der Lebensversicherung) sowie zur Änderung der Richtlinien 73/239/EWG und 88/357/EWG (Dritte Richtlinie Schadensversicherung) (1) und in Artikel 15 der Richtlinie 92/96/EWG des Rates vom 10. November 1992 zur Koordinierung der Rechts- und Verwaltungsvorschriften für die Direktversicherung (Lebensversicherung) sowie zur Änderung der Richtlinien 79/267/EWG und 90/619/EWG (Dritte Richtlinie Lebensversicherung) (2) vorgesehen ist.

Artikel 10

Beschwerden

Die Mitgliedstaaten sorgen für die Einrichtung von Verfahren, die es Kunden und anderen Betroffenen, insbesondere Verbraucherschutzverbänden, ermöglichen, Beschwerden über Versicherungs- und Rückversicherungsvermittler einzulegen. Beschwerden sind in jedem Fall zu beantworten.

---

(1) ABl. L 228 vom 11. 8. 1992, S. 1. Richtlinie zuletzt geändert durch die Richtlinie 2000/64/EG des Europäischen Parlaments und des Rates (ABl. L 290 vom 17. 11. 2000, S. 27).

(2) ABl. L 360 vom 9. 12. 1992, S. 1. Richtlinie zuletzt geändert durch die Richtlinie 2000/64/EG des Europäischen Parlaments und des Rates.

Artikel 11

Außergerichtliche Beilegung von Streitigkeiten

(1) Die Mitgliedstaaten fördern die Schaffung angemessener und wirksamer Beschwerde- und Abhilfeverfahren zur außergerichtlichen Beilegung von Streitigkeiten zwischen Versicherungsvermittlern und Kunden, gegebenenfalls durch Rückgriff auf bestehende Stellen.

(2) Die Mitgliedstaaten fördern die Zusammenarbeit der entsprechenden Stellen bei der Beilegung grenzübergreifender Streitigkeiten.

KAPITEL III

INFORMATIONSPFLICHTEN DER VERMITTLER

Artikel 12

Vom Versicherungsvermittler zu erteilende Auskünfte

(1) Vor Abschluss jedes ersten Versicherungsvertrags und nötigenfalls bei Änderung oder Erneuerung des Vertrags teilt der Versicherungsvermittler dem Kunden zumindest Folgendes mit:

a) seinen Namen und seine Anschrift;
b) in welches Register er eingetragen wurde und auf welche Weise sich die Eintragung überprüfen lässt;
c) ob er eine direkte oder indirekte Beteiligung von über 10% an den Stimmrechten oder am Kapital eines bestimmten Versicherungsunternehmens besitzt;
d) ob ein bestimmtes Versicherungsunternehmen oder das Mutterunternehmen eines bestimmten Versicherungsunternehmens eine direkte oder indirekte Beteiligung von über 10% an den Stimmrechten oder am Kapital des Versicherungsvermittlers besitzt;
e) Angaben über die in Artikel 10 genannten Verfahren, die es den Kunden und anderen Betroffenen ermöglichen, Beschwerden über Versicherungsvermittler einzureichen, sowie gegebenenfalls über die in Artikel 11 genannten außergerichtlichen Beschwerde- und Abhilfeverfahren.

Außerdem teilt der Versicherungsvermittler dem Kunden in Bezug auf den angebotenen Vertrag mit,

i) ob er seinen Rat gemäß der in Absatz 2 vorgesehenen Verpflichtung auf eine ausgewogene Untersuchung stützt, oder

ii) ob er vertraglich verpflichtet ist, Versicherungsvermittlungsgeschäfte ausschließlich mit einem oder mehreren Versicherungsunternehmen zu tätigen. In diesem Fall teilt er dem Kunden auf Antrag auch die Namen dieser Versicherungsunternehmen mit, oder

iii) ob er nicht vertraglich verpflichtet ist, Versicherungsvermittlungsgeschäfte ausschließlich mit einem oder mehreren Versicherungsunternehmen zu tätigen, und seinen Rat nicht gemäß der in Absatz 2 vorgesehenen Verpflichtung auf eine ausgewogene Untersuchung stützt. In diesem Fall teilt er dem Kunden auf Antrag auch die Namen derjenigen Versicherungsunternehmen mit, mit denen er Versicherungsgeschäfte tätigen darf und auch tätigt.

In den Fällen, in denen vorgesehen ist, dass die betreffende Information nur auf Antrag des Kunden zu erteilen ist, ist Letzterer von dem Recht, diese Information zu beantragen, in Kenntnis zu setzen.

(2) Teilt der Versicherungsvermittler dem Kunden mit, dass er auf der Grundlage einer objektiven Untersuchung berät, so ist er verpflichtet, seinen Rat auf eine Untersuchung einer hinreichenden Zahl von auf dem Markt angebotenen Versicherungsverträgen zu stützen, so dass er gemäß fachlichen Kriterien eine Empfehlung dahin gehend abgeben kann, welcher Versicherungsvertrag geeignet wäre, die Bedürfnisse des Kunden zu erfüllen.

(3) Vor Abschluss eines Versicherungsvertrags hat der Versicherungsvermittler, insbesondere anhand der vom Kunden gemachten Angaben, zumindest dessen Wünsche und Bedürfnisse sowie die Gründe für jeden diesem zu einem bestimmten Versicherungsprodukt erteilten Rat genau anzugeben. Diese Angaben sind der Komplexität des angebotenen Versicherungsvertrags anzupassen.

(4) Die in den Absätzen 1, 2 und 3 genannten Auskünfte brauchen weder bei der Vermittlung von Versicherungen für Großrisiken noch bei der Rückversicherungsvermittlung erteilt zu werden.

(5) Die Mitgliedstaaten können hinsichtlich der nach Absatz 1 zu erteilenden Auskünfte strengere Vorschriften beibehalten oder erlassen, sofern sie mit dem Gemeinschaftsrecht vereinbar sind.

Die Mitgliedstaaten teilen der Kommission die in Unterabsatz 1 genannten einzelstaatlichen Vorschriften mit.

Um mit allen geeigneten Mitteln ein hohes Maß an Transparenz zu schaffen, sorgt die Kommission dafür, dass die ihr zugeleiteten Informationen über die einzelstaatlichen Vorschriften auch den Verbrauchern und den Versicherungsvermittlern mitgeteilt werden.

Artikel 13

Einzelheiten der Auskunftserteilung

(1) Die den Kunden nach Artikel 12 zustehenden Auskünfte sind folgendermaßen zu erteilen:

a) auf Papier oder auf einem anderen, dem Kunden zur Verfügung stehenden und zugänglichen dauerhaften Datenträger;
b) in klarer, genauer und für den Kunden verständlicher Form;
c) in einer Amtssprache des Mitgliedstaats, in dem die Verpflichtung eingegangen wird, oder in jeder anderen von den Parteien vereinbarten Sprache.

(2) Abweichend von Absatz 1 Buchstabe a) dürfen die in Artikel 12 genannten Auskünfte mündlich erteilt werden, wenn der Kunde dies wünscht oder wenn eine Sofortdeckung erforderlich ist. In diesen Fällen werden die Auskünfte dem Kunden gemäß Absatz 1 unmittelbar nach Abschluss des Versicherungsvertrags erteilt.

(3) Handelt es sich um einen Telefonverkauf, so entsprechen die vor dem Abschluss dem Kunden erteilten Auskünfte den Gemeinschaftsvorschriften über den Fernabsatz von Finanzdienstleistungen an Verbraucher. Ferner werden die Auskünfte dem Kunden gemäß Absatz 1 unmittelbar nach Abschluss des Versicherungsvertrags erteilt.

KAPITEL IV

SCHLUSSBESTIMMUNGEN

Artikel 14

Anrufung der Gerichte

Die Mitgliedstaaten sorgen dafür, dass gegen Entscheidungen, die bezüglich eines Versicherungs- oder Rückversicherungsvermittlers oder eines Versicherungsunternehmens aufgrund von gemäß dieser Richtlinie erlassenen Rechts- und Verwaltungsvorschriften ergehen, ein Gericht angerufen werden kann.

Artikel 15

Aufhebung

Die Richtlinie 77/92/EWG wird mit Wirkung ab dem in Artikel 16 Absatz 1 genannten Zeitpunkt aufgehoben.

Artikel 16

Umsetzung

(1) Die Mitgliedstaaten setzen die erforderlichen Rechts- und Verwaltungsvorschriften in Kraft, um dieser Richtlinie spätestens ab dem 15. Januar 2005 nachzukommen. Sie setzen die Kommission unverzüglich davon in Kenntnis.

Bei Erlass dieser Vorschriften nehmen die Mitgliedstaaten in den Vorschriften selbst oder durch einen Hinweis bei der amtlichen Veröffentlichung auf diese Richtlinie Bezug. Die Mitgliedstaaten regeln die Einzelheiten der Bezugnahme.

(2) Die Mitgliedstaaten teilen der Kommission den Wortlaut der Rechts- und Verwaltungsvorschriften mit, die sie auf dem unter diese Richtlinie fallenden Gebiet erlassen. Gleichzeitig übermitteln sie eine Tabelle, aus der hervorgeht, welche innerstaatlichen Vorschriften den einzelnen Artikeln dieser Richtlinie entsprechen.

Artikel 17

Inkrafttreten

Diese Richtlinie tritt am Tag ihrer Veröffentlichung im *Amtsblatt der Europäischen Gemeinschaften* in Kraft.

Artikel 18

Adressaten

Diese Richtlinie ist an alle Mitgliedstaaten gerichtet.

Geschehen zu Brüssel am 9. Dezember 2002.

Im Namen des Europäischen Parlaments
Der Präsident
P. COX

Im Namen des Rates
Der Präsident
H. C. SCHMIDT

XIII. Ausgestaltung der Informationspflichten nach Vorgabe der Versicherungsvermittler-Richtlinie

Information des Versicherungsnehmers nach § 6 der Verordnung über die Versicherungsvermittlung – VersVermV:

- Name des Kunden
- Anschrift des Kunden
- Datum
- Zeit

Angaben zum Versicherungsvermittler

- Name
- Anschrift
- Telefon/Telefax/E-Mail
- tätig im Auftrage der Firma ......
- handelnd als Versicherungsvertreter mit Erlaubnis nach § 34d Abs. I der Gewerbeordnung
- gemeldet beim Gewerbeamt ......
- eingetragen im Register für Versicherungsvermittler (Anschrift Telefon/Telefax/E-Mail)

Hinweis:
Die Eintragung kann überprüft werden durch Rückfrage bei dem o. a. Register und im Internet unter www......

Erklärungen des Versicherungsvermittlers

a) Ich halte weder unmittelbar noch mittelbar eine Beteiligung von über 10% an den Stimmrechten oder am Kapital eines bestimmten Versicherungsunternehmens.
b) Kein Versicherungsunternehmen oder Mutterunternehmen eines Versicherungsunternehmens hält eine Beteiligung am Kapital oder den Stimmrechten meines Unternehmens.

Informationen und Angaben über das Beschwerde- und Streitschlichtungsverfahren vor dem Ombudsmann

Beschwerden über einen im Register eingetragenen Versicherungsvermittler können an den Ombudsmann ...... (Name, Anschrift, Telefon, Telefax, Email, Internet) **gerichtet werden.**

Der Ombudsmann ist verpflichtet jede Beschwerde über einen im Register eingetragenen Versicherungsvermittler zu beantworten und muss bei wiederholten begründeten Beschwerden die zuständige Erlaubnisbehörde informieren.

Zur Erfüllung seiner Aufgaben als Streitschlichtungs- und Beschwerdestelle gibt sich der Ombudsmann eine Verfahrens- und Gebührenordnung und kann auf dieser Grundlage eine dem Aufwand angemessene Gebühr vom Versicherungsvermittler oder Versicherungsunternehmen verlangen.

Bei offensichtlich missbräuchlichen Beschwerden kann auch von dem Beschwerdeführer eine Gebühr verlangt werden.

Beschwerden können auch an das Versicherungsunternehmen gerichtet werden. Die Versicherungsunternehmen müssen diese beantworten und bei wiederholten Beschwerden die für die Erlaubniserteilung zuständige Behörde in Kenntnis setzen.

Ort/Datum	Ort/Datum
……	……
Kunde	Vermittler

XIV. Verzichtserklärung des Kunden gemäß § 42c VVG (n.F.)

In Kenntnis der Tatsache, dass sich mein Verzicht nachteilig auf meine Möglichkeit auswirkt, gegen den Versicherungsvermittler ...... Schadenersatzansprüche geltend zu machen, verzichte ich hiermit ausdrücklich auf

- ☐ die Erteilung von Rat bei Auswahl einer Versicherung
- ☐ die schriftliche Begründung des mir erteilten Rats bei Auswahl der Versicherung
- ☐ die Dokumentation der Beratung durch den Vermittler.

......,	......
Ort	Datum

......
Unterschrift

XV. Diskussionspapier v. 24. 5. 2004

VIII B 4 – 12 03 63 Stand: 24. Mai 2004

I. Gesetz zur Einführung des Versicherungsvermittlerrechts vom 2005

Der Bundestag hat mit Zustimmung des Bundesrates das folgende Gesetz beschlossen:

Artikel 1
Änderung der Gewerbeordnung

Die Gewerbeordnung in der Fassung der Bekanntmachung vom 22. Februar 1999 (BGBl. I, S. 202) zuletzt geändert durch Artikel 1 des Dritten Gesetzes zur Änderung der Gewerbeordnung vom 24. August 2002 (BGBl. I, S. 3412) wird wie folgt geändert:

1. Das Inhaltsverzeichnis wird wie folgt geändert:
   a) Nach der Angabe „Makler, Bauträger, Baubetreuer ... § 34c" wird die Angabe „Versicherungsvermittler ... § 34d" eingefügt;
   b) nach der Angabe „Verbotene Annahme von Entgelten für Pauschalreisen ... § 147b" wird die Angabe „Verletzung von Beratungs-, Dokumentations- und Informationspflichten nach dem Versicherungsvertragsgesetz ... § 147c" eingefügt und
   c) nach der Angabe „Versagung der Auskunft zu Zwecken des Zeugenschutzes ... § 155a" wird die Angabe „(weggefallen)" durch die Angabe „Übergangsregelungen" ersetzt.
2. In § 29 Abs. 1 Nr. 1 wird die Angabe „oder § 34c" durch die Angabe „, 34c oder 34d" ersetzt.
3. In § 34c Abs. 2 Nr. 1 wird hinter dem Wort „Untreue," das Wort „Geldwäsche," eingefügt.
4. Nach § 34c wird folgender neuer § 34d eingefügt:
   „(1) Wer gewerbsmäßig als Versicherungsmakler oder als Versicherungsvertreter den Abschluss von Versicherungsverträgen vermitteln will (Versicherungsvermittler), bedarf der Erlaubnis der zuständigen Behörde. Die Vorschriften des Satzes 1 gelten für Rückversicherungsverträge entsprechend. Die Erlaubnis kann inhaltlich beschränkt und mit Auflagen verbun-

den werden, soweit dies zum Schutze der Allgemeinheit oder der Auftraggeber erforderlich ist; unter denselben Voraussetzungen ist auch die nachträgliche Aufnahme, Änderung und Ergänzung von Auflagen zulässig.

(2) Die Erlaubnis ist zu versagen, wenn

1. Tatsachen die Annahme rechtfertigen, dass der Antragsteller die für den Gewerbebetrieb erforderliche Zuverlässigkeit nicht besitzt; die erforderliche Zuverlässigkeit besitzt in der Regel nicht, wer in den letzten 5 Jahren vor Stellung des Antrages wegen eines Verbrechens oder wegen Diebstahls, Unterschlagung, Erpressung, Betruges, Untreue, Geldwäsche, Urkundenfälschung, Hehlerei, Wuchers oder einer Insolvenzstraftat rechtskräftig verurteilt worden ist,
2. der Antragsteller in ungeordneten Vermögensverhältnissen lebt; dies ist in der Regel der Fall, wenn über das Vermögen des Antragstellers das Insolvenzverfahren eröffnet worden oder er in das vom Insolvenzgericht oder vom Vollstreckungsgericht zu führende Verzeichnis (§ 26 Abs. 2 Insolvenzordnung, § 915 Zivilprozessordnung) eingetragen ist,
3. der Antragsteller den Nachweis einer Berufshaftpflichtversicherung nicht erbringen kann,
4. der Antragsteller nicht den Nachweis einer vor der Industrie und Handelskammer erfolgreich abgelegten Sachkundeprüfung erbringen kann; es ist ausreichend, wenn der Nachweis durch eine angemessene Zahl von beim Antragsteller beschäftigten natürlichen Personen erbracht wird, denen die Aufsicht über die unmittelbar mit der Vermittlung von Versicherungen befassten Personen übertragen ist und die den Antragsteller vertreten dürfen.

(3) Auf Antrag hat die Behörde einen Gewerbetreibenden von der Erlaubnispflicht nach Absatz 1 zu befreien, wenn

1. er seine Tätigkeit ausschließlich für Rechnung und im Auftrag eines oder – wenn die Versicherungsprodukte nicht in Konkurrenz stehen – mehrerer Versicherungsunternehmen ausübt,
2. [er keine Prämien oder für den Versicherungsnehmer bestimmte Gelder in Empfang nimmt] und
3. der zuständigen Behörde durch eine entsprechende Erklärung nachgewiesen wird, dass durch das oder die Versicherungsunternehmen für ihn die uneingeschränkte Haftung aus seiner Vermittlertätigkeit übernommen wird.

Absatz 1 Satz 3 gilt entsprechend.

(4) Auf Antrag hat die Behörde einen Gewerbetreibenden von der Erlaubnispflicht nach Absatz 1 zu befreien, wenn

1. er seine Tätigkeit als Versicherungsvermittler unmittelbar im Auftrag eines oder mehrerer Versicherungsvermittler, die Inhaber einer Erlaubnis nach Absatz 1 sind, oder mehrerer Versicherungsunternehmen ausübt,
2. die vermittelte Versicherung eine Ergänzung der im Rahmen seiner Haupttätigkeit gelieferten Waren oder erbrachten Dienstleistungen darstellt,
3. [er keine Prämien oder für den Versicherungsnehmer bestimmte Gelder in Empfang nimmt],
4. der zuständigen Behörde eine Berufshaftpflichtversicherung nach Maßgabe des Absatzes 2 Ziffer 3 nachgewiesen wird und
5. er zuverlässig und angemessen qualifiziert ist; der zuständigen Behörde gegenüber ist als Nachweis hierfür eine entsprechende Erklärung eines Versicherungsvermittlers nach Ziffer 1 oder eines Versicherungsunternehmens ausreichend, dass die Zuverlässigkeit und angemessene Qualifikation des Antragstellers sichergestellt ist.

Absatz 1 Satz 3 gilt entsprechend.

(5) Gewerbetreibende nach den Absätzen 1, 3 und 4 sind verpflichtet, sich in ein Register für Versicherungsvermittler eintragen zu lassen.

Das Register kann in Trägerschaft der im Versicherungsmarkt tätigen Firmen oder ihrer Verbände geführt werden. Das Register dient der Information der Versicherungsnehmer und der Versicherungsunternehmen und dem Datenaustausch mit den entsprechenden Registern der übrigen Mitgliedstaaten der Europäischen Union. Zu diesem Zwecke dürfen personenbezogene Daten erhoben und verarbeitet und auf Anfrage übermittelt werden.

(6) Versicherungsvermittler, die in einem anderen Mitgliedstaat der Europäischen Union niedergelassen sind, sind zur Ausübung der Tätigkeit gemäß § 34 d Abs. 1 GewO in der Bundesrepublik Deutschland befugt, sofern sie die Eintragung in das Register eines Mitgliedstaates der Europäischen Union nach Artikel 3 der Richtlinie 2002/92/EG nachweisen können.

(7) Als außergerichtliche Beschwerde- und Streitschlichtungsstelle wird [ein] Ombudsmann eingesetzt[1].

(8) Das Bundesministerium für Wirtschaft und Arbeit kann [im Einvernehmen mit dem Bundesministerium der Finanzen, dem Bundesministerium der Justiz und dem Bundesministeri-

---

[1] In der Satzung sollte klargestellt werden, dass auch Verbraucherschutzverbände beschwerdebefugt sind.

um für Verbraucherschutz, Ernährung und Landwirtschaft] mit Zustimmung des Bundesrates durch Rechtsverordnung unter Beachtung der Richtlinie 2002/92/EG

1. [sowie der Berücksichtigung des Schutzes der Allgemeinheit und der Auftraggeber] Vorschriften über
   a) den Umfang der von den Gewerbetreibenden bei der Ausübung ihres Gewerbes zu erfüllenden Pflichten,
   b) über den Geltungsbereich und die Voraussetzungen der Erlaubnis,
   c) die Voraussetzungen der Ausnahme von der Erlaubnispflicht gemäß Absatz 3 und 4,
   d) die Informationspflichten gegenüber dem Versicherungsnehmer,
2. die Anforderungen und das Verfahren für eine Sachkundeprüfung nach Absatz 2 Nummer 4 sowie die Ausnahmen von der Erforderlichkeit der Sachkundeprüfung,
3. den Umfang und Inhalt des Registers für Versicherungsvermittler nach Absatz 5 sowie die Information und den Datenaustausch mit ausländischen Behörden festlegen,
4. inhaltliche Anforderungen an die nach Absatz 2 Ziffer 3 erforderliche Haftpflichtversicherung und die Bestimmung der zuständigen Stelle im Sinne des § 158c Abs. 2 des Versicherungsvertragsgesetzes,
5. [Übergangsregelungen für die Erlaubnispflicht und ihre Anforderungen nach den Absätzen 1 und 2],
6. die Rechte und Pflichten der Beschwerdestelle nach Absatz 7

festlegen.

(9) die Erlaubnispflicht nach Absatz 1, die Absätze 2 bis 6 und Absatz 8 Ziffern 1 bis 5 gelten nicht für Gewerbetreibende, die

1. nicht hauptberuflich Versicherungen vermitteln und
   - für den betreffenden Versicherungsvertrag nur Kenntnisse des angebotenen Versicherungsschutzes erforderlich sind,
   - es sich nicht um eine Lebensversicherung oder eine Versicherung zur Abdeckung von Haftpflichtrisiken handelt,
   - die Versicherung eine Zusatzleistung zur Lieferung einer Ware bzw. der Erbringung einer Dienstleistung darstellt und mit der Versicherung entweder das Risiko eines Defekts, eines Verlusts oder einer Beschädigung der gelieferten Güter oder die Beschädigung, den Verlust von Gepäck oder andere Risiken einschließlich Haftpflichtrisiken oder eine Lebensversicherung im Zusammenhang mit ei-

ner gebuchten Reise abdeckt, sofern die Deckung zusätzlich zur Hauptversicherungsdeckung für Risiken im Zusammenhang mit dieser Reise gewährt wird,

- die Jahresprämie einen Betrag von 500,–€ nicht übersteigt und
- die Gesamtlaufzeit einschließlich etwaiger Verlängerungen nicht mehr als fünf Jahre beträgt,

2. als Spediteur oder Lagerhalter Versicherungsschutz über eine vom Gewerbetreibenden als Versicherungsnehmer oder Prämienschuldner gezeichnete [Global-]Versicherung für das von ihm transportierte oder eingelagerte Gut besorgen, oder
3. als Bausparkasse oder als von einer Bausparkasse beauftragter Vermittler für Bausparer Risikolebensversicherungen im Rahmen eines Kollektivvertrages vermitteln, die als Bestandteile der Bausparverträge ausschließlich dazu bestimmt sind, die Rückzahlungsforderungen der Bausparkasse aus gewährten Bauspardarlehen abzusichern."

5. § 55a wird wie folgt geändert:
   a) In Nummer 6 werden die Wörter „Versicherungsverträge oder" gestrichen.
   b) In Nummer 7 werden die Wörter „oder 34c" durch die Wörter „34c oder 34d" ersetzt

6. In § 57 Abs. 2 werden die Wörter „des § 34a oder des § 34c" durch die Wörter „der §§ 34a, 34c oder 34d" ersetzt.

7. § 61a Abs. 2 Satz 1 wird wie folgt geändert:
   a) Nach den Wörtern „des Versteigerungsgewerbes" wird das Wort „und" durch ein Komma ersetzt,
   b) nach dem Wort „Baubetreuer" werden die Wörter „sowie des Versicherungsvermittlergewerbes" eingefügt,
   c) nach der Angabe „34c Abs. 3 und 5" wird die Angabe „,§ 34d Abs. 2 bis 6, 8 und 9" eingefügt und
   d) nach der Angabe „§ 34b Abs. 8" werden die Wörter „des § 34c Abs. 3" durch die Wörter „, des § 34c Abs. 3 und des § 34d Abs. 8" ersetzt.

8. In § 70a werden die Wörter „des § 34a oder des § 34c" durch die Wörter „der §§ 34a, 34c oder 34d" ersetzt.

9. § 71b Abs. 2 Satz 1 wird wie folgt geändert:
   a) nach den Wörtern „des Versteigerungsgewerbes" wird das Wort „und" durch ein Komma ersetzt,
   b) nach dem Wort „Baubetreuer" werden die Wörter „sowie des Versicherungsvermittlergewerbes" eingefügt,

c) nach der Angabe „§ 34 c Abs. 3 und 5“ wird die Angabe „„§ 34 d Abs. 2 bis 6, 8 und 9“ eingefügt, und
d) nach der Angabe „§ 34 b Abs. 8“ werden die Wörter „und des § 34 c Abs. 3“ durch die Wörter „, des § 34 c Abs. 3 und des § 34 d Abs. 8“ ersetzt.

10. § 144 wird wie folgt geändert:
   a) In Absatz 1 Nummer 1 wird in Buchstabe i nach dem Wort „nachweist“ das Wort „oder“ durch ein Komma ersetzt und folgender Buchstabe j angefügt:
      „j) nach § 34 d Abs. 1 den Abschluss von Verträgen der dort bezeichneten Art vermittelt oder die Gelegenheit hierzu nachweist oder“,
   b) Absatz 2 wird wie folgt geändert:
      aa) In Nummer 1 wird nach der Angabe „§ 34 c Abs. 3“ die Angabe „, 34 d Abs. 8“ eingefügt.
      bb) In Nummer 3 werden nach der Angabe „§ 34 c Abs. 1 Satz 2“ die Angaben „, § 34 d Abs. 1 Satz 3 sowie § 34 d Abs. 3 Satz 2 und Abs. 4 Satz 2 jeweils in Verbindung mit § 34 d Abs. 1 Satz 3“ eingefügt.

11. In § 145 Abs. 2 Nr. 8 werden nach der Angabe „§ 34 b Abs. 8“ das Wort „oder“ durch ein Komma ersetzt und nach der Angabe „§ 34 c Abs. 3“ die Worte „oder § 34 d Abs. 8“ eingefügt.

12. In § 146 Abs. 2 Nr. 11 werden nach der Angabe „§ 34 b Abs. 8“ das Wort „oder“ durch ein Komma ersetzt und nach der Angabe „§ 34 c Abs. 3“ die Worte „oder § 34 d Abs. 8“ eingefügt.

13. Nach § 147 b wird folgender § 147 c eingefügt:

„§ 147 c
Verletzung von Beratungs-, Dokumentations- und Informationspflichten nach dem Versicherungsvertragsgesetz

(1) Ordnungswidrig handelt, wer
a) entgegen § 42 c Abs. 1 in Verbindung mit § 42 d des Versicherungsvertragsgesetzes ohne Verzicht des Versicherungsnehmers in gesonderter Textform die Beratungs- oder Dokumentationspflichten verletzt,
b) entgegen § 42 b Abs. 1 in Verbindung mit § 42 d des Versicherungsvertragsgesetzes ohne Verzicht des Versicherungsnehmers in gesonderter Textform die Informationspflicht verletzt[, oder
c) entgegen § 42 b Abs. 2 Satz 1 des Versicherungsvertragsgesetzes ohne ausdrücklichen Hinweis nach § 42 b Abs. 2

Satz 2 des Versicherungsvertragsgesetzes seinen Rat auf eine unzureichende Grundlage stützt].

(2) Die Ordnungswidrigkeit kann mit einer Geldbuße bis zu fünftausend Euro geahndet werden."

14. § 156 (weggefallen) wird wie folgt geändert:

„§ 156
Übergangsregelungen

(1) Gewerbetreibende, die vor dem 15. Januar 2005 Versicherungen im Sinne des § 34d Abs. 1 vermittelt haben, bedürfen bis zum [15. Januar 2007] keiner Erlaubnis.

(2) Versicherungsvermittler im Sinne des § 34d Abs. 1 der Gewerbeordnung sind verpflichtet, zum 15. Januar 2005 eine Haftpflichtversicherung nach den Vorschriften des § 34d Abs. 2 Nr. 3 der Gewerbeordnung abzuschließen, es sei denn, sie sind gemäß § 34d Abs. 3 der Gewerbeordnung von der Erlaubnispflicht befreit.

(3) Die zuständige Behörde muss die Versicherungsvermittlung untersagen, wenn die erforderliche Haftpflichtversicherung nach dem 15. Januar 2005 nicht nachgewiesen werden kann."

Artikel 2
Änderung des Gesetzes über den Versicherungsvertrag

Das Gesetz über den Versicherungsvertrag in der im BGBl. III Gliederungsnummer 7632-1, veröffentlichten bereinigten Fassung, zuletzt geändert durch das Gesetzes vom ...... (BGBl. I, ...), wird wie folgt geändert:

1. Der Vierte Titel des Ersten Abschnitts erhält die Überschrift „Versicherungsvermittler".

2. Vor § 43 wird folgender Erster Untertitel eingefügt:

„Erster Untertitel: Mitteilungs- und Beratungspflichten

§ 42a
Begriffsbestimmungen

(1) Versicherungsvermittler im Sinne dieses Gesetzes sind Versicherungsvertreter und Versicherungsmakler.

(2) Versicherungsvertreter im Sinne dieses Gesetzes ist, wer als Selbständiger von einem Versicherer oder einem Versicherungsvertreter damit betraut ist, Versicherungsverträge zu vermitteln oder abzuschließen.

(3) Versicherungsmakler im Sinne dieses Gesetzes ist, wer als Selbständiger für den Auftraggeber die Vermittlung oder den Abschluss von Versicherungsverträgen übernimmt, ohne von einem Versicherer oder von einem Versicherungsvertreter damit betraut zu sein. Als Versicherungsmakler gilt, wer gegenüber dem Versicherungsnehmer[, insbesondere durch eine entsprechende Eintragung in das Register für Versicherungsvermittler nach § 6 der Verordnung über die Versicherungsvermittlung,] den Anschein erweckt, er erbringe seine Leistungen als Versicherungsmakler nach Satz 1.

§ 42 b
Beratungsgrundlage des Versicherungsvermittlers

(1) Der Versicherungsvertreter und der Versicherungsmakler, der nicht auf der Grundlage des Abs. 2 Satz 1 berät, haben dem Versicherungsnehmer mitzuteilen, auf welcher Markt- und Informationsgrundlage sie ihre Leistung erbringen, und die Namen der seinem Rat zugrunde gelegten Versicherer anzugeben. Außerdem hat der Versicherungsvertreter mitzuteilen, für welche Versicherer er seine Tätigkeit ausübt und ob er für diese ausschließlich tätig wird.

(2) Der Versicherungsmakler ist verpflichtet, seinem Rat eine hinreichende Zahl von auf dem Markt angebotenen Versicherungsverträgen und von Versicherern zu Grunde zu legen, so dass er nach fachlichen Kriterien eine Empfehlung dahin abgeben kann, welcher Versicherungsvertrag geeignet ist, die Bedürfnisse des Versicherungsnehmers zu erfüllen. Dies gilt nicht, soweit er im Einzelfall vor Abgabe der auf den Vertragsschluss gerichteten Willenserklärung des Versicherungsnehmers diesen ausdrücklich auf eine eingeschränkte Versicherer- und Vertragsauswahl hinweist.

(3) Auf die Mitteilungen und Angaben nach Abs. 1 kann nur durch Erklärung des Versicherungsnehmers in gesonderter Textform verzichtet werden.

§ 42 c
Beratungs-, Informations- und Dokumentationspflichten des Versicherungsvermittlers

(1) Der Versicherungsvermittler hat den Versicherungsnehmer [unter Berücksichtigung eines angemessenen Verhältnisses zwischen Beratungsaufwand und der durch den Versicherungsnehmer zu leistenden Versicherungsprämien und], soweit nach

1. der Schwierigkeit, die angebotene Versicherung zu beurteilen und

2. der Person des Versicherungsnehmers und dessen Situation hierfür Anlass besteht, nach seinen Wünschen und Bedürfnissen zu befragen [und ihn zu beraten] sowie die Gründe für jeden zu einer bestimmten Versicherung erteilten Rat anzugeben. Er hat dies unter Berücksichtigung der Komplexität des angebotenen Versicherungsvertrages nach Maßgabe des § 42d zu dokumentieren.

(2) Auf die Beratung und Dokumentation nach Abs. 1 kann nur durch Erklärung des Versicherungsnehmers in gesonderter Textform verzichtet werden.

§ 42d
Zeitpunkt und Form der Information

(1) Dem Versicherungsnehmer sind die Informationen nach § 42b Abs. 1 vor Abgabe seiner auf den Vertragsschluss gerichteten Willenserklärung, die Informationen nach § 42c Abs. 1 vor dem Abschluss des Vertrages jeweils in Textform klar und verständlich zu übermitteln

(2) Die Informationen nach Absatz 1 dürfen mündlich übermittelt werden, wenn der Versicherungsnehmer dies wünscht oder wenn und soweit der Versicherer vorläufige Deckung gewährt. In diesen Fällen sind die Informationen unverzüglich nach Vertragsschluss dem Versicherungsnehmer in Textform zur Verfügung zu stellen, es sei denn, der Versicherungsnehmer hat einen entsprechenden Verzicht nach § 42b Abs. 3 oder § 42c Abs. 2 erklärt.

§ 42 e
Schadenersatzpflicht

Der Versicherungsvermittler ist zum Ersatz des Schadens verpflichtet, der dem Versicherungsnehmer durch die schuldhafte Verletzung einer Pflicht nach § 42b oder § 42c entsteht.

§ 42 f
Zahlungssicherung zugunsten des Versicherungsnehmers

(1) Zahlungen des Versicherungsnehmers, die im Zusammenhang mit einem Versicherungsvertrag an einen Versicherer zu leisten sind, jedoch an den Versicherungsvermittler gezahlt werden, gelten als unmittelbar an den Versicherer bewirkt. Dies gilt nicht, wenn der Versicherungsnehmer davon Kenntnis hat, dass der Versicherungsvermittler nicht vom Versicherer zur Entgegennahme von Geldleistungen bevollmächtigt ist.

(2) [Zahlungen des Versicherers, die im Zusammenhang mit einem Versicherungsvertrag an einen Versicherungsnehmer zu

leisten sind, jedoch an den Versicherungsvermittler gezahlt werden, gelten erst dann als an den Versicherungsnehmer bewirkt, wenn dieser die Zahlung tatsächlich erhalten hat.]

§ 42g
Großrisiken

Die §§ 42b bis 42f gelten nicht für die Vermittlung von Versicherungen für Großrisiken im Sinne des Artikels 10 Abs. 1 des Einführungsgesetzes zum Gesetz über den Versicherungsvertrag."

3. Nach § 42g wird folgende Überschrift eingefügt:
   „Zweiter Untertitel: Vertretungsmacht des Versicherungsvertreters"
4. In den §§ 43 bis 48 werden jeweils die Wörter „Versicherungsagent", „Versicherungsagenten" und „Agent" durch das Wort „Versicherungsvertreter" ersetzt.

Artikel 3
Änderung des Versicherungsaufsichtsgesetzes

Das Gesetz über die Beaufsichtigung von Versicherungsunternehmen in der Fassung der Bekanntmachung vom 17. Dezember 1992 (BGBl. 1993 I S. 2) wird wie folgt geändert:

1. Nach Abschnitt IV, 2. Unterabschnitt wird ein neuer 3. Unterabschnitt eingefügt:

„3. Zusammenarbeit mit Versicherungsvermittlern

„§ 80
Anforderungen an die mit dem Vertrieb von Versicherungsprodukten befassten Personen

(1) Versicherungsunternehmen sind verpflichtet, nur mit solchen selbständigen Versicherungsvermittlern zusammenzuarbeiten, die im Besitz einer Erlaubnis nach § 34d Abs. 1 der Gewerbeordnung oder einer Erlaubnisbefreiung nach § 34d Abs. 3 oder 4 der Gewerbeordnung sind oder nach § 34d Abs. 9 der Gewerbeordnung nicht der Erlaubnispflicht unterliegen.

(2) Versicherungsunternehmen sind verpflichtet, die Zuverlässigkeit von selbständigen Versicherungsvermittlern, die von der Erlaubnispflicht

1. nach § 34d Abs. 3 der Gewerbeordnung befreit sind, oder

2. nach § 34d Abs. 4 der Gewerbeordnung befreit sind und die Tätigkeit als Versicherungsvermittler im Auftrag mehrerer Versicherungsunternehmen ausüben,

zu überprüfen und dafür Sorge zu tragen, dass sie über die zur Vermittlung des jeweiligen Versicherungsproduktes angemessene Qualifikation verfügen.

(3) [Versicherungsunternehmen sind verpflichtet, der für die Erlaubnisbefreiung nach § 34d Abs. 3 der Gewerbeordnung zuständigen Behörde unverzüglich die Beendigung der Zusammenarbeit mit einem nach § 34d Abs. 3 Gewerbeordnung befreiten Versicherungsvermittler mitzuteilen.]

(4) Bis zum [15. Januar 2004] dürfen Versicherungsunternehmen auch mit Versicherungsvermittlern im Sinne des § 156 Abs. 1 der Gewerbeordnung zusammenarbeiten, wenn der Versicherungsvermittler eine Berufshaftpflichtversicherung im Sinne des § 34d Abs. 2 Nr. 3 der Gewerbeordnung oder eine Haftungsübernahme im Sinne des § 34d Abs. 3 der Gewerbeordnung nachweisen kann. Dies hat das Versicherungsunternehmen zu überprüfen.

§ 80a
Beschwerden über Versicherungsvermittler

Versicherungsunternehmen müssen Beschwerden über Versicherungsvermittler, die ihre Produkte vermitteln, beantworten und bei wiederholten Beschwerden die für die Erlaubniserteilung nach § 34d Abs. 1 der Gewerbeordnung zuständige Behörde davon in Kenntnis setzen."

2. § 144 Abs. 1a wird wie folgt geändert:
   a) In Ziffer 9 wird das Wort „oder" durch ein Komma ersetzt.
   b) In Ziffer 10 wird der Punkt durch das Wort „oder" ersetzt.
   c) Nach Ziffer 10 wird eine neue Ziffer 11 eingefügt:
      „11. vorsätzlich oder fahrlässig entgegen § 80 Abs. 1 mit einem dort nicht genannten Versicherungsvermittler zusammenarbeitet oder einer Pflicht nach § 80 Abs. 2 [oder 3 oder § 80a] nicht nachkommt."

Artikel 4

Das Gesetz über den Fernabsatz von Finanzdienstleistungen (BGBl I S. ... 2004) wird wie folgt geändert:

„...... Anpassung der Informationspflichten

Artikel 5

§ 49 Absatz 2 der Wirtschaftsprüferordnung in der Fassung der Bekanntmachung vom 5. November 1975 (BGBl. I. S. 2803), zuletzt geändert durch das Gesetz vom 1. Dezember 2003 (BGBl. I S. 2446), wird wie folgt gefasst:

„(2) Das Bundesministerium für Wirtschaft und Arbeit trifft die näheren Bestimmungen über die Gestaltung des Siegels durch Rechtsverordnung. Die Zustimmung des Bundesrates ist nicht erforderlich."

Artikel 7
Inkrafttreten

Dieses Gesetz tritt wie folgt in Kraft:

1. der § 34 d Abs. 8 des Art. 1 Nr. 1 am Tage nach der Verkündung dieses Gesetzes,
2. der § 34 d Abs. 7 des Art. 1 Nr. 1 am zehnten des auf die Verkündung folgenden Tages,
3. die übrigen Bestimmungen am 15. Januar 2005.

II. Verordnung über die Versicherungsvermittlung

Das Bundesministerium für Wirtschaft und Arbeit erlässt mit Zustimmung des Bundesrates auf Grund des § 34 d Abs. 8 der Gewerbeordnung folgende Rechtsverordnung:

„Verordnung über die Versicherungsvermittlung
(Versicherungsvermittlerverordnung – VersVermV)

Abschnitt 1
Anwendungsbereich

§ 1
Anwendungsbereich

Diese Verordnung gilt für Versicherungsvermittler im Sinne von § 34 d der Gewerbeordnung.

Abschnitt 2
Sachkundeprüfung

§ 2
Zweck

(1) Zweck der Sachkundeprüfung nach § 34d Abs. 2 Nr. 4 der Gewerbeordnung ist es, den Nachweis zu erbringen, dass die in den entsprechenden Bereichen der Versicherungsvermittlung tätigen Gewerbetreibenden oder sonst verantwortlichen Personen über die zur Ausübung dieser Tätigkeiten erforderlichen fachspezifischen Produkt- und Beratungskenntnisse verfügen.

(2) Gegenstand der Sachkundeprüfung sind insbesondere folgende Sachgebiete und ihre praktische Anwendung:

1. Kundenberatung und Verkauf
   - Bedarfsermittlung
   - Lösungsmöglichkeiten
   - Produktdarstellung und Information
2. Versicherungsfachliche Grundlagen
   - Lebensversicherung, private Rentenversicherung
   - Unfallversicherung
   - Berufsunfähigkeitsversicherung
   - Krankenversicherung, Pflegeversicherung
   - Haftpflichtversicherung
   - Kraftfahrtversicherung
   - Verbundene Hausratsversicherung
   - Verbundene Gebäudeversicherung
   - Rechtsschutzversicherung
3. Sozialversicherungsrechtliche Rahmenbedingungen sowie Grundzüge der staatlich geförderten Altersvorsorge
4. Rechtliche Grundlagen für den Versicherungsvermittler und die Versicherungsvermittlung.

(3) Die Sachkundeprüfung soll zu den unter Absatz 2 Ziffer 2 genannten Versicherungssparten insbesondere zielgruppenspezifischen Bedarf, Angebotsformen, Leistungsumfang, Versicherungsfall sowie die rechtlichen Grundlagen und marktüblichen allgemeinen Versicherungsbedingungen umfassen.

(4) [Zur Sachkundeprüfung sind Versicherungsvermittler nur dann zuzulassen, wenn sie den Nachweis erbringen können, an einer Ausbildung von mindestens 222 Stunden teilgenommen zu haben, die alle der in Absatz 2 genannten Themengebiete abdeckt.]

(5) Versicherungsvermittler gem. § 34d Abs. 3 und 4 der Gewerbeordnung sowie Rückversicherungsvermittler bedürfen keiner Sachkundeprüfung.

(6) Personen, die mindestens vom 31. August 2000 bis zum 15. Januar 2005 selbständig oder unselbständig ununterbrochen als Versicherungsvermittler tätig waren, bedürfen keiner Sachkundeprüfung im Sinne des § 34d Abs. 2 Nr. 4 der Gewerbeordnung, wenn sie bis zum [15. Januar 2007] eine Erlaubnis beantragen.

§ 3
Zuständige Stelle und Prüfungsausschuss

(1) Die Abnahme der Sachkundeprüfung erfolgt durch Industrie- und Handelskammern.

(2) Für die Abnahme der Prüfung errichten Industrie- und Handelskammern Prüfungsausschüsse. Sie berufen die Mitglieder dieses Ausschusses sowie den Vorsitzenden und seinen Stellvertreter. Die Mitglieder müssen für die Prüfungsgebiete sachkundig und für die Mitwirkung im Prüfungswesen geeignet sein.

(3) Mehrere Industrie- und Handelskammern können einen gemeinsamen Prüfungsausschuss errichten.

§ 4
Verfahren

(1) Die Prüfung ist in einen schriftlichen und einen praktischen Teil zu gliedern.

(2) Die schriftliche Prüfung (Prüfung am PC) erstreckt sich auf die unter § 2 Absatz 2 Nr. 2–4 aufgeführten Inhalte. Der Teilnehmer soll anhand von praxisbezogenen Aufgaben nachweisen, dass er die versicherungsfachlichen und rechtlichen Kenntnisse erworben hat und praktisch anwenden kann. Die schriftliche Prüfung dauert 160 Minuten.

(3) In der praktischen Prüfung, die als Simulation eines Kundenberatungsgespräches durchgeführt wird (Rollenspiel), wird jeweils ein Prüfling geprüft. Hier soll der Prüfling nachweisen, dass er über die Verhaltens- und kommunikativen Kompetenzen verfügt, um kundengerechte Lösungen entwickeln und anbieten zu können. Dabei kann der Prüfling wählen zwischen den Sachgebieten Vorsorge (Lebensversicherung, Private Rentenversicherung, Unfallversicherung, Krankenversicherung, Pflegeversicherung) oder Sach-/Vermögensversicherung (Haftpflichtversicherung, Kraftfahrtversicherung, Verbundene Hausratversicherung, Verbundene Gebäudeversicherung, Rechtsschutzversicherung). Das Gespräch wird auf der Grundlage einer Fallvorgabe durchgeführt. Die praktische Prüfung dauert für jeden Prüfling 20 Minuten.

(4) Die Leistung des Prüflings ist von dem Prüfungsausschuss mit bestanden oder nicht bestanden zu bewerten.

(5) Die Prüfung ist nicht öffentlich. Es können aber beauftragte Vertreter der Bundesanstalt für Finanzdienstleistungsaufsicht sowie Mitglieder eines anderen Prüfungsausschusses, Supervisoren (Prüfungsbeaufsichtiger) oder einzuarbeitende künftige Prüfungsausschussmitglieder anwesend sein; sie dürfen nicht in die Beratung über das Prüfungsergebnis mit einbezogen werden.

(6) Die Prüfungen dürfen wiederholt werden.

(7) Die Industrie- und Handelskammer stellt eine Bescheinigung nach Anlage 1 aus, wenn die geprüfte Person die Prüfung erfolgreich abgelegt hat.

(8) Einzelheiten des Prüfungsverfahrens erlässt die Kammer in Satzungsform.

§ 5
Anerkennung anderer Nachweise

(1) Folgende Prüfungszeugnisse werden als Nachweis der erforderlichen Sachkunde anerkannt:

1. Abschlusszeugnis als Versicherungskaufmann oder -frau,
2. Abschlusszeugnis als Versicherungsfachwirt- oder -wirtin,
3. Abgeschlossenen Studium als Diplom-Betriebswirt (Fachhochschule oder Berufsakademie) Fachrichtung Versicherungen,
4. Abschlusszeugnis als Fachwirt oder -wirtin für Finanzberatung,
5. Abschlusszeugnis als Bankkaufmann oder -frau, wenn eine mindestens dreijährige Tätigkeit als Versicherungsvermittler nachgewiesen werden kann,
6. Abschlusszeugnis als Investmentfondskaufmann oder -frau, wenn eine mindestens dreijährige Tätigkeit als Versicherungsvermittler nachgewiesen werden kann.

(2) Die Industrie- und Handelskammer kann einen erfolgreich abgelegten Hochschulabschluss (Universität/Fachhochschule/Berufsakademie) anerkennen, wenn im Einzelfall zusätzlich eine mindestens dreijährige Berufserfahrung als Versicherungsvermittler nachgewiesen werden kann, so dass die erforderliche Sachkunde beim Gewerbetreibenden angenommen werden kann.

(3) Bis zum [15. Januar 2007] wird der Abschluss als Versicherungsfachmann oder -frau des Berufsbildungswerks der Deutschen Versicherungswirtschaft e. V. als Sachkundenachweis im Sinne des Abs. 1 anerkannt.

§ 5a
Anerkannte Prüfungseinrichtung

(1) Die Bundesanstalt für Finanzdienstleistungsaufsicht kann Prüfungseinrichtungen benennen, deren Abschlusszeugnisse nach § 5 Abs. 1 anzuerkennen sind.

(2) Prüfungseinrichtungen nach Abs. 1 müssen die folgenden Voraussetzungen erfüllen:

1. Erfahrung im Bereich der Prüfung von Versicherungsvermittlern,
2. überbetriebliche Organisation,
3. bundeseinheitlich sowie überbetrieblich ausgestaltete Prüfungen,
4. Angebot bundesweiter Prüfungsmöglichkeiten,
5. ausreichende Prüfungskapazitäten, um zu denselben Terminen bundesweit Prüfungen abhalten zu können,
6. die Prüfungen entsprechen den Anforderungen und dem Verfahren nach den §§ 2 und 4.]

Abschnitt 3
Register für Versicherungsvermittler

§ 6
Registerführung

(1) Es wird ein Register für Versicherungsvermittler eingerichtet. Als Register im Sinne des § 34d Abs. 5 der Gewerbeordnung wird der Verein „Vermittlerregister der Deutschen Versicherungswirtschaft e. V." eingesetzt.

(2) Das Register ist berechtigt, von den Versicherungsvermittlern für die Aufnahme und Verwaltung ihrer Daten eine dem tatsächlichen Aufwand angemessene Gebühr zu verlangen und sich zu diesem Zwecke eine Kosten- und Gebührenordnung zu geben.

§ 7
Inhalt des Registers

(1) In das Register sind folgende Angaben des Versicherungsvermittlers einzutragen:

1. Name,
2. [Anschrift,]
3. ob er
   a) als Versicherungsmakler mit Erlaubnis nach § 34d Abs. 1 der Gewerbeordnung oder
   b) als Versicherungsvertreter

- mit Erlaubnis nach § 34d Abs. 1 der Gewerbeordnung,
- mit Erlaubnisbefreiung nach § 34d Abs. 3 der Gewerbeordnung oder
- mit Erlaubnisbefreiung nach § 34d Abs. 4 der Gewerbeordnung

tätig wird,

4. Name und Anschrift der für die Überwachung des Versicherungsvermittlers zuständigen Behörde,
5. das Land bzw. die Länder der Europäischen Union, in dem bzw. in denen der Versicherungsvermittler tätig ist.

(2) Handelt es sich bei dem Versicherungsvermittler um eine juristische Person oder eine Personengesellschaft, so sind neben den Angaben nach Absatz 1 weiterhin alle vertretungsberechtigten Personen in das Register einzutragen.

§ 8
Eintragung

(1) In das Register dürfen nur Daten eingetragen werden, welche die zuständige Behörde zur Eintragung übermittelt.

(2) Die zuständigen Behörden übermitteln dem Register gleichzeitig mit der Erteilung der Erlaubnis gem. § 34d Abs. 1 der Gewerbeordnung oder im Falle des § 34d Abs. 3 oder Abs. 4 der Gewerbeordnung gleichzeitig mit der Bestätigung der Befreiung von der Erlaubnispflicht die in § 7 Abs. 1 und 2 genannten Daten.

§ 9
Datenaustausch

Das Register ist verpflichtet, der zuständigen Behörde unverzüglich sämtliche Informationen, insbesondere solche nach § 14, über im Register eingetragene Versicherungsvermittler mitzuteilen, die zum Widerruf der Erlaubnis führen können.

Abschnitt 5
Anforderungen an die Haftpflichtversicherung

§ 10
Geltungsbereich

(1) Die Versicherung nach § 34d Abs. 2 Ziffer 3 der Gewerbeordnung muss für die Vermittlungstätigkeit in allen Mitgliedstaaten Deckung gewähren, in denen der Versicherungsvermittler tätig ist.

(2) Soweit ein Versicherungsvermittler in einem anderen Mitgliedstaat tätig wird, hat er die entsprechende Versicherungsdeckung im Rahmen der Mitteilung an die zuständige Behörde nach § 15 Satz 1 nachzuweisen.

§ 11
Umfang der Versicherung

(1) Die Versicherung muss bei einem im Inland zum Geschäftsbetrieb befugten Versicherungsunternehmen genommen werden.

(2) Die Versicherung muss Deckung für die sich aus der Vermittlertätigkeit ergebenden Haftpflichtgefahren für Vermögensschäden gewähren und sich auch auf solche Vermögensschäden erstrecken, für die der Versicherungsvermittler nach § 278 oder § 831 des Bürgerlichen Gesetzbuches einzustehen hat.

(3) Der Versicherungsvertrag hat Versicherungsschutz für jede einzelne Pflichtverletzung zu gewähren, die gesetzliche Haftpflichtansprüche privatrechtlichen Inhalts gegen den Versicherungsvermittler zur Folge haben könnte; dabei kann vereinbart werden, dass sämtliche Pflichtverletzungen bei Erledigung eines einheitlichen Vermittlungsgeschäfts als ein Versicherungsfall gelten.

(4) Von der Versicherung kann die Haftung für Ersatzansprüche wegen wissentlicher Pflichtverletzung ausgeschlossen werden.

(5) Die Mindestversicherungssumme beträgt eine Million Euro für jeden Versicherungsfall und 1,5 Millionen Euro für alle Versicherungsfälle eines Jahres.

§ 12
Nachhaftung

Im Versicherungsvertrag ist der Versicherer zu verpflichten, der nach § 155 Abs. 2 der Gewerbeordnung für die Erlaubniserteilung nach § 34d Abs. 1 der Gewerbeordnung bestimmten Behörde den Beginn, die Beendigung oder Kündigung des des Versicherungsvertrages, sowie jede Änderung des Versicherungsvertrages, die den vorgeschriebenen Versicherungsschutz beeinträchtigt, unverzüglich mitzuteilen. Zuständige Stelle im Sinne des § 158c Abs. 2 des Versicherungsvertragsgesetzes ist die nach § 155 Abs. 2 der Gewerbeordnung für die Erlaubniserteilung nach § 34d Abs. 1 der Gewerbeordnung bestimmte Behörde.

Abschnitt 6
Einrichtung einer Beschwerdestelle

§ 13

(1) Als Beschwerdestelle im Sinne des § 34d Abs. 7 der Gewerbeordnung wird der [Verein „Versicherungsombudsmann e. V.“] eingesetzt.

(2) Der Ombudsmann ist hinsichtlich seiner Antworten und Entscheidungen unabhängig und keinen Weisungen unterworfen.

(3) Zur Erfüllung seiner Aufgaben als Streitschlichtungs- und Beschwerdestelle gibt sich der Ombudsmann eine Verfahrens- und Gebührenordnung. Er ist berechtigt, auf Grundlage der Gebührenordnung eine dem Aufwand angemessene Gebühr von dem Versicherungsvermittler oder dem Versicherungsunternehmen zu verlangen. Bei offensichtlich missbräuchlichen Beschwerden kann auch von dem Beschwerdeführer eine Gebühr verlangt werden.

(4) Der Ombudsmann ist verpflichtet, jede Beschwerde über einen im Register eingetragenen Versicherungsvermittler zu beantworten.

(5) Der Ombudsmann muss bei wiederholten begründeten Beschwerden die zuständige Erlaubnisbehörde informieren.

Abschnitt 7
Sonstige Vorschriften

§ 14
Information an und Datenaustausch mit ausländischen Behörden

(1) Maßnahmen gegen einen im Register eingetragenen Versicherungsvermittler können der zuständigen Behörde eines Mitgliedstaates der Europäischen Union mitgeteilt werden, sofern sie die Zuverlässigkeit des Versicherungsvermittlers berühren.

(2) Unterrichtet ein Mitgliedstaat das Register über Maßnahmen gegenüber dem Versicherungsvermittler, so gibt es diese Information an die zuständige Behörde weiter.

(3) Auf Antrag der zuständigen Behörde eines Mitgliedstaates kann die zuständige Behörde persönliche Daten eines Versicherungsvermittlers übermitteln.

§ 15
Tätigkeit im Ausland

Will ein im Register eingetragener Versicherungsvermittler die Versicherungsvermittlung in einem anderen Mitgliedstaat ausüben, teilt er dies zuvor der zuständigen Behörde mit, welche die Information an das Register weiterleitet. Soweit von dem betreffenden Mitgliedstaat gefordert, teilt das Register die Absicht des Versicherungsvermittlers den zuständigen Behörden des Aufnahmemitgliedstaates mit und informiert gleichzeitig den Versicherungsvermittler.

§ 16
Information des Versicherungsnehmers

(1) Der Versicherungsvermittler hat dem Versicherungsnehmer beim ersten Kontakt mit ihm, und soweit sich die Daten ändern gegebenenfalls bei Änderung oder Erneuerung des Vertrages, folgende Angaben klar und verständlich in Textform mitzuteilen:

1. seinen Namen und seine Anschrift,
2. und ob er
   a) als Versicherungsmakler mit Erlaubnis nach § 34d Abs. 1 der Gewerbeordnung oder
   b) als Versicherungsvertreter
      – mit Erlaubnis nach § 34d Abs. 1 der Gewerbeordnung,
      – mit Erlaubnisbefreiung als gebundener Versicherungsvertreter nach § 34d Abs. 3 der Gewerbeordnung oder
      – mit Erlaubnisbefreiung als produktakzessorischer Versicherungsvertreter nach § 34d Abs. 4 der Gewerbeordnung

   bei der zuständigen Behörde gemeldet und in das Register nach Abschnitt 3 eingetragen ist und wie sich diese Eintragung überprüfen lässt,
3. Anschrift, Telephon-, Faxnummer, E-Mail-Adresse des Registers nach Abschnitt 3 und die Registernummer, unter der er im Register nach § 34 d Abs. 5 der Gewerbeordnung eingetragen ist,
4. ob er eine direkte oder indirekte Beteiligung von über 10% an den Stimmrechten oder am Kapital eines bestimmten Versicherungsunternehmens besitzt,
5. ob ein bestimmtes Versicherungsunternehmen oder das Mutterunternehmen eines bestimmten Versicherungsunternehmens eine direkte oder indirekte Beteiligung von über 10% an den Stimmrechten oder am Kapital des Gewerbetreibenden besitzt,
6. Informationen und Angaben über das Beschwerde- und Streitschlichtungsverfahren bei dem Ombudsmann gemäß § 10.

(2) Absatz 1 gilt nicht für die Vermittlung von Rückversicherungen oder von Versicherungen für Großrisiken im Sinne des Artikels 10 Abs. 1 des Einführungsgesetzes zum Gesetz über den Versicherungsvertrag.

§ 17
Straftaten und Ordnungswidrigkeiten

(1) Ordnungswidrig im Sinne des § 144 Abs. 2 Nr. 1 der Gewerbeordnung handelt, wer vorsätzlich oder fahrlässig entgegen § 16 Abs. 1 den Versicherungsnehmer nicht, nicht richtig oder nicht vollständig informiert.

(2) Ordnungswidrig im Sinne des § 145 Abs. 2 Nr. 8 der Gewerbeordnung handelt, wer vorsätzlich oder fahrlässig eine in Abs. 1 bezeichnete Handlung in Ausübung eines Reisegewerbes begeht.

(3) Ordnungswidrig im Sinne des § 146 Abs. 2 Nr. 11 der Gewerbeordnung handelt, wer vorsätzlich oder fahrlässig eine in Absatz 1 bezeichnete Handlung in Ausübung eines Messe-, Ausstellungs- oder Marktgewerbes begeht.

Abschnitt 8
Inkrafttreten

Diese Rechtsverordnung tritt wie folgt in Kraft:

1. der § 13 am [......],
2. die §§ 2 bis 5 [5a] und die §§ 10 bis 12 mit Verkündung dieser Verordnung,
3. die übrigen Bestimmungen am 15. Januar 2005

XVI. Diskussionspapier v. 3. 8. 2004

VIII B 4 – 12 03 63 Stand: 3. August 2004

I. Erstes Gesetz zur Einführung des Versicherungsvermittlerrechts vom 2005

Der Bundestag hat mit Zustimmung des Bundesrates das folgende Gesetz beschlossen:

Artikel 1
Änderung der Gewerbeordnung

Die Gewerbeordnung in der Fassung der Bekanntmachung vom 22. Februar 1999 (BGBl. I, S. 202), zuletzt geändert durch Artikel 35a des Vierten Gesetzes für moderne Dienstleistungen am Arbeitsmarkt vom 24. Dezember 2003 (BGBl. I, S. 2954), wird wie folgt geändert:

1. Das Inhaltsverzeichnis wird wie folgt geändert:
   a) Nach der Angabe „Makler, Bauträger, Baubetreuer ... § 34c" wird die Angabe „Versicherungsvermittler ... § 34d" eingefügt;
   b) nach der Angabe „Verbotene Annahme von Entgelten für Pauschalreisen ... § 147b" wird die Angabe „Verletzung von Beratungs-, Dokumentations- und Informationspflichten nach dem Versicherungsvertragsgesetz ... § 147c" eingefügt und
   c) nach der Angabe „Versagung der Auskunft zu Zwecken des Zeugenschutzes ... § 155a" wird die Angabe „(weggefallen)" durch die Angabe „Übergangsregelungen" ersetzt.

2. Nach § 34 c wird folgender neuer § 34 d eingefügt:

   „(1) Wer gewerbsmäßig als Versicherungsmakler oder als Versicherungsvertreter den Abschluss von Versicherungsverträgen vermitteln will (Versicherungsvermittler), hat eine Berufshaftpflichtversicherung abzuschließen und für die Dauer seiner Tätigkeit aufrecht zu erhalten.

   (2) Eine Berufshaftpflichtversicherung im Sinne des Absatzes 1 hat ein Gewerbetreibender nicht abzuschließen, wenn er

   1. seine Tätigkeit als Versicherungsvermittler ausschließlich [für Rechnung und] im Auftrag eines oder – wenn die Versicherungsprodukte nicht in Konkurrenz stehen – mehrerer im

Inland zum Geschäftsbetrieb befugten Versicherungsunternehmen ausübt,
2. entweder über eine Inkassovollmacht für das oder die Versicherungsunternehmen verfügt oder keine Prämien oder für den Versicherungsnehmer bestimmte Gelder in Empfang nehmen darf und
3. durch eine entsprechende Erklärung nachweist, dass durch das oder die Versicherungsunternehmen für ihn die uneingeschränkte Haftung aus seiner Vermittlertätigkeit übernommen wird.

(3) Versicherungsvermittler, die in einem anderen Mitgliedstaat der Europäischen Union niedergelassen sind, bedürfen zur Ausübung der Tätigkeit gemäß § 34d Abs. 1 in der Bundesrepublik Deutschland keiner Berufshaftpflichtversicherung im Sinne des § 34d Abs. 1, sofern sie die Eintragung in das Register eines Mitgliedstaates der Europäischen Union nach Artikel 3 der Richtlinie 2002/92/EG nachweisen können.

(4) Bei der Bundesanstalt für Finanzdienstleistungsaufsicht wird für die Beilegung von Streitigkeiten bei Versicherungsvermittlung eine Schlichtungsstelle eingerichtet, die insbesondere bei der Beilegung grenzüberschreitender Rechtsstreitigkeiten mit den zuständigen Einrichtungen in anderen Mitgliedstaaten der Europäischen Union zusammenarbeitet. Die Beteiligten können diese Schlichtungsstelle anrufen; das Recht, die Gerichte anzurufen, bleibt unberührt. Das Bundesministerium für Wirtschaft und Arbeit wird ermächtigt, im Einvernehmen mit dem Bundesministerium der Finanzen [, dem Bundesministerium der Justiz und dem Bundesministerium für Verbraucherschutz, Ernährung und Landwirtschaft] durch Rechtsverordnung, die der Zustimmung des Bundesrates nicht bedarf, das Verfahren der Schlichtungsstelle zu regeln; die Verordnung kann auch die Übertragung der Schlichtung auf private Stellen vorsehen. Das Bundesministerium für Wirtschaft und Arbeit kann die Ermächtigung im Einvernehmen mit dem Bundesministerium der Finanzen [, dem Bundesministerium der Justiz und dem Bundesministerium für Verbraucherschutz, Ernährung und Landwirtschaft] durch Rechtsverordnung, die der Zustimmung des Bundesrates nicht bedarf, auf die Bundesanstalt für Finanzdienstleistungsaufsicht übertragen.

(5) Das Bundesministerium für Wirtschaft und Arbeit kann [im Einvernehmen mit dem Bundesministerium der Finanzen, dem Bundesministerium der Justiz und dem Bundesministerium für Verbraucherschutz, Ernährung und Landwirtschaft] mit Zustimmung des Bundesrates durch Rechtsverordnung unter

Beachtung der Richtlinie 2002/92/EG und zum Schutz der Allgemeinheit und der Auftraggeber Vorschriften über

1.
   a) den Umfang der von den Gewerbetreibenden bei der Ausübung ihres Gewerbes zu erfüllenden Pflichten,
   b) die Informationspflichten gegenüber dem Versicherungsnehmer,
2. inhaltliche Anforderungen an die nach Absatz 1 erforderliche Haftpflichtversicherung und die Bestimmung der zuständigen Stelle im Sinne des § 158c Abs. 2 des Versicherungsvertragsgesetzes,
3. [die Rechte und Pflichten der Schlichtungsstelle nach Absatz 4] festlegen.

(6) Die Pflicht zum Abschluss einer Berufshaftpflichtversicherung nach Absatz 1 gilt nicht für Gewerbetreibende, die

1. nicht hauptberuflich Versicherungen vermitteln und
   - für den betreffenden Versicherungsvertrag nur Kenntnisse des angebotenen Versicherungsschutzes erforderlich sind,
   - es sich nicht um eine Lebensversicherung oder eine Versicherung zur Abdeckung von Haftpflichtrisiken handelt,
   - die Versicherung eine Zusatzleistung zur Lieferung einer Ware bzw. der Erbringung einer Dienstleistung darstellt und entweder das Risiko eines Defekts, eines Verlusts oder einer Beschädigung der gelieferten Güter abdeckt oder die Beschädigung, den Verlust von Gepäck oder andere Risiken im Zusammenhang mit einer gebuchten Reise, einschließlich Haftpflicht- oder Unfallversicherungsrisiken, sofern die Deckung zusätzlich zur Hauptversicherungsdeckung für Risiken im Zusammenhang mit dieser Reise gewährt wird,
   - die Jahresprämie einen Betrag von 500,– € nicht übersteigt und
   - die Gesamtlaufzeit einschließlich etwaiger Verlängerungen nicht mehr als fünf Jahre beträgt,
2. als Spediteur oder Lagerhalter Versicherungsschutz über eine vom Gewerbetreibenden als Versicherungsnehmer oder Prämienschuldner gezeichnete Global-Versicherung für das von ihm transportierte oder eingelagerte Gut besorgen, oder
3. als Bausparkasse oder als von einer Bausparkasse beauftragter Vermittler für Bausparer Risikolebensversicherungen im Rahmen eines Kollektivvertrages vermitteln, die als Bestandteile der Bausparverträge ausschließlich dazu be-

stimmt sind, die Rückzahlungsforderungen der Bausparkasse aus gewährten Darlehen abzusichern.

(7) Die zuständige Behörde kann die Versicherungsvermittlung untersagen, wenn die erforderliche Haftpflichtversicherung nach § 34d Abs. 1 nicht nachgewiesen werden kann.

3. § 61a Abs. 2 Satz 1 wird wie folgt geändert:
   a) Nach den Wörtern „des Versteigerungsgewerbes" wird das Wort „und" durch ein Komma ersetzt,
   b) nach dem Wort „Baubetreuer" werden die Wörter „sowie des Versicherungsvermittlergewerbes" eingefügt,
   c) nach der Angabe „§ 34c Abs. 3 und 5" wird die Angabe „,§ 34d Abs. 2 bis 3, 5 bis 7" eingefügt und
   d) nach der Angabe „§ 34b Abs. 8" werden die Wörter „des § 34c Abs. 3" durch die Wörter „, des § 34c Abs. 3 und des § 34d Abs. 5" ersetzt.

4. § 71 b Abs. 2 Satz 1 wird wie folgt geändert:
   a) nach den Wörtern „des Versteigerungsgewerbes" wird das Wort „und" durch ein Komma ersetzt,
   b) nach dem Wort „Baubetreuer" werden die Wörter „sowie des Versicherungsvermittlergewerbes" eingefügt,
   c) nach der Angabe „§ 34 c Abs. 3 und 5" wird die Angabe „,§ 34 d Abs. 2 bis 3, 5 bis 7" eingefügt, und
   d) nach der Angabe „§ 34 b Abs. 8" werden die Wörter „und des § 34 c Abs. 3" durch die Wörter „, des § 34 c Abs. 3 und des § 34 d Abs. 5" ersetzt.

5. § 144 wird wie folgt geändert:
   a) In Absatz 2 Nr. 1 wird nach der Angabe „§ 34 c Abs. 3" die Angabe „, 34 d Abs. 5" eingefügt.
   b) Nach Absatz 3 wird folgender Absatz 3 a eingefügt:

      „(3 a) Ordnungswidrig handelt, wer vorsätzlich oder fahrlässig als Versicherungsvermittler entgegen § 34 d Abs. 1, vorbehaltlich dessen Absätzen 2, 3 und 6, die erforderliche Berufshaftpflichtversicherung nicht abschließt oder nicht für die Dauer seiner Tätigkeit aufrecht erhält."
   c) In Absatz 4 werden nach den Wörtern „in den übrigen Fällen des Absatzes 1" die Wörter „und denen des Absatzes 3 a" eingefügt.

6. § 145 wird wie folgt geändert:
   a) In Absatz 1 wird in Nr. 3 das Wort „oder" durch ein Komma, in Nr. 4 der Punkt durch das Wort „oder" ersetzt und folgende neue Nr. 5 angefügt:

„5. Als Versicherungsvermittler entgegen § 61 a Abs. 2 in Verbindung mit § 34 d Abs. 1, vorbehaltlich dessen Absätzen 2, 3 und 6, die erforderliche Berufshaftpflichtversicherung nicht abschließt oder nicht für die Dauer seiner Tätigkeit aufrecht erhält."

b) In Absatz 2 Nr. 8 werden nach der Angabe „§ 34 b Abs. 8" das Wort „oder" durch ein Komma ersetzt und nach der Angabe „§ 34 c Abs. 3" die Worte „oder § 34 d Abs. 5" eingefügt.

7. § 146 wird wie folgt geändert:

a) Absatz 2 wird wie folgt geändert:

aa) In Nr. 11 werden nach der Angabe „§ 34 b Abs. 8" das Wort „oder" durch ein Komma ersetzt und nach der Angabe „§ 34 c Abs. 3" die Worte „oder § 34 d Abs. 5" eingefügt und die Wörter „verweist oder" durch das Wort „verweist," ersetzt.

bb) Nach Nr. 11 wird folgende neue Nr. 11 a eingefügt: „11 a. als Versicherungsvermittler entgegen § 71 b Abs. 2 in Verbindung mit § 34 d Abs. 1, vorbehaltlich dessen Absätzen 2, 3 und 6, die erforderliche Berufshaftpflichtversicherung nicht abschließt oder nicht für die Dauer seiner Tätigkeit aufrecht erhält."

b) In Absatz 3 werden nach den Wörtern „in den Fällen des Absatzes 1" die Wörter „und denen des Absatzes 2 Nr. 11 a" eingefügt.

Artikel 2
Änderung des Gesetzes über den Versicherungsvertrag

Das Gesetz über den Versicherungsvertrag in der im BGBl. III Gliederungsnummer 7632-1, veröffentlichten bereinigten Fassung, zuletzt geändert durch das Vierte Gesetz für moderne Dienstleistungen am Arbeitsmarkt vom 24. Dezember 2003 (BGBl. I, S. 2954), wird wie folgt geändert:

1. Der Vierte Titel des Ersten Abschnitts erhält die Überschrift „Versicherungsvermittler".
2. Vor § 43 wird folgender Erster Untertitel eingefügt:

„Erster Untertitel: Mitteilungs- und Beratungspflichten

§ 42 a
Begriffsbestimmungen

(1) Versicherungsvermittler im Sinne dieses Gesetzes sind Versicherungsvertreter und Versicherungsmakler.

(2) Versicherungsvertreter im Sinne dieses Gesetzes ist, wer als selbständiger Gewerbetreibender von einem Versicherer oder einem Versicherungsvertreter damit betraut ist, Versicherungsverträge zu vermitteln oder abzuschließen.

(3) Versicherungsmakler im Sinne dieses Gesetzes ist, wer als selbständiger Gewerbetreibender für den Auftraggeber die Vermittlung oder den Abschluss von Versicherungsverträgen übernimmt, ohne von einem Versicherer oder von einem Versicherungsvertreter damit betraut zu sein. Als Versicherungsmakler gilt, wer gegenüber dem Versicherungsnehmer den Anschein erweckt, er erbringe seine Leistungen als Versicherungsmakler nach Satz 1.

§ 42b
Beratungsgrundlage des Versicherungsvermittlers

(1) Der Versicherungsvertreter und der Versicherungsmakler, der nach Absatz 2 Satz 2 auf eine eingeschränkte Auswahl hinweist, haben dem Versicherungsnehmer mitzuteilen, auf welcher Markt- und Informationsgrundlage sie ihre Leistung erbringen, und die Namen der ihrem Rat zugrunde gelegten Versicherer anzugeben. Außerdem hat der Versicherungsvertreter mitzuteilen, für welche Versicherer er seine Tätigkeit ausübt und ob er für diese ausschließlich tätig wird.

(2) Der Versicherungsmakler ist verpflichtet, seinem Rat eine hinreichende Zahl von auf dem Markt angebotenen Versicherungsverträgen und von Versicherern zu Grunde zu legen, so dass er nach fachlichen Kriterien eine Empfehlung dahin abgeben kann, welcher Versicherungsvertrag geeignet ist, die Bedürfnisse des Versicherungsnehmers zu erfüllen. Dies gilt nicht, soweit er im Einzelfall vor Abgabe der Vertragserklärung des Versicherungsnehmers diesen ausdrücklich auf eine eingeschränkte Versichererund Vertragsauswahl hinweist.

(3) Auf die Mitteilungen und Angaben nach Absatz 1 kann nur durch eine gesonderte schriftliche Erklärung des Versicherungsnehmers verzichtet werden.

§ 42c
Beratungs- und Dokumentationspflichten des Versicherungsvermittlers

(1) Der Versicherungsvermittler hat den Versicherungsnehmer unter Berücksichtigung eines angemessenen Verhältnisses zwischen Beratungsaufwand und der vom Versicherungsnehmer zu zahlenden Prämien und soweit nach der Schwierigkeit, die angebotene Versicherung zu beurteilen, oder der Per-

son des Versicherungsnehmers und dessen Situation hierfür Anlass besteht, nach seinen Wünschen und Bedürfnissen zu befragen und ihn zu beraten sowie die Gründe für jeden zu einer bestimmten Versicherung erteilten Rat anzugeben. Er hat dies unter Berücksichtigung der Komplexität des angebotenen Versicherungsvertrages nach Maßgabe des § 42d zu dokumentieren.

(2) Der Versicherungsnehmer kann auf die Beratung oder die Dokumentation nach Absatz 1 nur durch gesonderte schriftliche Erklärung verzichten, sofern er vom Versicherungsvermittler ausdrücklich darauf hingewiesen worden ist, dass sich ein Verzicht nachteilig auf die Möglichkeit des Versicherungsnehmers auswirken kann, gegen den Versicherungsvermittler einen Schadenersatzanspruch nach § 42e geltend zu machen.

§ 42d
Zeitpunkt und Form der Information

(1) Dem Versicherungsnehmer sind die Informationen nach § 42b Abs. 1 vor Abgabe seiner Vertragserklärung, die Informationen nach § 42c Abs. 1 vor dem Abschluss des Vertrages jeweils in Textform klar und verständlich zu übermitteln

(2) Die Informationen nach Absatz 1 dürfen mündlich übermittelt werden, wenn der Versicherungsnehmer dies wünscht oder wenn und soweit der Versicherer vorläufige Deckung gewährt. In diesen Fällen sind die Informationen unverzüglich nach Vertragsschluss dem Versicherungsnehmer in Textform zur Verfügung zu stellen, es sei denn, der Versicherungsnehmer hat einen entsprechenden Verzicht nach § 42b Abs. 3 oder § 42c Abs. 2 erklärt. Die Dokumentationspflicht nach Satz 2 gilt nicht für vorläufige Deckungszusagen im Rahmen von Pflichtversicherungen.

§ 42e
Schadenersatzpflicht

Der Versicherungsvermittler ist zum Ersatz des Schadens verpflichtet, der dem Versicherungsnehmer durch die Verletzung einer Pflicht nach § 42b oder § 42c entsteht. Dies gilt nicht, wenn der Versicherungsvermittler die Pflichtverletzung nicht zu vertreten hat.

§ 42f
Zahlungssicherung zugunsten des Versicherungsnehmers

(1) Ein Versicherungsvermittler, der Zahlungen des Versicherungsnehmers, die im Zusammenhang mit einem Versi-

cherungsvertrag an einen Versicherer zu leisten sind, entgegen nimmt, ohne vom Versicherer dazu bevollmächtigt zu sein, hat den Versicherungsnehmer durch Sicherheitsleistung davor zu schützen, dass der Versicherungsvermittler nicht in der Lage ist, die Zahlung an den Versicherer weiterzuleiten. Die Mindestsicherungssumme entspricht 4 vom Hundert der jährlichen, vom Versicherungsvermittler entgegengenommenen Prämieneinnahmen, mindestens jedoch 15.000,– €. [Die Sätze 1 und 2 gelten entsprechend, wenn der Versicherungsvermittler für den Versicherungsnehmer bestimmte Zahlungen des Versicherers entgegennimmt.]

(2) Die Sicherheitsleistung im Sinne von Absatz 1 ist durch eine schriftliche, unwiderrufliche, unbedingte und unbefristete Bürgschaft eines im Inland zum Geschäftsbetrieb befugten Kreditinstituts oder eine andere gleichwertige Sicherheit zu bewirkenzu bewirken.

§ 42g
Großrisiken

Die Vorschriften der §§ 42b bis 42f gelten nicht für die Vermittlung von Versicherungen für Großrisiken im Sinne des Artikels 10 Abs. 1 des Einführungsgesetzes zum Gesetz über den Versicherungsvertrag.

§ 42h
Nicht gewerbsmäßig tätige Versicherungsvermittler

Auf Personen, die selbständig Versicherungsverträge vermitteln oder abschließen, ohne gewerbsmäßig tätig zu sein, sind die Vorschriften der §§ 42b bis 42g entsprechend anzuwenden."

3. Nach § 42g wird folgende Überschrift eingefügt: „Zweiter Untertitel: Vertretungsmacht des Versicherungsvertreters"
4. In den Vorschriften der §§ 43 bis 48 werden jeweils die Wörter „Versicherungsagent", „Versicherungsagenten" und „Agent" durch das Wort „Versicherungsvertreter" ersetzt.
5. In § 186 werden hinter dem Wort „Rückversicherung" die Wörter „mit Ausnahme des § 42f" eingefügt.

Artikel 3
Änderung des Versicherungsaufsichtsgesetzes

Das Gesetz über die Beaufsichtigung von Versicherungsunternehmen in der Fassung der Bekanntmachung vom 17. Dezember 1992 (BGBl. 1993 I S. 2), zuletzt geändert durch Art. 6 des Gesetzes vom 5. April 2004 (BGBl. I S. 502), wird wie folgt geändert:

1. Die Inhaltsübersicht wird wie folgt geändert:
   a) Nach § 79a wird folgende Zwischenüberschrift eingefügt: „3. Zusammenarbeit mit Versicherungsvermittlern"
   b) Die Angabe zu § 80 wird wie folgt gefasst: „Anforderungen an die mit dem Vertrieb von Versicherungen befassten Personen"

2. Nach Abschnitt IV, 2. Unterabschnitt wird ein neuer 3. Unterabschnitt eingefügt:

   „3. Zusammenarbeit mit Versicherungsvermittlern"

   § 80
   Anforderungen an die mit dem Vertrieb von Versicherungen befassten Personen

   Versicherungsunternehmen sind verpflichtet, nur mit solchen selbständigen Versicherungsvermittlern zusammenzuarbeiten, die
   1. eine Berufshaftpflichtversicherung nach Maßgabe des § 34d Abs. 1 der Gewerbeordnung nachweisen können oder der Pflicht zum Abschluss einer Berufshaftpflichtversicherung nach § 34d Abs. 1 der Gewerbeordnung nicht unterliegen und
   2. vom Versicherer bevollmächtigt sind, Zahlungen des Versicherungsnehmers entgegenzunehmen oder eine Sicherheitsleistung nach § 42f des Versicherungsvertragsgesetzes nachweisen.

2. In § 144 Abs. 1a wird nach Nummer 3 folgende neue Nummer 3a eingefügt:

   „3a. vorsätzlich oder fahrlässig entgegen § 80 mit einem Versicherungsvermittler zusammenarbeitet."

Artikel 4
Inkrafttreten

Dieses Gesetz tritt wie folgt in Kraft:

1. der § 34d Abs. 5 des Art. 1 Nr. 1 am Tage nach der Verkündung dieses Gesetzes,
2. der § 34d Abs. 4 des Art. 1 Nr. 1 am zehnten des auf die Verkündung folgenden Tages,
3. die übrigen Bestimmungen am 15. Januar 2005.

II. Verordnung über die Versicherungsvermittlung

Das Bundesministerium für Wirtschaft und Arbeit erlässt mit Zustimmung des Bundesrates auf Grund des § 34d Abs. 4 und 5 der Gewerbeordnung folgende Rechtsverordnung:

„Verordnung über die Versicherungsvermittlung
(Versicherungsvermittlerverordnung – VersVermV)

Abschnitt 1
Anwendungsbereich

§ 1
Anwendungsbereich

Diese Verordnung gilt für Versicherungsvermittler im Sinne von § 34d Abs. 1 der Gewerbeordnung mit Ausnahme von Gewerbetreibenden im Sinne von § 34d Abs. 6 der Gewerbeordnung.

Abschnitt 2
Anforderungen an die Haftpflichtversicherung nach § 34d Abs. 1 der Gewerbeordnung

§ 2
Geltungsbereich

Die Versicherung muss für das gesamte Gebiet des Europäischen Wirtschaftsraumes gelten.

§ 3
Umfang der Versicherung

(1) Die Versicherung muss bi einem im Inland zum Geschäftsbetrieb befugten Versicherungsunternehmen genommen werden.

(2) Die Versicherung muss Deckung für die sich aus der Vermittlertätigkeit ergebenden Haftpflichtgefahren für Vermögens-

schäden des Versicherungsnehmers Versicherten gewähren und sich auch auf solche Vermögensschäden erstrecken, für die der Versicherungsvermittler nach § 278 oder § 831 des Bürgerlichen Gesetzbuches einzustehen hat.

(3) Der Versicherungsvertrag hat Versicherungsschutz für jede einzelne Pflichtverletzung zu gewähren, die gesetzliche Haftpflichtansprüche privatrechtlichen Inhalts gegen den Versicherungsvermittler zur Folge haben könnte; dabei kann vereinbart werden, dass sämtliche Pflichtverletzungen bei Erledigung eines einheitlichen Vermittlungsgeschäfts als ein Versicherungsfall gelten.

(4) Von der Versicherung kan die Haftung für Ersatzansprüche wegen wissentlicher Pflichtverletzung ausgeschlossen werden.

(5) Die Mindestversicherungsumme beträgt 1.000.000,– € für jeden Versicherungsfall und 1.500.000,– € für alle Versicherungsfälle eines Jahres.

§ 4
Nachhaftung

Im Versicherungsvertrag ist der Versicherer zu verpflichten, der nach § 155 Abs. 2 der Gewerbeordnung für die Erlaubniserteilung nach § 34c Abs. 1 der Gewerbeordnung bestimmten Behörde den Beginn, die Beendigung oder Kündigung des Versicherungsvertrages, sowie jede Änderung des Versicherungsvertrages, die den vorgeschriebenen Versicherungsschutz beeinträchtigt, unverzüglich mitzuteilen. Zuständige Stelle im Sinne des § 158c Abs. 2 des Versicherungsvertragsgesetzes ist die nach § 155 Abs. 2 der Gewerbeordnung für die Gewerbeuntersagung nach § 35 der Gewerbeordnung bestimmte Behörde.

Abschnitt 3
Einrichtung einer Schlichtungsstelle

§ 5
Schlichtungsstelle

(1) Als Schlichtungsstelle im Sinne des § 34d Abs. 4 der Gewerbeordnung werden der „Versicherungsombudsmann e. V.“ und der „Ombudsmann Private Kranken- und Pflegeversicherung“ eingesetzt.

(2) Die Ombudsleute nach Abs. 1 sind hinsichtlich ihrer Antworten und Entscheidungen unabhängig und keinen Weisungen unterworfen.

(3) Zur Erfüllung ihrer Aufgaben als Streitschlichtungs- und Schlichtungsstelle geben sich die Ombudsleute eine Verfahrens-

und Gebührenordnung[1]. Sie sind berechtigt, auf Grundlage der Gebührenordnung eine dem Aufwand angemessene Gebühr von dem Versicherungsvermittler oder dem Versicherungsunternehmen zu verlangen. Bei offensichtlich missbräuchlichen Beschwerden kann auch von dem Beschwerdeführer eine Gebühr verlangt werden.

(4) Die Ombudsleute sind verpflichtet, jede Beschwerde über einen Versicherungsvermittler zu beantworten.

(5) Die Ombudsleute müssen bei wiederholten begründeten Beschwerden die zuständige Behörde informieren.

Abschnitt 4
Sonstige Vorschriften

§ 6
Information des Versicherungsnehmers

(1) Der Versicherungsvermittler hat dem Versicherungsnehmer beim ersten Kontakt mit ihm folgende Angaben klar und verständlich in Textform mitzuteilen:

1. seinen Namen und seine Anschrift,
2. und ob er sein Gewerbe als Versicherungsvermittler bei der zuständigen Behörde angezeigt hat,
3. ob er eine direkte oder indirekte Beteiligung von über 10% an den Stimmrechten oder am Kapital eines bestimmten Versicherungsunternehmens besitzt,
4. ob ein bestimmtes Versicherungsunternehmen oder das Mutterunternehmen eines bestimmten Versicherungsunternehmens eine direkte oder indirekte Beteiligung von über 10% an den Stimmrechten oder am Kapital des Gewerbetreibenden besitzt,
5. Informationen und Angaben über das Beschwerde- und Streitschlichtungsverfahren bei dem Ombudsmann gemäß § 5.

(2) Absatz 1 gilt nicht für die Vermittlung von Rückversicherungen oder von Versicherungen für Großrisiken im Sinne des Artikels 10 Abs. 1 des Einführungsgesetzes zum Gesetz über den Versicherungsvertrag.

---

[1] In der jeweiligen Satzung sollte klargestellt werden, dass auch Verbraucherschutzverbände beschwerdebefugt sind.

§ 7
Straftaten und Ordnungswidrigkeiten

(1) Ordnungswidrig im Sinn des § 144 Abs. 2 Nr. 1 der Gewerbeordnung handelt, wer vorsätzlich oder fahrlässig entgegen § 6 Abs. 1 den Versicherungsnehmer nicht, nicht richtig oder nicht vollständig informiert.

(2) Ordnungswidrig im Sinn des § 145 Abs. 2 Nr. 8 der Gewerbeordnung handelt, wer vorsätzlich oder fahrlässig eine in Absatz 1 bezeichnete Handlung in Ausübung eines Reisegewerbes begeht.

(3) Ordnungswidrig im Sinn des § 146 Abs. 2 Nr. 11 der Gewerbeordnung handelt, wer vorsätzlich oder fahrlässig eine in Absatz 1 bezeichnete Handlung in Ausübung eines Messe-, Ausstellungs- oder Marktgewerbes begeht.

Abschnitt 7
Inkrafttreten

Diese Rechtsverordnung tritt am 15. Januar 2005 in Kraft.

Sachregister

(Die Zahlen verweisen auf die Seiten)